Die Republik Österreich stellt Ihnen Buch und SbX für Ihre Ausbildung zur Verfügung.
Ihre Professorinnen und Professoren helfen Ihnen, den Stoff zu erlernen und so eine gute Basis für Ihr späteres Berufsleben oder Ihr Studium zu legen. Übernehmen Sie aber auch selbst Verantwortung für Ihren Lernerfolg und nutzen Sie die vielfältigen Möglichkeiten, die Ihnen dieses Buch und das zugehörige SbX zum Lernen, Üben, Sichern und Wissen bieten.

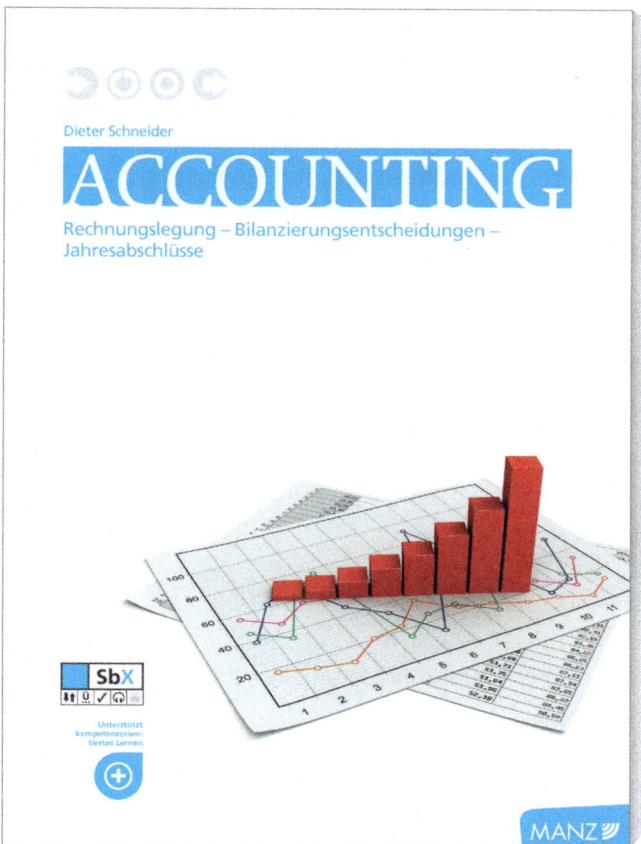

Buch-Nr. 175793

Wien 2016

Autor:

Mag. Dieter Schneider
Steuerberater
Lehrbeauftragter an der Wirtschaftsuniversität Wien sowie an mehreren Fachhochschulen

W0057631

Dieses Arbeitsbuch wurde vom Bundesministerium für Bildung und Frauen mit Bescheid vom 26. Juli 2016, Geschäftszahl 5.025/0049-B/8/2015 für den Unterrichtsgebrauch an Handelsakademien, III. bis V. Jahrgang, im Unterrichtsgegenstand Management, Controlling und Accounting für geeignet erklärt.

© MANZ Verlag Schulbuch GmbH, Wien 2016
Schulbuchvergütung/Bildrechte © VBK/Wien
Dieses Werk ist urheberrechtlich geschützt. Die dadurch begründeten Rechte, insbesondere das der Übersetzung, des Nachdrucks, der Entnahme von Abbildungen, der Funksendung, der Wiedergabe auf fotomechanischem oder ähnlichem Wege und der Speicherung in Datenverarbeitungsanlagen, bleiben, auch bei nur auszugsweiser Verwertung, vorbehalten.
Printed in the EU, ISBN 978-3-7068-4583-0 für Schulbuch 175793
ISBN 978-3-7068-5269-2
Das vorliegende Buch wurde auf chlorfrei gebleichtem Papier gedruckt.

Umschlaggestaltung: buero8, MANZ Verlag Schulbuch, Wien

Herzlich willkommen im neuen Schuljahr!

Das innovative MANZ Lernpaket

Als führender Verlag im berufsbildenden Schulwesen wissen wir, dass Sie Lernpakete benötigen, die Sie zielgerecht zum Lernerfolg – zu Wissen und Kompetenz – führen. Wir wollen, dass Sie nach Abschluss Ihrer Ausbildung Ihre persönlichen Chancen am Arbeitsmarkt bestmöglich wahrnehmen können. Wir arbeiten täglich an der Produktion zeitgemäßer Lernpakete und stehen dabei im ständigen Dialog mit erfahrenen Schulbuchautorinnen und -autoren sowie Wissenschaftlerinnen und Wissenschaftlern.

Ihr Lernpaket besteht aus einem übersichtlich gegliederten Schülerbuch und abwechslungsreichen Online-Ergänzungen inklusive des MANZ Lernraums in Ihrem SbX. Alle Teile des Lernpakets sind aufeinander abgestimmt und folgen dem MANZ 4-Schritte-Lernmodell.

Das MANZ 4-Schritte-Lernmodell

Dieses Buch ist ein speziell für Sie gestaltetes, modernes Lern- und Arbeitsbuch. Der Lernstoff ist in diesem Buch in Kapitel und innerhalb der Kapitel in Lerneinheiten gegliedert. Die Lerneinheiten sind nach dem MANZ 4-Schritte-Lernmodell aufgebaut und ein spezielles Leitsystem erleichtert die „Navigation" im Buch.

LERNEN (Input)
Information aufnehmen, Zusammenhänge erkennen, Theorie erfassen

ÜBEN (Anwendung)
Routine erwerben, Zusammenhänge verstehen, Erfahrung sammeln

SICHERN (Festigung)
Gelerntes zusammenfassen, Übersicht gewinnen, Inhalte wiederholen

WISSEN (Kontrolle)
Wissen testen, Kompetenz überprüfen, Können beweisen

SbX Zu diesem Lern- und Arbeitsbuch gibt es im Rahmen von SbX (Schulbuch*Extra*) vielfältige Online-Ergänzungen sowie ein Lernmanagementsystem, den **MANZ Lernraum**. Auch die Online-Ergänzungen sind nach dem MANZ 4-Schritte-Lernmodell aufgebaut und ermöglichen Ihnen zusammen mit dem Buch abwechslungsreiches und nachhaltiges Lernen.

Dem Verlag MANZ ist es ein grundlegendes Anliegen, …

… Chancengleichheit wo immer möglich zu fördern. Frauen und Männer werden in den Texten und Beispielen dieses Buches gleichberechtigt behandelt. Um den Lesefluss nicht zu stören, wird aber – wo nötig – auf das Nebeneinander weiblicher und männlicher Formen verzichtet.

Das Schülerbuch

Lerneinheiten
führen Sie Schritt für Schritt durch den Lernstoff.

Hervorgehobene Merksätze
erhöhen die Aufmerksamkeit für wichtige Lerninhalte.

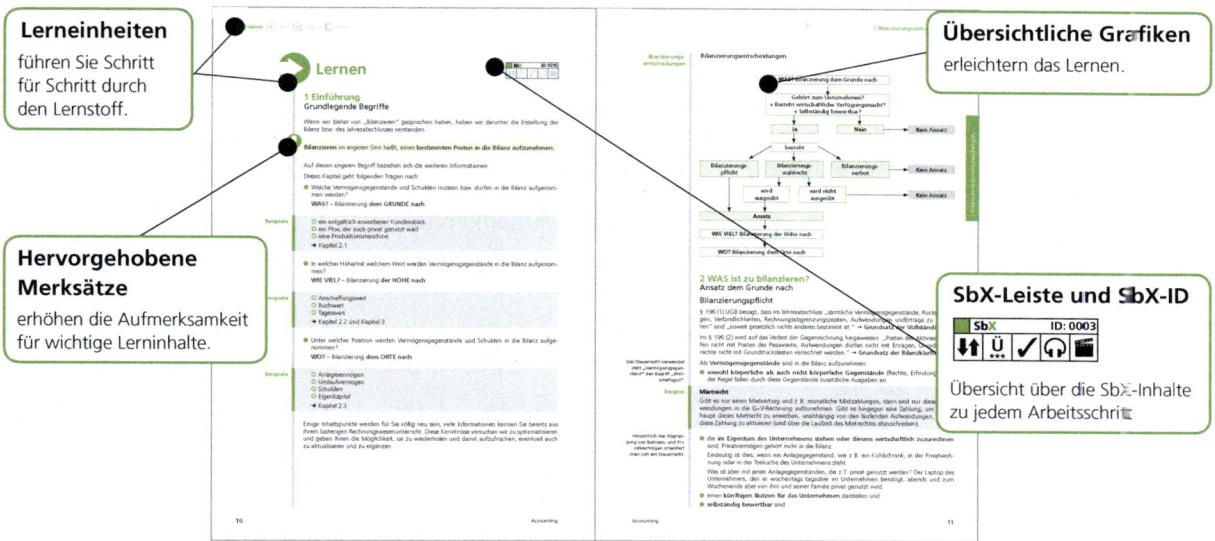

Übersichtliche Grafiken
erleichtern das Lernen.

SbX-Leiste und SbX-ID
Übersicht über die SbX-Inhalte zu jedem Arbeitsschritt

SbX – Schulbuch*Extra*

ID-Eingabe
führt direkt zu den passenden Online-Inhalten.

Inhaltsverzeichnis
übersichtliche Darstellung der Inhalte

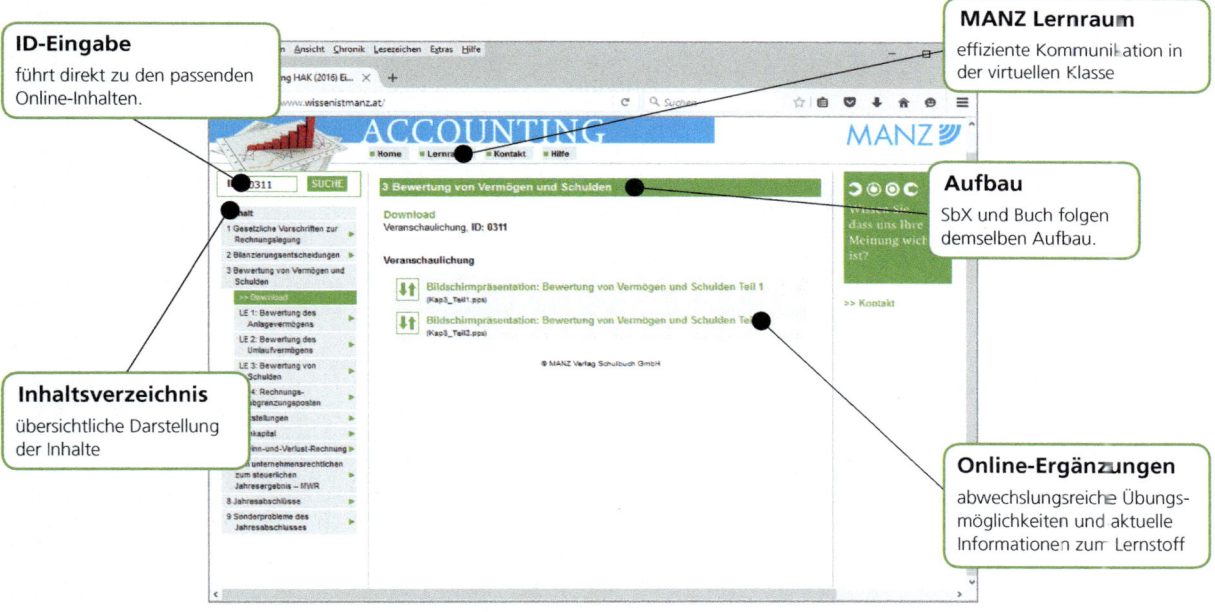

MANZ Lernraum
effiziente Kommunikation in der virtuellen Klasse

Aufbau
SbX und Buch folgen demselben Aufbau.

Online-Ergänzungen
abwechslungsreiche Übungsmöglichkeiten und aktuelle Informationen zum Lernstoff

Aktivieren Sie jetzt kostenlos Ihr SbX direkt bei MANZ:

 **www.wissenistmanz.at**

 **Startcode: 00255269**

Accounting

1 GESETZLICHE VORSCHRIFTEN ZUR RECHNUNGSLEGUNG

Worum geht's in diesem Kapitel?

In diesem Kapitel lernen Sie die wesentlichen gesetzlichen Vorschriften zum Jahresabschluss kennen.

Es werden die grundlegenden Bestimmungen des UGB und des Steuerrechts besprochen.

Wenn Sie dieses Kapitel bearbeitet haben,
● kennen Sie die Rechnungslegungsvorschriften nach UGB und EStG.

In diesem Kapitel erwerben Sie Kompetenzen zu folgender Bildungs- und Lehraufgabe:
„Die Schülerinnen und Schüler können Kenntnisse des Unternehmens- und Steuerrechts sowie anderer rechtlicher Bestimmungen selbstständig vertiefen und anwenden."

In diesem Kapitel finden Sie Übungsaufgaben, praxisbezogene Fallbeispiele und Aufgaben zur Lernkontrolle zur Überprüfung Ihrer Kompetenzen auf den Handlungsebenen A Wiedergeben, B Verstehen, C Anwenden, D Analysieren und Interpretieren und E Entwickeln.

Lernen

1 Übersicht
Gesetzliche Vorschriften

Für die Finanzbuchhaltung und den sich daraus ergebenden Jahresabschluss bestehen zahlreiche gesetzliche Vorschriften. Diese Vorschriften regeln, in welcher Weise einzelne betriebliche Vorgänge zu dokumentieren sind.

In welcher Form die Aufzeichnungen zu führen sind, hängt von verschiedensten Faktoren ab. Grundsätzlich gilt:

Buchführungs-
pflicht – Übersicht

E/A = Einnahmen-
Ausgaben-Rechnung

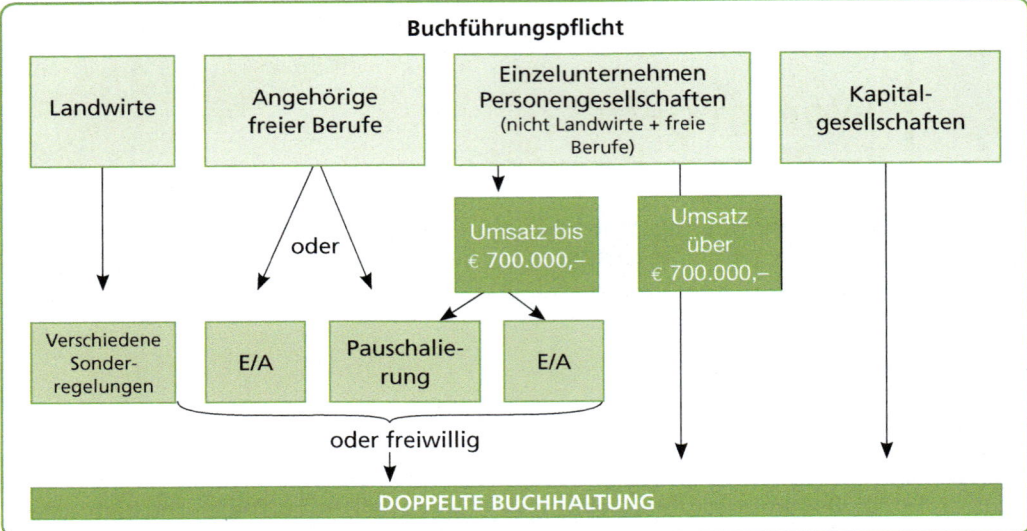

Wie Sie aus der Darstellung erkennen können, kommt es einerseits auf die Art der Tätigkeit bzw. auf die Rechtsform, andererseits auch auf die Umsatzhöhe an, ob und nach welchen gesetzlichen Vorschriften eine doppelte Buchhaltung geführt werden muss.

Grundsätzlich unterscheidet man zwischen der reinen **steuerlichen Gewinnermittlung** und der **Gewinnermittlung** nach dem **Unternehmensgesetzbuch** (UGB).

2 Unternehmensrechtliche Bestimmungen
Auszüge aus dem UGB

Unternehmer

> **§ 1 (1) UGB:**
> „Unternehmer ist, wer ein Unternehmen betreibt."
>
> **§ 1 (2) UGB:**
> „Ein Unternehmen ist jede auf Dauer angelegte Organisation selbständiger wirtschaftlicher Tätigkeit, mag sie auch nicht auf Gewinn gerichtet sein."

Die unternehmensrechtlichen Bestimmungen zur Rechnungslegung gelten nur für Unternehmen im Sinne des UGB (Ausnahmen siehe unten).

Die gesetzliche Definition trifft auf fast alle selbständig Tätigen zu, unabhängig von Größe und Rechtsform. Angehörige freier Berufe (z. B. Steuerberater, Rechtsanwälte, Notare, Ärzte, Psychologen, Physiotherapeuten) sowie Land- und Forstwirte werden jedoch in § 4 Abs. 2 und Abs. 3 ausgenommen.

Freiberufler sowie Land- und Forstwirte können sich freiwillig im Firmenbuch eintragen lassen.

Eingetragene Personengesellschaften § 5 UGB

Offene Gesellschaften und Kommanditgesellschaften **entstehen erst mit der Eintragung** ins Firmenbuch und **sind grundsätzlich Unternehmer**. Auch hier gelten die **Ausnahmebestimmungen** für Gesellschaften, die einen freien Beruf ausüben (Steuerberatungs OG, Rechtsanwälte KG etc.).

Unternehmer kraft Rechtsform § 2 UGB

Aktiengesellschaften und Gesellschaften mit beschränkter Haftung gelten immer als Unternehmer im Sinne des UGB, unabhängig von ihrer Größe. In diesem Fall gelten die Vorschriften **auch für freiberuflich tätige GmbH sowie für Land- und Forstwirte.**

Buchführungspflicht gemäß UGB

Rechnungslegungspflichtig gemäß UGB (§ 189 Abs. 1 und 4) sind:

1. Kapitalgesellschaften (AG, GmbH) **unabhängig von der Größe** und der **ausgeübten Tätigkeit** (also auch bei der Ausübung eines Freien Berufes oder einer Land- und Forstwirtschaft).
2. Einzelunternehmer und Personengesellschaften sind buchführungspflichtig, wenn die **Umsätze € 700.000,–** übersteigen. Die erstmalige Pflicht zur Führung einer doppelten Buchhaltung besteht erst bei **zweimaligem Überschreiten** der Umsatzgrenze (Schwellenwert) und dann erst ab dem **zweitfolgenden** Geschäftsjahr. Übersteigt der Umsatz in einem Geschäftsjahr **€ 1.000.000,–**, tritt die Rechnungslegungspflicht im **darauf folgenden** Geschäftsjahr ein.

Auch hier sind die Angehörigen der **Freien Berufe und Land- und Forstwirte ausgenommen.**

Gleiches gilt für Personengesellschaften, an denen kein unbeschränkt haftender Gesellschafter eine natürliche Person ist (z. B. GmbH und Co KG, bei der sämtliche Komplementäre Kapitalgesellschaften sind)	
Die Buchführungsgrenzen gelten nur für „gewerbliche" Einzelunternehmer oder Personengesellschaften.	

Beispiele

Der Bäckermeister Gruber ist ein im Firmenbuch eingetragener Einzelunternehmer. In den Jahren 2014 und 2015 beträgt der Umsatz jeweils mehr als € 700.000,00. Herr Gruber hat daher ab 2016 eine doppelte Buchhaltung zu führen.

Die Kfz-Handels Margret KG erwirtschaftet im Jahr 2015 einen Umsatz über € 1.000.000,00. Die KG ist ab dem Jahr 2016 buchführungspflichtig.

Buchführungspflicht nach UGB

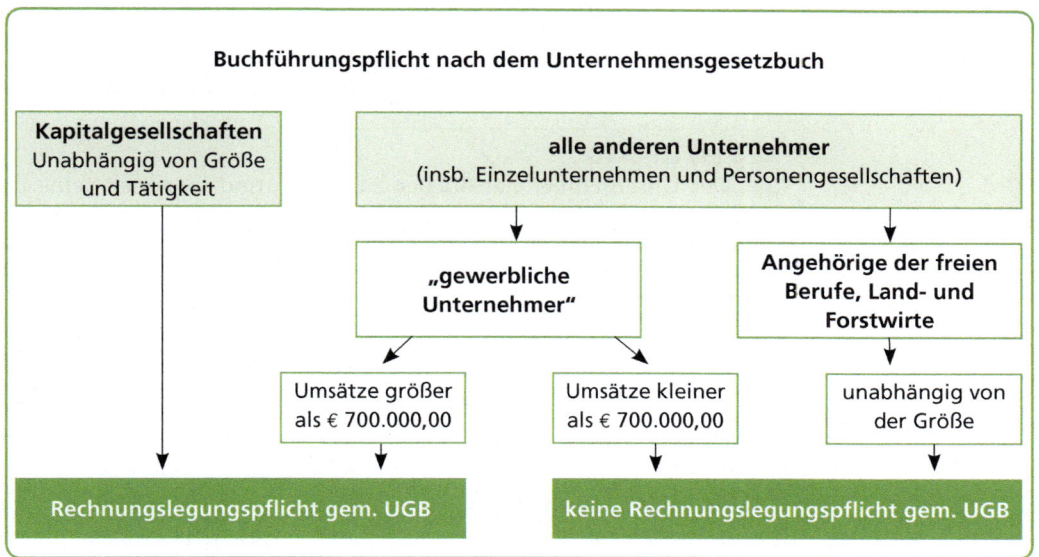

Aufbau der Rechnungslegungsvorschriften im UGB

Die unternehmensrechtlichen Vorschriften zur Rechnungslegung findet man im Dritten Buch des Unternehmensgesetzbuches.

Abschnitte	Inhalt
Erster Abschnitt: Gilt für alle buchführungs- pflichtigen Unternehmer	● Grundsätze ordnungsgemäßer Buchführung und Bilanzierung: (siehe Kapitel 1, Seite 4) ● Vorschriften zur Bilanzierung dem Grunde nach: Dabei geht es um die Frage, was in der Bilanz angesetzt werden muss bzw. kann und was nicht angesetzt werden darf (Bilanzierungswahlrechte, Bilanzierungsge- und -verbote – siehe Kapitel 2) ● Vorschriften zur Bilanzierung der Höhe nach (Bewertungsvorschriften): allgemeine Grundsätze der Bewertung und Einzelvorschriften (siehe Kapitel 3) ● die Generalnorm als oberste Leitlinie für die Erstellung des Jahresabschlus- ses (siehe Kapitel 1, Seite 5)
Zweiter Abschnitt: Gilt für Kapitalge- sellschaften	● spezielle Gliederungsvorschriften und weitere Bestimmungen für die Er- stellung der Bilanz und Gewinn-und-Verlust-Rechnung ● eine erweiterte Generalnorm für Kapitalgesellschaften ● eine größenmäßige Differenzierung in kleine, mittlere und große Kapital- gesellschaften ● Vorschriften über die Erläuterung des Jahresabschlusses im Anhang und Lagebericht in Abhängigkeit von der Größe der Kapitalgesellschaft ● Einige dieser Vorschriften finden Sie im Kapitel 8, Seite 163.
Dritter Abschnitt:	● Konzernrechnungslegungsvorschriften
Vierter Abschnitt:	● Vorschriften über die Prüfungspflicht von großen Kapitalgesellschaften ● Bestimmungen zur Publizierung von Jahresabschlüssen von bestimmten Kapitalgesellschaften Einige dieser Vorschriften lernen Sie ab Seite 177 kennen.

Grundsätze ordnungsgemäßer Buchführung und Bilanzierung (GoB)

> **§ 190 (1) UGB:**
> „Der Unternehmer hat Bücher zu führen und in diesen seine unternehmensbezogenen Geschäfte und die Lage seines Vermögens nach den Grundsätzen ordnungsmäßiger Buchführung ersichtlich zu machen …"

Die GoB sind in keinem Gesetz vollständig enthalten, sie haben im Wesentlichen drei Grundlagen:

1. einschlägige gesetzliche Bestimmungen und die Rechtsprechung zu einzelnen Detailfragen
2. zum Gewohnheitsrecht gewordene allgemein anerkannte unternehmerische Praxis
3. Gutachten internationaler und nationaler Berufsorganisationen (z. B. Kammer der Wirtschafts- treuhänder)

Die Buchführung muss so beschaffen sein, dass sie einem sachverständigen Dritten innerhalb angemessener Zeit einen Überblick über die Geschäftsvorfälle und über die Lage des Unterneh- mens vermitteln kann. Die Aufzeichnungen müssen nachvollziehbar sein.

Die Aufzeichnungen müssen daher

● vollständig,

● richtig,

● zeitgerecht und

● geordnet (in chronologischer Reihenfolge)

vorgenommen werden.

Korrespondierende Rege- lungen findet man auch im Steuerrecht (Bundesabga- benordnung §§ 124–132).

Eine weitere wesentliche Bestimmung im UGB ist die **Generalnorm**:

> **§ 195 UGB:**
> „Der Jahresabschluss hat den Grundätzen ordnungsmäßiger Buchführung zu entsprechen. Er ist klar und übersichtlich aufzustellen. Er hat dem Unternehmer ein möglichst getreues Bild der Vermögens- und Ertragslage des Unternehmens zu vermitteln."

Diese Vorschrift wird für Kapitalgesellschaften in § 222 Abs. 1 noch um die möglichst getreue Darstellung der **Finanzlage** erweitert.

Die Generalnorm gilt immer dann als Leitlinie, wenn es keine gesonderte Einzelvorschrift gibt. In den folgenden Kapiteln lernen Sie die Anwendung der Generalnorm und der verschiedenen Einzelvorschriften kennen.

3 Steuerrechtliche Bestimmungen

Für die Ermittlung des steuerlichen Einkommens gelten die Vorschriften des Einkommensteuergesetzes (EStG), Körperschaftsteuergesetzes (KStG) und verschiedene Bestimmungen der Bundesabgabenordnung (BAO).

Einkommensteuergesetz

Das Einkommensteuergesetz unterscheidet sieben Einkunftsarten:

Zu den **sieben Einkunftsarten** gehören:

1. Einkünfte aus Land- und Forstwirtschaft	betriebliche
2. Einkünfte aus selbständiger Arbeit	Einkünfte
3. Einkünfte aus Gewerbebetrieb	1–3
4. Einkünfte aus nichtselbständiger Arbeit	
5. Einkünfte aus Kapitalvermögen	außerbetriebliche
6. Einkünfte aus Vermietung und Verpachtung	Einkünfte
7. sonstige Einkünfte	4–7

Für die betrieblichen Einkünfte ist die Besteuerungsgrundlage der Gewinn. Die Gewinnermittlung kann erfolgen durch:

1. doppelte Buchhaltung
2. Einnahmen-Ausgaben-Rechnung
3. Pauschalierung

Die außerbetrieblichen Einkünfte werden durch eine **Überschussrechnung** ermittelt; auf diese wird nicht weiter eingegangen.

Einkünfte aus Land- und Forstwirtschaft (§ 21 EStG)

Zu den Einkünften aus Land- und Forstwirtschaft zählen: Einkünfte aus dem Betrieb von Landwirtschaft, Forstwirtschaft, Obstbau, Gartenbau, Weinbau, Gemüsebau, Tierzucht unter bestimmten Voraussetzungen usw.

Einkünfte aus selbständiger Arbeit (§ 22 EStG)

Zu den Einkünften aus selbständiger Arbeit zählen z. B. Einkünfte aus freiberuflicher Tätigkeit (Künstler, Wissenschafter, Schriftsteller, Rechtsanwälte, Notare, Unternehmensberater, Ärzte, Ziviltechniker, Architekten, Wirtschaftreuhänder etc.).

Einkünfte aus Gewerbebetrieb (§ 23 EStG)

Einkünfte aus Gewerbetrieb sind Einkünfte aus einer selbständigen, nachhaltigen Tätigkeit, mit Gewinnabsicht und Beteiligung am allgemeinen wirtschaftlichen Verkehr, wenn es sich dabei weder um eine land- und forstwirtschaftliche noch um eine selbständige Tätigkeit handelt.

Die Einkünfte aus selbständiger Arbeit sind im Gesetz vollständig aufgezählt.

Nachhaltigkeit bedeutet dabei lediglich subjektive Wiederholungsabsicht (mit einer Wiederholung muss lediglich zu rechnen sein). Auch eine einmalige Betätigung kann daher als nachhaltig gewertet werden. Von einer Beteiligung am allgemeinen wirtschaftlichen Verkehr spricht man, wenn eine unbestimmte Personenanzahl angesprochen wird.

Beispiele

- Tischler
- Schlosser
- Maler
- EDV-Dienstleister

Steuerrechtliche Gewinnermittlung

Wann welche Gewinnermittlungsart anzuwenden ist und welche Aufzeichnungen geführt werden müssen, wird in der BAO (§§ 124 ff.) geregelt. Diese Vorschriften korrespondieren weitgehend mit jenen des UGB.

Sofern ein Unternehmer gemäß UGB **buchführungspflichtig** ist, muss auch der steuerliche Gewinn durch eine doppelte Buchhaltung ermittelt werden (§ 5 (1) EStG). Eingetragene Unternehmer, die die Buchführungsgrenzen gem. UGB nicht überschreiten, können auf Antrag eine dem Unternehmensrecht entsprechende Buchhaltung führen. Steuerlich muss der Gewinn dann ebenfalls durch doppelte Buchhaltung ermittelt werden (§ 5 (2) EStG).

Die Mehr-Weniger-Rechnung wird im Kapitel 7 näher behandelt.

Die steuerlichen Gewinnermittlungsvorschriften weichen in manchen Punkten von den unternehmensrechtlichen Vorschriften ab, diese Unterschiede werden durch eine sogenannte **Mehr-Weniger-Rechnung** berücksichtigt (unternehmensrechtliches Ergebnis +/– sich aus steuerlichen Vorschriften ergebende Unterschiede = steuerliches Ergebnis).

Unternehmer (z.B. Angehörige der freien Berufe), für die die Buchführungsgrenzen des UGB nicht anzuwenden sind, können ihren Gewinn für steuerliche Zwecke trotzdem freiwillig durch doppelte Buchhaltung ermitteln. In diesem Fall gelten nur die steuerlichen Vorschriften (§ 4 (1) EStG), es kann also zu keiner Mehr-Weniger-Rechnung kommen.

*Buchführungs-
pflicht nach steuer-
lichen Vorschriften*

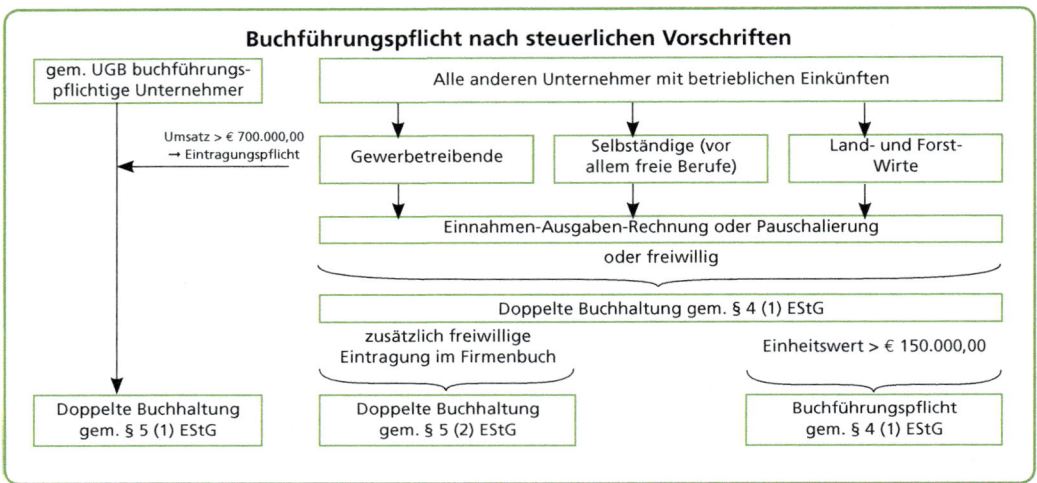

Buchführungspflicht nach steuerlichen Vorschriften

Üben

 A B C D E

Ü 1.1: Eintragung ins Firmenbuch A

Kann sich ein Steuerberater in das Firmenbuch eintragen lassen? Erläutern Sie Ihre Entscheidung.

Ü 1.2: Eingetragene Personengesellschaft A

Warum spricht man von einer „eingetragenen" Personengesellschaft?

Ü 1.3: Führung einer doppelten Buchhaltung – Einzelunternehmen C

Bestimmen Sie, ab wann dieses Einzelunternehmen zur Führung einer doppelten Buchhaltung verpflichtet ist.

Gründung im Jahr 2010

Umsatz 2010	€ 217.000,–
Umsatz 2011	€ 304.000,–
Umsatz 2012	€ 412.000,–
Umsatz 2013	€ 398.000,–
Umsatz 2014	€ 472.000,–
Umsatz 2015	€ 756.000,–
Umsatz 2016	€ 728.300,–

Ü 1.4: Führung einer doppelten Buchhaltung – Einzelunternehmen

Bestimmen Sie, ab wann dieses Einzelunternehmen zur Führung einer doppelten Buchhaltung verpflichtet ist.

Gründung im Jahr 2010

Umsatz 2010	€	217.000,–
Umsatz 2011	€	304.000,–
Umsatz 2012	€	534.200,–
Umsatz 2013	€	398.000,–
Umsatz 2014	€	756.700,–
Umsatz 2015	€	1,053.700,–

Ü 1.5: Betriebliche Einkunftsarten lt. EStG A

Nennen Sie die betrieblichen Einkunftsarten lt. EStG und erläutern Sie diese.

Ü 1.6: Außerbetriebliche Einkunftsarten A

Nennen Sie die außerbetrieblichen Einkunftsarten.

Ü 1.7: Jahresabschluss D

In welchen Gesetzen findet man steuerliche Bestimmungen für den Jahresabschluss?

Ü 1.8: Unternehmens- und Steuerrecht E

Muss bei Unterschieden zwischen Unternehmens- und Steuerrecht extra ein eigener steuerrechtlicher Jahresabschluss durchgeführt werden? Erläutern Sie das Vorgehen in solchen Fällen.

◉ Sichern

SbX ID: 0110

Grundsätze ordnungsgemäßer Buchführung (GOB)

Bücher und Aufzeichnungen sind so zu führen, dass ein sachverständiger Dritter in angemessener Zeit einen Überblick über die Geschäfte sowie die Vermögens- und Ertragslage erhält.

Buchführungspflicht nach UGB

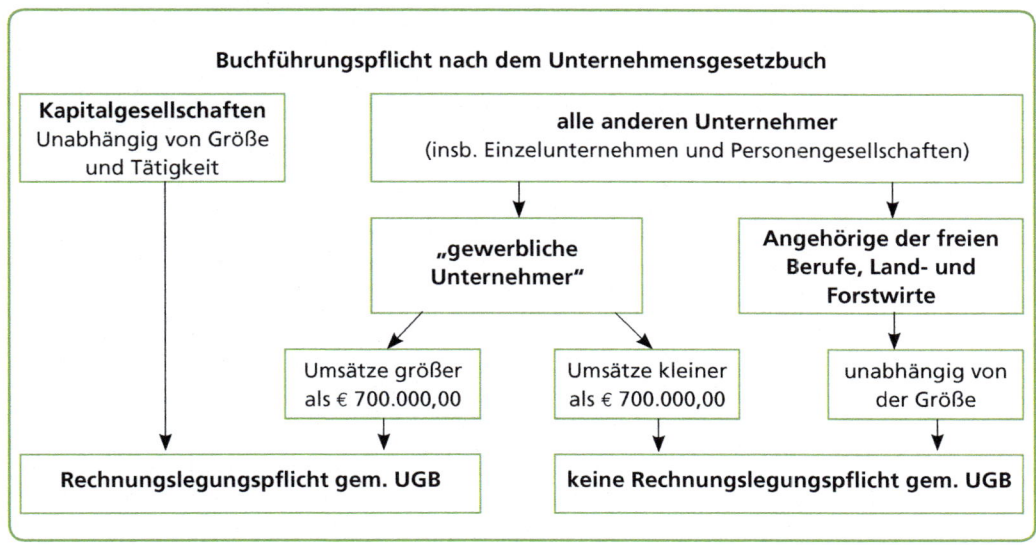

Unternehmensrechtlich buchführungspflichte Unternehmer müssen auch für steuerliche Belange eine doppelte Buchhaltung führen (§ 5 (1) EStG)

SbX
ID: 0110

Im SbX finden Sie eine Bildschirmpräsentation mit den Grafiken dieses Kapitels.

Wissen

W 1.1: Unternehmer, Unternehmen A
Wer ist Unternehmer, was ist ein Unternehmen?

W 1.2: Doppelte Buchhaltung B
Welche Unternehmen müssen eine doppelte Buchhaltung führen?

W 1.3: Personengesellschaften B
Welche Personengesellschaften sind den Kapitalgesellschaften gleichgestellt?

W 1.4: Buchführungsgrenzen B
Für welche Unternehmen gelten die Buchführungsgrenzen?

W 1.5: Generalnorm lt. § 195 UGB C
Im § 195 UGB ist die Generalnorm als oberste Leitlinie für den Jahresabschluss festgeschrieben. Was beinhaltet diese Generalnorm?

W 1.6: Grundsätze ordnungsgemäßer Buchführung und Bilanzierung D
Was versteht man unter den Grundsätzen ordnungsgemäßer Buchführung und Bilanzierung?

Ein kurzer Kompetenz-Check, bevor's weitergeht!

Kompetenz-Check

	☺	😐	☹
Ich kann erklären, wann ein Unternehmen nach UGB buchführungspflichtig ist.			
Ich kann erklären, wann ein Unternehmen steuerrechtlich buchführungspflichtig ist.			
Ich kann die GOB und deren Bedeutung darstellen.			

2 BILANZIERUNGS-ENTSCHEIDUNGEN UND AUFBAU DER GEWINN-UND-VERLUST-RECHNUNG

Worum geht's in diesem Kapitel?

Sie haben bereits in den vorigen Jahrgängen gelernt, wie die Anschaffung eines Vermögensgegenstandes zu buchen ist. Auch Verbindlichkeiten, Schulden und Rückstellungen sind Ihnen bereits ein Begriff.

Im folgenden Kapitel geht es darum:

- was,
- wie viel und
- wo

in der Bilanz auszuweisen ist.

In diesem Kapitel erwerben Sie Kompetenzen zu folgender Bildungs- und Lehraufgabe:

„Die Schülerinnen und Schüler können einen Jahresabschluss in Hinblick auf ein möglichst getreues Bild der Vermögens-, Finanz- und Ertragslage des Unternehmens erstellen (Anschaffungs- und Herstellungskosten, Gebäude im Betriebsvermögen, Pkw im Betriebsvermögen, Rückstellung für nicht konsumierte Urlaube, Rückstellung für Produkthaftung, sonstige langfristige Rückstellungen, KSt-Rückstellung)."

In diesem Kapitel finden Sie Übungsaufgaben, praxisbezogene Fallbeispiele und Aufgaben zur Lernkontrolle zur Überprüfung Ihrer Kompetenzen auf den Handlungsebenen A Wiedergeben, B Verstehen, C Anwenden und D Analysieren und Interpretieren.

 # Lernen

1 Einführung
Grundlegende Begriffe

Wenn wir bisher von „Bilanzieren" gesprochen haben, haben wir darunter die Erstellung der Bilanz bzw. des Jahresabschlusses verstanden.

❗ Bilanzieren im engeren Sinn heißt, einen **bestimmten Posten in die Bilanz aufzunehmen.**

Auf diesen engeren Begriff beziehen sich die weiteren Informationen.

Dieses Kapitel geht folgenden Fragen nach:

● Welche Vermögensgegenstände und Schulden müssen bzw. dürfen in die Bilanz aufgenommen werden?

WAS? – Bilanzierung **dem GRUNDE nach**

Beispiele
○ ein entgeltlich erworbener Kundenstock
○ ein Pkw, der auch privat genutzt wird
○ eine Produktionsmaschine
→ Kapitel 2.1

● In welcher Höhe/mit welchem Wert werden Vermögensgegenstände in die Bilanz aufgenommen?

WIE VIEL? – Bilanzierung **der HÖHE nach**

Beispiele
○ Anschaffungswert
○ Buchwert
○ Tageswert
→ Kapitel 2.2 und Kapitel 3

● Unter welcher Position werden Vermögensgegenstände und Schulden in die Bilanz aufgenommen?

WO? – Bilanzierung **dem ORTE nach**

Beispiele
○ Anlagevermögen
○ Umlaufvermögen
○ Schulden
○ Eigenkapital
→ Kapitel 2.3

Einige Inhaltspunkte werden für Sie völlig neu sein, viele Informationen kennen Sie bereits aus Ihrem bisherigen Rechnungswesenunterricht. Diese Kenntnisse versuchen wir zu systematisieren und geben Ihnen die Möglichkeit, sie zu wiederholen und damit aufzufrischen, eventuell auch zu aktualisieren und zu ergänzen.

**Bilanzierungs-
entscheidungen**

Bilanzierungsentscheidungen

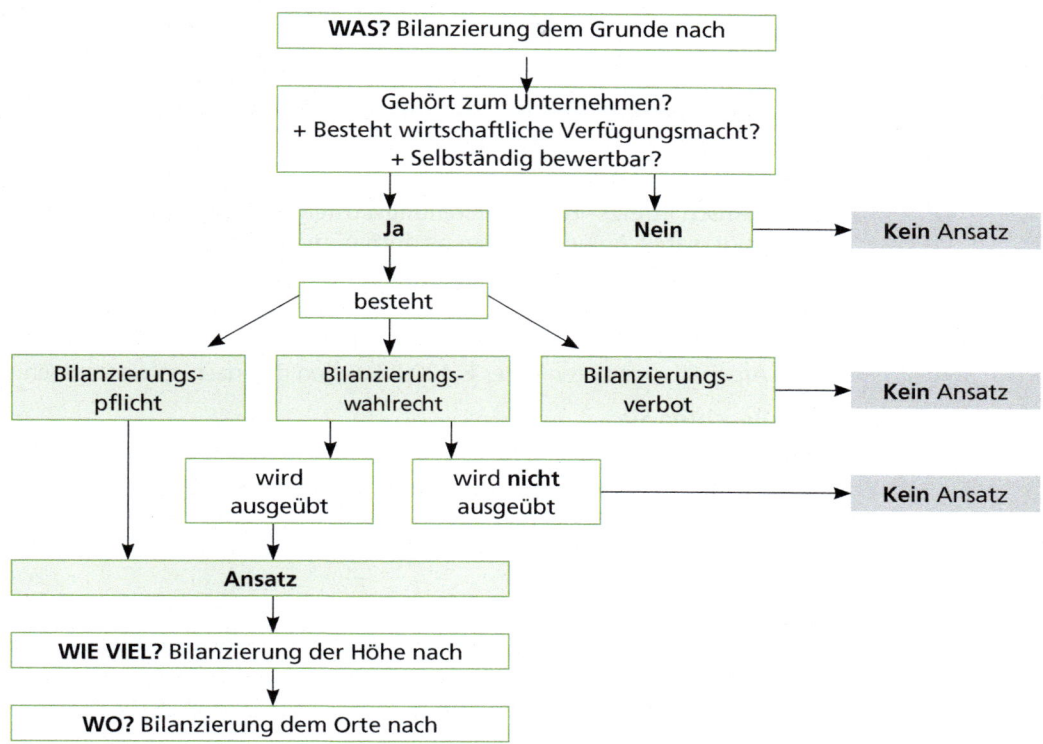

2 WAS ist zu bilanzieren?
Ansatz dem Grunde nach

Bilanzierungspflicht

§ 196 (1) UGB besagt, dass im Jahresabschluss „sämtliche Vermögensgegenstände, Rückstellungen, Verbindlichkeiten, Rechnungsabgrenzungsposten, Aufwendungen undErträge zu enthalten" sind „soweit gesetzlich nichts anderes bestimmt ist." → **Grundsatz der Vollständigkeit**

Im § 196 (2) wird auf das Verbot der Gegenrechnung hingewiesen: „Posten der Aktivseite dürfen nicht mit Posten der Passivseite, Aufwendungen dürfen nicht mit Erträgen, Grundstücksrechte nicht mit Grundstückslasten verrechnet werden." → **Grundsatz der Bilanzklarheit**

Das Steuerrecht verwendet statt „Vermögensgegenstand" den Begriff „Wirtschaftsgut".

Als **Vermögensgegenstände** sind in die Bilanz aufzunehmen:

- **sowohl körperliche als auch nicht körperliche Gegenstände** (Rechte, Erfindungen); in der Regel fallen durch diese Gegenstände zusätzliche Ausgaben an.

Beispiel

> **Mietrecht**
>
> Gibt es nur einen Mietvertrag und z. B. monatliche Mietzahlungen, dann sind nur diese Aufwendungen in die G+V-Rechnung aufzunehmen. Gibt es hingegen eine Zahlung, um überhaupt dieses Mietrecht zu erwerben, unabhängig von den laufenden Aufwendungen, so ist diese Zahlung zu aktivieren (und über die Laufzeit des Mietrechtes abzuschreiben).

Hinsichtlich der Abgrenzung von Betriebs- und Privatvermögen orientiert man sich am Steuerrecht.

- **die im Eigentum des Unternehmens stehen oder diesem wirtschaftlich zuzurechnen** sind; Privatvermögen gehört nicht in die Bilanz.

   Eindeutig ist dies, wenn ein Anlagegegenstand, wie z. B. ein Kühlschrank, in der Privatwohnung oder in der Teeküche des Unternehmens steht.

   Was ist aber mit jenen Anlagegegenständen, die z. T. privat genutzt werden? Der Laptop des Unternehmers, den er wochentags tagsüber im Unternehmen benötigt, abends und zum Wochenende aber von ihm und seiner Familie privat genutzt wird.

- **einen künftigen Nutzen für das Unternehmen** darstellen und

- **selbständig bewertbar** sind.

Bilanzierungswahlrechte

In den letzten Jahren wurde das UGB merhmals überarbeitet und reformiert (zuletzt mit dem Rechnungslegungs-Änderungsgesetz 2014 – RÄG 2014). Es gibt daher nur mehr ein Bilanzierungswahlrecht.

Nähere Informationen darüber finden Sie in Kapitel 3, Lerneinheit 1.

Geringwertige Vermögensgegenstände des abnutzbaren Anlagevermögens

> **§ 204 (1a) UGB**
>
> Anschaffungs- oder Herstellungskosten geringwertiger Vermögensgegenstände des abnutzbaren Anlagevermögens dürfen im Jahr ihrer Anschaffung oder Herstellung voll abgeschrieben werden.

Die Behandlung von GWGs ist damit im UGB gleich geregelt wie im EStG, Wirtschaftsgüter mit Anschaffungskosten unter € 400,00 dürfen demnach sofort abgeschrieben werden.

Beachten Sie:

In diesem Fall hat der **Unternehmer** ein **Wahlrecht,** ob diese Beträge sofort als Aufwand verbucht (sofortige hohe Gewinnminderung) oder zunächst aktiviert und über eine gewisse Laufzeit abgeschrieben werden (geringere Gewinnminderung über mehrere Jahre) .

Übung

Ü 2.1: Unterschiedliche Auswirkungen bei Bilanzierungswahlrechten

In der Buchhaltung der Firma Wertheimer (Büromöbelerzeuger) sind in der ersten Jahreshälfte des Abschlussjahres u. a. folgende Tatbestände zu berücksichtigen:

Kauf von 50 Workstations à € 380,– zuzüglich 20 % USt

Es ist anzunehmen, dass die Workstations auf 3 Jahre abgeschrieben werden.

Ihre Aufgaben:

Gehen Sie von einem Gewinn vor Berücksichtigung dieser Tatbestände in Höhe von € 314.500,– aus.

- Errechnen Sie den tatsächlichen Gewinn/Verlust unter der Annahme, dass von den Bilanzierungswahlrechten kein Gebrauch gemacht wird.
- Errechnen Sie den tatsächlichen Gewinn/Verlust unter der Annahme, dass von den Bilanzierungswahlrechten Gebrauch gemacht wird.

Variante:

Nehmen Sie an, der Gewinn vor Berücksichtigung dieser Tatbestände beläuft sich auf € 104.000,–. Wie wirkt sich hier die Bilanzierung bzw. Nichtbilanzierung dieser Tatbestände aus? Ermitteln Sie den jeweiligen Gewinn/Verlust.

Bilanzierungsverbote

§ 197 UGB kennt explizit zwei Bilanzierungsverbote.

1. Bilanzierungsverbot

Aufwendungen für die Gründung des Unternehmens und für die Beschaffung von Eigenkapital

- Aufwendungen für die Gründung eines Unternehmens

Beispiele

Gerichts-, Anwalts- und Notariatskosten oder Kosten für die Eintragung ins Firmenbuch

- Aufwendungen für die Beschaffung von Eigenkapital spielen vor allem in Aktiengesellschaften eine Rolle.

Beispiel

Kosten für die Börseneinführung dieser Aktien

2 Bilanzierungsentscheidungen

> **§ 197 (1) UGB:**
> „Aufwendungen für die Gründung des Unternehmens und für die Beschaffung von Eigenkapital dürfen nicht als Aktivposten in die Bilanz eingestellt werden."

2. Bilanzierungsverbot

Unentgeltlich erworbene immaterielle Gegenstände des Anlagevermögens

Beispiele

Ein Mitarbeiter Ihres Unternehmens erstellt ein EDV-Programm zur genauen Erfassung und Aufteilung der Kosten auf die Kostenstellen.

Ein Mitarbeiter macht eine Erfindung, durch die Fehler im Produktionsverfahren von bisher 3 % auf 0,03 % gesenkt werden können.

> **§ 197 (2) UGB:**
> „Für immaterielle Gegenstände des Anlagevermögens, die nicht entgeltlich erworben wurden, darf ein Aktivposten nicht angesetzt werden."

Übung

Ü 2.2: Bilanzansätze dem Grunde nach

Der Maschinenerzeuger Haas hat 2016 u. a. folgende Geschäftsfälle:

4. 1. Kauf einer Drehbank um € 100.000,– + 20 % USt, sofortige Inbetriebnahme, ND 8 Jahre

2. 10. Der Mitarbeiter Ing. Berger hat ein Patent entwickelt, mit dem der Werkstoffverbrauch bei der Erzeugung der Waffelblätter um 15 % gesenkt werden kann. Laut Dienstvertrag müssen im Unternehmen gemachte Erfindungen, Ideen und Rationalisierungsmaßnahmen diesem gratis zur Verfügung gestellt werden.

25. 11. Kauf eines Druckers um € 350,– + 20 % USt, sofortige Inbetriebnahme, ND 4 Jahre

Ihre Aufgaben

● Geben Sie an, welche dieser Gegenstände bilanziert werden müssen, bilanziert werden können bzw. nicht bilanziert werden dürfen (tragen Sie Ihre Entscheidung mit Begründung in der Tabelle ein – Angabe von § und Absatz lt. UGB)

● Geben Sie an, wie Sie vorgehen werden, wenn Sie einen möglichst geringen Gewinn haben möchten. Erläutern Sie diese Überlegung.

● Geben Sie an, wie Sie vorgehen werden, wenn ein möglicher Verlust so gering wie möglich gehalten werden soll.

Gegenstand	Bilanzierungspflicht	Bilanzierungswahlrecht	Bilanzierungsverbot
Drehbank			
Patent			
Farbdrucker			

Vorgangsweise bei möglichst geringem Gewinn:

Vorgangsweise bei möglichst geringem Verlust:

Lernen   Üben   Sichern   Wissen

3 WIE VIEL ist zu bilanzieren?
Ansatz dem Werte nach

Bewerten heißt, einem Aktiv- oder Passivposten einen Wert, d. h. einen Geldbetrag, zuzuordnen.

Solche Werte können sehr subjektiv sein.

Beispiel

Zu einem Luxushotel im Salzkammergut gehört ein weiteres angrenzendes Grundstück, das zurzeit als Kinderspielplatz genutzt wird.

Dieses Grundstück wurde vor 10 Jahren um € 200.000,– erworben. Am freien Markt würde man für dieses Grundstück einen Preis von € 320.000,– erzielen. Es ist geplant, auf diesem Grundstück den „Familienbereich" mit einem Pool und Liegewiese für Familien mit Kindern zu errichten.

Leider liegt jetzt ein Gemeinderatsbeschluss zur Errichtung eines Campingplatzes auf dem Nachbargrundstück vor, wodurch der Wert der gesamten Liegenschaft enorm sinkt. Auch an die Errichtung dieser Poolanlage ist nicht mehr zu denken.

Die guten Kontakte zur Gemeinde könnten es noch ermöglichen, dass der Gemeinderat diesen Beschluss rückgängig macht – Wahlen stehen im nächsten Jahr an.

Mit welchem Wert ist dieses Grundstück in der Bilanz anzusetzen?

Mit dem ursprünglichen Anschaffungswert, mit dem Marktpreis, mit dem verminderten Wert?

Sowohl das Unternehmensrecht als auch das Steuerrecht kennen daher eine Reihe von Bewertungsvorschriften, die teilweise voneinander abweichen. Diese Abweichungen sind auf die unterschiedlichen Zielsetzungen von Unternehmensrecht und Steuerrecht zurückzuführen. Das Unternehmensrecht strebt aufgrund des Vorsichtsprinzips und des Gläubigerschutzes eine tendenziell niedrigere Bewertung der Aktivposten und eine höhere Bewertung der Passivposten an. Die steuerrechtlichen Bestimmungen hingegen versuchen, einem zu niedrigen Gewinnausweis entgegenzuwirken. Diese unterschiedlichen Zielsetzungen führen in vielen Fällen zu einer Mehr-Weniger-Rechnung, auf die wir in einem eigenen Kapitel näher eingehen werden.

Sie wissen – mehr Gewinn bedeutet höhere Steuern, weniger Gewinn hingegen weniger Steuern.

Erläuterungsbeispiel

Ein Unternehmen hat für Kundenbesuche der Außendienstmitarbeiter Pkw angeschafft. Jeder Reisende fährt im Durchschnitt pro Jahr 40.000 km. Unternehmensrechtlich ist es daher sinnvoll, diese Pkw auf 5 Jahre abzuschreiben. Diese Nutzungsdauer entspricht der kaufmännischen Vorsicht und der Bilanzwahrheit.

Steuerrechtlich wird der Unternehmer jedoch gezwungen, die Pkw auf 8 Jahre abzuschreiben.

Viele dieser Grundsätze ordnungsgemäßer Buchhaltung kennen Sie bereits.

Allgemeine Bewertungsgrundsätze

Laut § 201 (1) UGB hat die Bewertung den Grundsätzen ordnungsgemäßer Buchführung zu entsprechen.

In Absatz (2) wird dies näher erläutert:

● Die einmal gewählten Bewertungsmethoden sind beizubehalten (**Grundsatz der Bewertungsstetigkeit**).

Beispiel:

Die Rohstoffe werden nach dem gewogenen Durchschnittspreisverfahren bewertet. Dieses Verfahren muss beibehalten werden. Anders formuliert, würde das FIFO-Verfahren einen höheren Verbrauch ergeben und damit einen niedrigeren Gewinn, darf nicht auf dieses Verfahren gewechselt werden.

Dieser Grundsatz wird auch als Grundsatz der materiellen Bilanzkontinuität bezeichnet.

- Bei den Wertansätzen ist von der Fortführung des Unternehmens auszugehen (**Going-Concern-Prinzip**).

  Man wird einzelnen Vermögensgegenständen einen anderen Wert beimessen, je nachdem, ob man das Unternehmen als Ganzes sieht und als solches veräußert, oder ob man beabsichtigt, alle Vermögensgüter einzeln am Markt zu verkaufen.

- Die Vermögensgegenstände und Schulden sind zum Abschlussstichtag zu bewerten (**Stichtagsprinzip**).

  Denken Sie an die Bewertung des Endbestandes an Handelswaren oder Rohstoffen – der Vergleichswert ist immer der Preis am Bilanzstichtag.

- Die Vermögensgegenstände und Schulden sind einzeln zu bewerten (**Grundsatz der Einzelbewertung**).

  Denken Sie dabei an die Einzelbewertung von Forderungen.

  Selbstverständlich ist dieser Grundsatz nur dort anzuwenden, wo dies möglich ist. Bei der Bewertung von Forderungen gegenüber Privatkunden wird man sich mit der Beurteilung ihrer Einbringlichkeit schwer tun. Oder denken Sie an die Warenbewertung – bei Schrauben wäre es unzumutbar, diesen Grundsatz einzuhalten, bei Autos gelingt dies einfach durch Motor- und Fahrgestellnummer.

- In Absatz 2, Punkt 4 heißt es:

  „Der **Grundsatz der Vorsicht** ist einzuhalten, insbesondere sind

  a) nur die am Abschlussstichtag verwirklichten Gewinne auszuweisen,

  b) erkennbare Risiken und drohende Verluste, die in dem Geschäftsjahr oder einem früheren Geschäftsjahr entstanden sind, zu berücksichtigen, selbst wenn die Umstände erst zwischen dem Abschlussstichtag und dem Tag der Aufstellung des Jahresabschlusses bekannt geworden sind,

  c) Wertminderungen unabhängig davon zu berücksichtigen, ob das Geschäftsjahr mit einem Gewinn oder Verlust abschließt."

  Der Grundsatz der Vorsicht ist ein wesentlicher Grundsatz im Unternehmensrecht.

  Gewinne sind erst dann auszuweisen, **wenn sie realisiert sind (Realisationsprinzip).**

Beispiel

Im Umlaufvermögen werden Aktien der Erste Group Bank AG zum Anschaffungskurs von 18,19 ausgewiesen, der Kurs am Bilanzstichtag beträgt jedoch 38,10. Diese Aktien sind weiter mit dem Kurs von 18,19 auszuweisen. Erst wenn die Aktien verkauft werden, also der Kursgewinn realisiert wird, ist der aktuelle Kurswert anzusetzen.

Drohende Verluste hingegen müssen berücksichtigt werden, auch **wenn sie noch nicht realisiert sind (Imparitätsprinzip).**

Beispiele

Im Umlaufvermögen sind Aktien der Frauenthal Holding AG, die in der letzten Bilanz zum Kurs von 42,10 ausgewiesen wurden. Der Kurs am Bilanzstichtag beträgt nur mehr 23,–. Die Aktien sind nur mehr mit dem Kurs zu 23,– anzusetzen, obwohl dieser Verlust noch nicht realisiert wurde.

Eine Verbindlichkeit über USD 4.500,– wurde zum Kurs von 1,2830 eingebucht. Der Kurs am Bilanzstichtag beträgt 1,2720. Die Verbindlichkeit ist daher aufzuwerten, auch wenn nicht sicher ist, dass man bei der tatsächlichen Überweisung diesen höheren Betrag zu zahlen hat.

- **Grundsatz der Periodenabgrenzung**

  Aufwendungen und Erträge sind unabhängig von ihrer Zahlung im Jahresabschluss des Jahres zu berücksichtigen, in dem sie entstanden sind.

  Dieser Grundsatz führt zu den Ihnen bereits bekannten Rechnungsabgrenzungen und Rückstellungen.

Die Bewertungsvorschriften für die einzelnen Bilanzpositionen werden wir detailliert in Kapitel 3 behandeln – in der Reihenfolge der Bilanzgliederung.

Beispiele
- Mietvorauszahlung
- Zinsrückstände

Wertbegriffe (Bewertungsmaßstab)

(1) Anschaffungskosten

> **203 (2) UGB:**
>
> „Anschaffungskosten sind die Aufwendungen, die geleistet werden, um einen Vermögensgegenstand zu erwerben und ihn in einen betriebsbereiten Zustand zu versetzen, soweit sie dem Vermögensgegenstand einzeln zugeordnet werden können. Zu den Anschaffungskosten gehören auch die Nebenkosten sowie die nachträglichen Anschaffungskosten. Anschaffungspreisminderungen sind abzusetzen."

203 (2) definiert grundsätzlich die Anschaffungskosten für das Anlagevermögen, in § 206 (2) wird diese Definition für das Umlaufvermögen übernommen.

Aus dieser Definition lässt sich das folgende Berechnungsschema für die Anschaffungskosten ableiten:

SbX

Diese Informationen sollten für Sie nicht neu sein – zur Festigung finden Sie unter der **ID: 0210** zwei Beispiele zur Ermittlung der Anschaffungskosten. Ferner können Sie anhand eines Beispiels aus der Praxis ersehen, dass Anschaffungsnebenkosten oft ein Vielfaches der Anschaffungskosten ausmachen.

Rechenschema		Beispiele
	Anschaffungspreis	Kaufpreis, Listenpreis
–	**Anschaffungspreisminderungen**	Rabatte, Skonti
+	**Anschaffungsnebenkosten**	z. B. Verpackung, Bezugskosten (Zoll, Fracht, Transportversicherung), Kosten der Vertragserrichtung, Anwalts- und Notarkosten, Grunderwerbsteuer
+	**Kosten der Betriebsbereitschaft**	z. B. Kosten eines Fundaments, Montagekosten, Kosten für die Einschulung der Mitarbeiter
=	**Anschaffungskosten**	
+	**nachträgliche Anschaffungskosten**	z. B. Kauf einer Zusatzeinrichtung (Ladebordwand bei Lkw), verspätete Vorschreibung einer noch nicht berücksichtigten Abgabe
=	**Anschaffungskosten**	

Grundsätzlich zählt die Umsatzsteuer nicht zum Anschaffungswert. Die Ausnahmen sind Ihnen bekannt:

(2) Pkw und Kombis haben keinen Vorsteuerabzug. Ausgenommen davon sind jene Pkw und Kombis, die auf einer Liste des Finanzministeriums als Kleinlastkraftwagen und Kleinbusse angeführt werden, sowie Taxis, Mietwagen und Fahrschulfahrzeuge.

(3) Unternehmen, die grundsätzlich keinen Vorsteuerabzug geltend machen können

Keinesfalls zu den Anschaffungskosten dazugezählt werden dürfen die Finanzierungskosten einer Anlage, also die Kosten für die Kreditbeschaffung oder die Zinsen für diesen Kredit.

Kursänderungen (Sie erhalten z. B. eine Maschine aus den USA, fakturiert in USD) zwischen Anschaffung und Bezahlung verändern nicht die Höhe der Anschaffungskosten (d. h. Kursdifferenzen sind als Kursgewinn oder Kursverlust auszuweisen).

(2) Herstellungskosten

> **§ 203 (3) UGB:**
>
> „Herstellungskosten sind die Aufwendungen, die für die Herstellung eines Vermögensgegenstandes, seine Erweiterung oder für eine über seinen ursprünglichen Zustand hinausgehende wesentliche Verbesserung entstehen. Bei der Berechnung der Herstellungskosten sind auch angemessene Teile dem einzelnen Erzeugnis nur mittelbar zurechenbarer fixer und variabler Gemeinkosten in dem Ausmaß, wie sie auf den Zeitraum der Herstellung entfallen, einzurechnen. Sind die Gemeinkosten durch offenbare Unterbeschäftigung überhöht, so dürfen nur die einer durchschnittlichen Beschäftigung entsprechende Teile dieser Kosten eingerechnet werden. Aufwendungen für Sozialeinrichtungen des Betriebes, für freiwillige Sozialleistung, für betriebliche Altersversorgung und Abfertigungen **dürfen** eingerechnet werden. Kosten der allgemeinen Verwaltung und des Vertriebes dürfen nicht in die Herstellungskosten einbezogen werden."
>
> **§ 203 (4) UGB:**
>
> „Zinsen für Fremdkapital, das zur Finanzierung der Herstellung von Gegenständen des Anlage- oder Umlaufvermögens verwendet wird, **dürfen** im Rahmen der Herstellungskosten angesetzt warden, soweit sie auf den Zeitraum der Herstellung entfallen. [...]"

Hinweis: Hervorhebungen durch den Autor

Wenn wir diese beiden Absätze genauer analysieren, können wir feststellen:

- Laut UGB müssen die Einzelkosten (Fertigungsmaterial, Fertigungslöhne, Sonderkosten der Fertigung) sowie angemessene Teile der Material- und der Fertigungsgemeinkosten berücksichtigt werden. Gemeint ist damit die Berechnung in Form einer Zuschlagskalkulation.

- Zu beachten ist dabei das Problem der Unterbeschäftigung. Als Unterbeschäftigung gilt eine Kapazitätsbeanspruchung von weniger als 80 %. Bei einer Kapazitätsauslastung von beispielsweise 60 % dürften nur 60 % der Fixkosten in die Kalkulation eingerechnet werden.

Sie erinnern sich: Bei Unterbeschäftigung werden die Fixkosten auf immer weniger Produkte aufgeschlagen, die Folge sind überhöhte Herstellungskosten.

- Verwaltungs- und Vertriebsgemeinkosten dürfen nicht angesetzt werden.

- In **Ausnahmefällen** dürfen bei Aufträgen, deren Ausführung sich über mehr als zwölf Monate erstreckt, angemessene Teile der Verwaltungs- und Vertriebsgemeinkosten angesetzt werden, falls eine verlässliche Kostenrechnung vorliegt und soweit aus der Auftragsabwicklung keine Verluste drohen (§ 206 (3) UGB).

- Dagegen dürfen Aufwendungen für freiwillige Sozialleistungen (z. B. Fahrtkostenersätze) und für Sozialeinrichtungen (z. B. Werksküche) und Ausgaben für betriebliche Altersversorgung und Abfertigungen (Pensionskassen, Direktversicherungen) angesetzt werden.

- Wird diese Herstellung mit Fremdkapital finanziert, dürfen auch die entsprechenden Zinsen zu den Herstellungskosten gerechnet werden.

Das UGB unterscheidet also zwei mögliche Ansatzhöhen:

- **Mindestansatz:** Einzelkosten zuzüglich angemessener Teile der fixen und variable Gemeinkosten

- **Höchstansatz:** zuzüglich Sozialaufwendungen und Finanzierungskosten

Geht man bei der Ermittlung der Herstellungskosten von den Zuschlagssätzen der Kostenrechnung aus, müssen diese korrigiert werden.

Sie erinnern sich:

Für die Ermittlung der Herstellungskosten dürfen nur Kosten berücksichtigt werden, die den tatsächlichen Aufwendungen entsprechen.

Umgekehrt verlangt § 203 (3) UGB, dass nur angemessene Teile der Material- und Fertigungsgemeinkosten angesetzt werden dürfen, d. h., außergewöhnliche und betriebsfremde Aufwendungen sind auszuscheiden, was in der Kostenrechnung mithilfe des Betriebsüberleitungsbogens erfolgt.

Wurden in den Kostenrechnungen Posten angesetzt, die von der Buchhaltung abweichen (z. B. kalkulatorische Abschreibungen, kalkulatorische Zinsen, kalkulatorische Wagnisse oder Unternehmerlohn), sind diese auszuscheiden bzw. zu berichtigen.

Bei der Ermittlung des Materialgemeinkosten- und Fertigungsgemeinkostenzuschlagssatzes für die Berechnung der Herstellungskosten für Anlagen und unfertige und fertige Erzeugnisse ist daher wie folgt vorzugehen:

Unterschied in den Zuschlagsätzen zw. Buchhaltung und Kostenrechnung

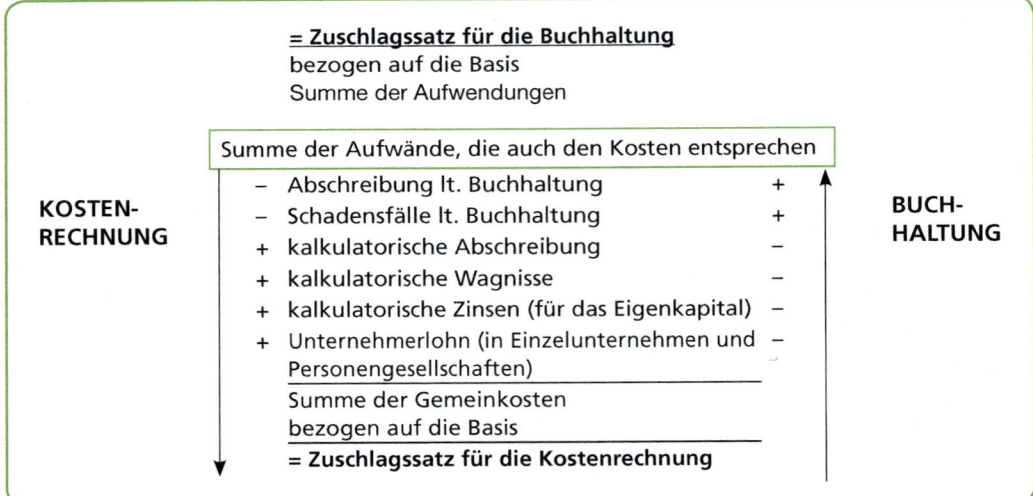

Erläuterungsbeispiel

Die Karl Hofinger Maschinenbau KG erzeugt mit den eigenen Mitarbeitern eine neue Schleifmaschine, die sie für die Produktion ihrer Maschinen, die für den Verkauf bestimmt sind, benötigt.

Für die Herstellung dieser Schleifmaschine sind folgende Einzelkosten angefallen:

Fertigungsmaterial	€ 46.400,–
Fertigungslöhne	€ 82.300,–
Sonderkosten der Fertigung	€ 2.500,–

Der Ausschnitt aus dem Betriebsabrechnungsbogen zeigt folgende Daten (in tausend €)

Kostenart	Material	Fertigung
bisherige Gemeinkosten	2.460	134.600
kalkulatorische Zinsen	1.250	9.580
kalkulatorische Abschreibung	1.560	14.590
kalkulatorischer Unternehmerlohn		300
Summe Gemeinkosten	5.270	159.0700
Zuschlagsbasis Einzelkosten	25.460	64.850
Zuschlagsätze	20,70 %	245,29 %

Bei der Ermittlung der Zuschlagsätze wurden aus den Daten der Buchhaltung folgende Aufwendungen ausgeschieden:

Aufwandsart	Material	Fertigung
Zinsaufwand		6.230
Abschreibungen	970	9.530

Hinweis:

Der Zinsaufwand ist nicht zu berücksichtigen, da diese Fremdkapitalzinsen nicht in unmittelbarem Zusammenhang mit der Produktion dieser Schleifmaschine stehen.

Berechnung:

Kostenart	Material	Fertigung
Summe Gemeinkosten	5.270	159.070
– kalkulatorische Zinsen	1.250	9.580
– kalk. Abschreibung	1.560	14.590
– kalk. Unternehmerlohn		300
	2.760	134.600
+ Abschreibungen	970	9.530
Summe Gemeinkosten	3.730	144.130
Zuschlagsbasis Einzelkosten	25.460	64.850
Zuschlagssätze	14,65 %	222,25 %

Die so errechneten Zuschlagssätze werden nun für die Ermittlung der Herstellungskosten herangezogen. Voraussetzung: keine Unterbeschäftigung.

Übung

Ü 2.3: Ermittlung der Herstellungskosten

Ihre Aufgabe:

Ermitteln Sie für die selbsterstellte Schleifmaschine der Karl Hofinger Maschinenbau KG die Herstellungskosten.

(3) Nenn- oder Nominalwert

Der Nennwert oder Nominalwert entspricht

● dem Grundkapital einer AG bzw. dem Stammkapital einer GesmbH,
● dem Betrag, auf den Forderungen bzw. Verbindlichkeiten bei ihrer Entstehung lauten,
● bei Obligationen dem auf der Urkunde aufgedruckten Wert.

(4) beizulegender Zeitwert (§ 189 a Z 4)

Denken Sie an alle Beispiele zur Warenbewertung, die Sie bereits gerechnet haben. Sie haben immer den errechneten Durchschnittspreis oder den Preis des letzten Einkaufs mit dem Preis am 31.12. verglichen.

Der beizulegende Zeitwert ist bei der Bewertung des Umlaufvermögens als Vergleichswert heranzuziehen (vgl. § 207 UGB bzw. Kapitel 3.2). Darunter versteht man:

● **Marktpreis:** Das ist jener Preis, der auf einem bestimmten Handelsplatz zu einem bestimmten Zeitpunkt im Durchschnitt zu zahlen (Beschaffungsmarkt) oder zu erreichen (Absatzmarkt) ist.

Ausgangspunkt für die Ermittlung des Marktpreises am Beschaffungsmarkt sind die Wiederbeschaffungskosten.

Gehen Sie auf die Website der Wiener Börse. Sie finden dort neben den laufenden Kursnotierungen immer die Kurse der letzten Bilanzstichtage (www.wienerboerse.at).

● **Börsenkurs:** Das ist der Preis, zu dem Wertpapiere, Fremdwährungen oder Waren an einer amtlich anerkannten Börse (Wertpapier- oder Warenbörse) notieren. In der Regel ist das die Börse im Inland, also für Österreich in Wien.

(5) Rückzahlungsbetrag

> **211 (1) UGB:**
> „Verbindlichkeiten sind mit ihrem Erfüllungsbetrag […] anzusetzen."

Der Erfüllungsbetrag ist jener Betrag, der aufgebracht werden muss, um eine Verbindlichkeit zu tilgen. Nicht zum Rückzahlungsbetrag zählen jedoch Kosten, die im Zusammenhang mit der Begleichung der Verbindlichkeit stehen, wie z. B. Überweisungsspesen.

Denken Sie an die Bewertung von Fremdwährungsverbindlichkeiten. Ist der Kurs gegenüber dem Euro gefallen, haben Sie die FW-Verbindlichkeit aufgewertet. Die möglichen Überweisungsspesen selbst haben Sie immer erst beim Ausgleich einer Fremdwährungsverbindlichkeit als Aufwand verbucht.

(6) Beizulegender Wert

Der beizulegende Wert ist bei der Bewertung des Anlagevermögens und mancher Schulden heranzuziehen.

> **§ 204 (2) UGB:**
>
> „Gegenstände des Anlagevermögens sind bei voraussichtlich dauernder Wertminderung ohne Rücksicht darauf, ob ihre Nutzung zeitlich begrenzt ist, außerplanmäßig auf den niedrigeren am Abschlussstichtag beizulegenden Wert abschreiben [...]"

Der beizulegende Wert ist im UGB definiert:

> **189 a Z 3 UGB:**
>
> Beizulegender Wert: der Betrag, den ein Erwerber des gesamten Unternehmens im Rahmen des Gesamtkaufpreises für den betreffenden Vermögensgegenstand oder die betreffend Schuld ansetzen würde, dabei ist davon auszugehen, dass der Erwerber das Unternehmen fortführt.

(7) Teilwert

Der Teilwert ist ein Wertmaßstab aus dem Steuerrecht.

> **§ 6 (Z 1) EStG:**
>
> „[...] Der Teilwert ist der Betrag, den ein Erwerber des ganzen Betriebes im Rahmen des Gesamtkaufpreises für das einzelne Wirtschaftsgut ansetzen würde; dabei ist davon auszugehen, dass der Erwerber den Betrieb fortführt."

Seit dem RÄG 2014 entspricht die steuerliche Definition weitgehend der unternehmensrechtlichen.

Diese Werte sind natürlich nur schwer feststellbar. Daher werden folgende Werte angesetzt:

- bei nicht abnutzbarem Anlagevermögen: Anschaffungs- bzw. Herstellungskosten
- bei abnutzbarem Anlagevermögen: die um die bisherigen Abschreibungen verminderten Anschaffungs- bzw. Herstellungskosten
- bei Umlaufvermögen: die Anschaffungs- bzw. Herstellungskosten

Als Teilwert wird dann ein geringerer Wert angesetzt, wenn die Wiederbeschaffungspreise gesunken sind oder wenn sich der Kauf oder die Herstellung eines Vermögensgutes als Fehlinvestition herausgestellt hat bzw. bei technischer oder wirtschaftlicher Überalterung und wenn bei Forderungen eine Ausfallsgefahr besteht.

Da es sich um einen steuerlichen Wert handelt, ist dieser bei der Erstellung des Jahresabschlusses lediglich für die Berechnung der Mehr-Weniger-Rechnung relevant.

(8) Vergleichswert

Auch hier handelt es sich nicht um einen einheitlichen Wertbegriff. Es sind jene Wertmaßstäbe, mit denen die ursprünglichen Wertansätze am Bilanzstichtag zu vergleichen sind.

Sie wissen:

Eine der wesentlichsten Aufgaben der Bilanzerstellung besteht darin, die einzelnen Vermögensgegenstände und Schulden richtig zu bewerten, d.h. zu entscheiden, ob der bisherige Wert (eventuell korrigiert um die planmäßige Abschreibung) oder ein anderer in der Bilanz anzusetzen ist.

Als Vergleichswerte bieten sich am Bilanzstichtag an:

- der beizulegende Zeitwert, also Börsenkurse oder Marktpreise bezogen auf den Beschaffungs- oder Absatzmarkt korrigiert um Erlösminderungen und um weitere Anschaffungs- bzw. Verkaufskosten
- beizulegender Wert
- Teilwert für die Mehr-Weniger-Rechnung oder bei rein steuerlicher Bilanzierung (§ 4 (1) EStG)

Wir werden bei der Bewertung einzelner Bilanzpositionen wieder auf diesen Wertbegriff zurückkommen und Möglichkeiten seiner Ermittlung zeigen.

Sie sehen also, das Going-concern-Prinzip (Grundsatz der Unternehmensfortführung) ist sowohl im Unternehmens- als auch im Steuerrecht als Bewertungsprinzip verankert.

Vielleicht haben Sie im Rahmen der Abschreibung von Anlagen auch d e außerplanmäßige Abschreibung auf den niedrigeren Teilwert besprochen. Bei der Bewertung des Anlagevermögens werden wir darauf zurückkommen. Die Berücksichtigung der Gefahr eines Forderungsausfalles kennen Sie aber bereits von der Ermittlung und Verbuchung von Wertberichtigungen.

Sie haben solche Vergleiche schon selbst angestellt.

4 WO ist zu bilanzieren?
Ansatz dem Orte nach

Da wir die Frage nach dem „Wie viel ist zu bilanzieren?" im Kapitel 3 „Bewertung von Vermögen und Schulden" in der Reihenfolge der Gliederung der Bilanz behandeln wollen, ist es notwendig, an dieser Stelle auf die Gliederungsvorschriften zu verweisen.

Da lt. § 195 (2) UGB der Jahresabschluss ein „möglichst getreues Bild der Vermögens- und Ertragslage des Unternehmens vermitteln soll", müssen alle Kaufleute ihre Bilanzen nach folgenden Hauptgruppen gliedern:

Diese erweiterte Mindestgliederung ist im Anhang abgebildet. Sie kennen diese Gliederung aber bereits: Der Aufbau des Kontenplanes (Kl. 0–3 und 9) entspricht dieser Gliederung.

BILANZ zum 31. 12. 20..	
Aktiva	**Passiva**

I. Anlagevermögen
  1. Immaterielle Vermögensgegenstände
  2. Sachanlagen
  3. Finanzanlagen
II. Umlaufvermögen
  1. Vorräte
  2. Forderungen und sonstige Vermögensgegenstände
  3. Wertpapiere und Anteile
  4. Kassabestand, Schecks, Guthaben bei Kreditinstituten
III. Rechnungsabgrenzungsposten
	I. Eigenkapital
	II. Rückstellungen
	  1. Rückstellungen für Abfertigungen
	  2. Rückstellungen für Pensionen
	  3. sonstige Rückstellungen
	III. Verbindlichkeiten
	  Gliederung nach wesentlichen Gruppen (Bankverbindlichkeiten, Verbindlichkeiten aus Lieferungen und Leistungen)
	IV. Rechnungsabgrenzungsposten

Für Kapitalgesellschaften und Personengesellschaften ohne natürliche Person als Vollhafter (GmbH & Co KG) ist, um ein getreues Bild der Vermögens-, Finanz- und Ertragslage erhalten zu können, eine tiefere Gliederung der Bilanz verbindlich vorgeschrieben (Mindestgliederung nach § 224 UGB (2) und (3)).

Da eine tiefere Gliederung jedenfalls auch für Einzelunternehmen und Personengesellschaften angewendet werden kann, wird in der Praxis meist auf die Vorschriften des § 224 UGB zurückgegriffen.

5 Aufbau der Gewinn-und-Verlust-Rechnung (GuV)

Um ein möglichst getreues Bild der Ertragslage zu vermitteln, werden Erträge und Aufwendungen in der Gewinn-und-Verlust-Rechnung gegenübergestellt. Bisher kennen Sie diese nur in Kontenform, wobei die Erträge bzw. Erlöse (Mittelherkunft) auf der Habenseite und die Aufwendungen (Mittelverwendung) auf der Sollseite dargestellt wurden. Ein Gewinn (Erträge/Erlöse übersteigen die Aufwendungen) wurde daher als Habensaldo (Erlöse > Aufwendungen), ein Verlust als Sollsaldo (Aufwendungen > Erlöse) dargestellt. In der Praxis wird die GuV jedoch fast immer in Staffelform dargestellt:

1.   Umsatzerlöse
2. +/– Bestandsveränderungen
3. + Aktivierte Eigenleistungen
4. + Sonstige betriebliche Erträge
5. – Aufwendungen für Material und sonstige bezogene Herstellungsleistungen
    a) Materialaufwand
    b) Aufwendungen für bezogene Leistungen
6. – Personalaufwand
    a) Löhne und Gehälter
    b) Soziale Aufwendungen
7. – Abschreibungen
8. – Sonstige betriebliche Aufwendungen
9. +/– Zinserträge bzw. Zinsaufwendungen, sowie Erträge und Aufwendungen aus Beteiligungen

10.   Jahresüberschuss (Gewinn) / Jahresfehlbetrag (Verlust)

Auch hier ist für Kapitalgesellschaften eine tiefere Gliederung vorgeschrieben (§ 231 (2) UGB), die auch für Einzelunternehmen und Personengesellschaften angewandt werden kann.

 **Üben**

Ü 2.4: Bilanzieren C

Erläutern Sie, was unter „Bilanzieren" im engeren Sinn zu verstehen ist.

Ü 2.5: Grundsatz der Vollständigkeit D

Beschreiben Sie, was unter dem Grundsatz der Vollständigkeit im Zusammenhang mit der Bilanzierung zu verstehen ist.

Ü 2.6: Bilanzklarheit A

Erläutern Sie den Grundsatz der Bilanzklarheit.

Ü 2.7: Aufnahme in die Bilanz C

Erläutern Sie die Anforderungen, die an einen Vermögensgegenstand zu stellen sind, damit er in die Bilanz aufzunehmen ist.

Ü 2.8: Bewertungsvorschriften des UGB D

Das UGB richtet sich in seinen Bewertungsvorschriften nach dem Vorsichtsprinzip und dem Gläubigerschutz. Wie wirkt sich diese Zielsetzung auf die Bewertung aus?

Ü 2.9: Bewertungsgrundsätze des UGB B

Erläutern Sie die in § 201 (1) UGB genannten Bewertungsgrundsätze.

Ü 2.10: Realisationsprinzip – Imparitätsprinzip D

Erklären Sie die Begriffe „Realisationsprinzip" und „Imparitätsprinzip" und erläutern Sie diese anhand von Beispielen.

Ü 2.11: Umwertung D

Begründen Sie, warum es erforderlich ist, die Zuschlagssätze aus der Kostenrechnung zur Berechnung der Herstellungskosten für aktivierte selbst erstellte Anlagen bzw. für unfertige und fertige Erzeugnisse umzuwerten.

Sichern

Bilanzierungs-
entscheidungen

Bilanzierungsentscheidungen

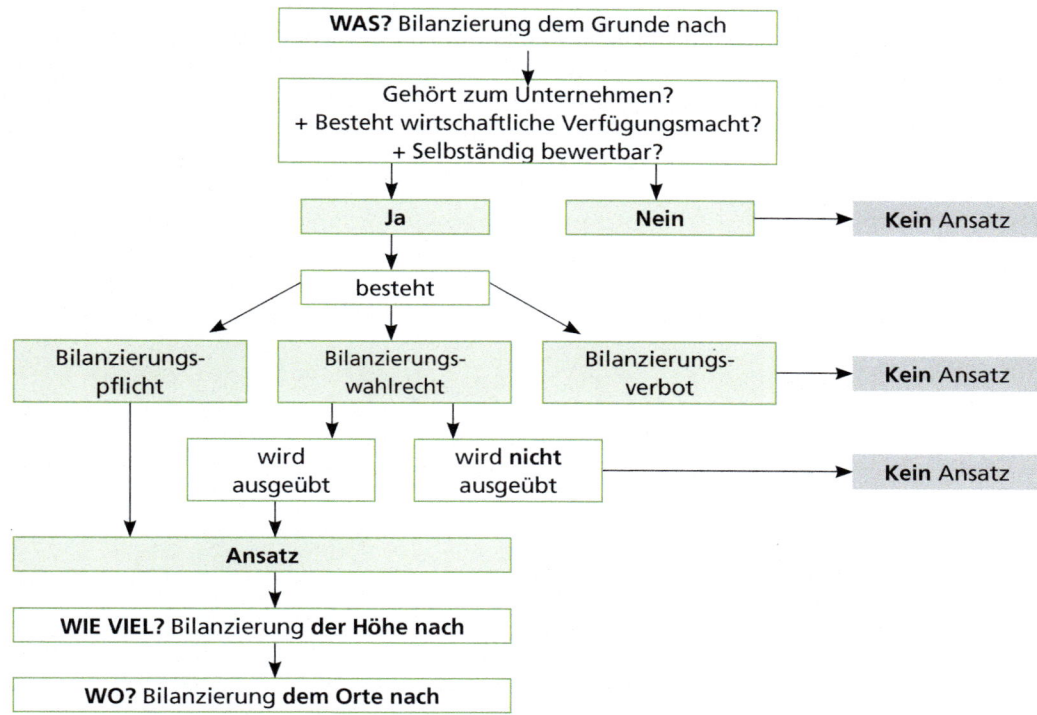

Wissen

W 2.1: Bilanzierungsentscheidungen A

Beschreiben Sie, welche Bilanzierungsentscheidungen grundsätzlich zu treffen sind.

W 2.2: Vermögensgegenstand A

Benennen Sie, welche Bezeichnung man im Steuerrecht für Vermögensgegenstand findet.

W 2.3: Bilanzierungswahlrecht B

Erläutern Sie, für welche Vermögensgegenstände der Unternehmer Bilanzierungswahlrecht hat.

W 2.4: Bilanzierungsverbote B

Das UGB kennt zwei Bilanzierungsverbote. Nennen Sie diese.

W 2.5: Teilwert B

Erläutern Sie den Begriff „Teilwert". Handelt es sich dabei um einen Begriff des Unternehmens-
oder des Steuerrechts?

W 2.6: Vergleichswerte C

Beschreiben Sie, welche Werte im Zuge der Bewertung von Vermögensgegenständen und Verbindlichkeiten als Vergleichswerte am Bilanzstichtag herangezogen werden können.

Ein kurzer Kompetenz-Check, bevor's weitergeht!

Kompetenz-Check

	☺	😐	☹
Ich kann erklären, welche Vermögensgegenstände in die Bilanz aufzunehmen sind.			
Ich kann in Grundzügen erläutern, mit welchem Wert diese aufzunehmen sind.			
Ich kann erklären, unter welcher Position die Wirtschaftsgüter in der Bilanz aufscheinen.			

3 BEWERTUNG VON VERMÖGEN UND SCHULDEN

Worum geht's in diesem Kapitel?

Die folgenden Teilkapitel entsprechen in ihrem Aufbau der Bilanzgliederung nach § 224 UGB (vgl. Anhang).

In diesem Kapitel lernen Sie genauer, mit welchen Werten Vermögen und Schulden in der Bilanz anzusetzen sind. Die Teilkapitel entsprechen dabei in ihrem Aufbau der Bilanzgliederung gem. § 224 UGB (s. Anhang).

Einiges werden Sie bereits in früheren Jahrgängen gehört bzw gelernt haben.

Wenn Sie dieses Kapitel bearbeitet haben,

- wissen Sie, wie das Anlagevermögen lt. UGB gegliedert ist,
- können Sie in der Bewertung zwischen abnutzbaren und nicht abnutzbaren Anlagevermögen unterscheiden,
- kennen Sie die Besonderheiten in der Bewertung des Finanzanlagevermögens,
- wissen Sie, wie das Umlaufvermögen laut UGB gegliedert ist,
- können Sie die einzelnen Positionen des Umlaufvermögens bewerten (insbesondere Vorräte, Forderungen und Wertpapiere),
- kennen Sie die Gliederung der Verbindlichkeiten lt. UGB,
- können Sie die Verbindlichkeiten bewerten (insbesondere Fremdwährungsverbindlichkeiten),
- wissen Sie, wo Rechnungsabgrenzungen in der Bilanz auszuweisen sind.

In diesem Kapitel erwerben Sie Kompetenzen zu folgenden Bildungs- und Lehraufgaben:

„Die Schülerinnen und Schüler können die formalen Vorschriften für die Bilanz und die staffelförmige Gewinn- und Verlustrechnung anwenden."

„Die Schülerinnen und Schüler können beurteilen, ob die Jahresabschlüsse den gesetzlichen Vorschriften entsprechen und die Auswirkung von Bewertungsvorschriften aufzeigen."

In diesem Kapitel finden Sie Übungsaufgaben, praxisbezogene Fallbeispiele und Aufgaben zur Lernkontrolle zur Überprüfung Ihrer Kompetenzen auf den Handlungsebenen A Wiedergeben, B Verstehen, C Anwenden und D Analysieren und Interpretieren.

Dieses Kapitel umfasst folgende Lerneinheiten:

1 Bewertung des Anlagevermögens

2 Bewertung des Umlaufvermögens

3 Bewertung von Schulden

4 Rechnungsabgrenzungsposten

Lerneinheit 1
Bewertung des Anlagevermögens

Sie erinnern sich?

> **§ 198 (2) UGB:**
> „Als Anlagevermögen sind die Gegenstände auszuweisen, die bestimmt sind, dauernd dem Geschäftsbetrieb zu dienen."

Der Begriff „dauernd" ist in den meisten Fällen durch „längerfristig" (länger als ein Jahr) zu ersetzen (denken Sie an die Kurzlebigkeit des gesamten EDV-Bereiches). Die Zuordnung ist in den meisten Fällen eindeutig und von der Art des Unternehmens abhängig.

Mit der Angabe „Kauf eines PC", ohne zu wissen, wer diesen PC kauft (ein PC-Händler oder z. B. ein Transportunternehmen) ist eine Zuordnung zu Anlage- oder Umlaufvermögen nicht möglich.

Dieser PC wird beim Transportunternehmer jedenfalls dem Anlagevermögen zugerechnet, beim PC-Händler wahrscheinlich dem Umlaufvermögen (Warenvorrat) oder sofort als Aufwand (Warenverbrauch) gebucht.

Lernen

SbX	ID: 0310

Gliederung des Anlagevermögens
I. Immaterielles Anlagevermögen

> **Immaterielle Vermögensgegenstände** dürfen nur bilanziert werden, wenn sie **entgeltlich erworben** wurden.

Nach § 224 (2) UGB zählen zu den immateriellen Vermögensgegenständen des Anlagevermögens:

1. Konzessionen, gewerbliche Schutzrechte und ähnliche Rechte und Vorteile sowie daraus abgeleitete Lizenzen

   Konzessionen sind behördliche Genehmigungen zur Ausübung eines bestimmten Gewerbes (Apothekerkonzession, Luftverkehrskonzession) bzw. Befugnisse zur Ausübung einer bestimmten wirtschaftlichen Tätigkeit (z. B. Energieversorgungsrecht, Fischereirecht).

   Gewerbliche Schutzrechte sind z. B. Patente und Markenrechte, aber auch Urheber- und Verlagsrechte.

   Zu den **ähnlichen Rechten und Vorteilen** zählen z. B. Software, Fabrikationsverfahren und Belieferungsrechte.

   Lizenzen sind Rechte zur Verwertung von gewerblichen Schutzrechten und ähnlichen Rechten, z. B. Patenten.

Querverweis

Nutzen Sie diese Auflistung und wiederholen Sie in BW die gewerblichen Schutzrechte.

Die für den Erwerb dieser Konzessionen und Rechte geleisteten Aufwendungen sind inklusive Nebenleistungen zu aktivieren und – falls erforderlich – über die Nutzungsdauer (entspricht in den meisten Fällen der Vertragsdauer) abzuschreiben.

Wenn die unternehmensrechtliche und die steuerliche Nutzungsdauer übereinstimmen, kommt es zu keiner MWR.

Beachten Sie, dass **laufende Zahlungen** (z. B. für Lizenzen) **laufenden Aufwand** darstellen.

2. Geschäfts-(Firmen-)wert

Hier kann nur der derivative (käuflich erworbene) Geschäfts-(Firmen-)wert ausgewiesen werden. (s. Seite 37)

3. Geleistete Anzahlungen auf immaterielles Anlagevermögen

II. Sachanlagen

Nach § 224 (2) UGB zählen zu den Sachanlagen

1. Grundstücke, grundstücksgleiche Rechte und Bauten, einschließlich Bauten auf fremdem Grund

Sie kennen bereits aus dem Kontenplan die Konten „unbebaute Grundstücke" und „bebaute Grundstücke" sowie das Konto Gebäude, auf dem alle Betriebsgebäude erfasst werden.

Ein getrennter Ausweis in Grundwert und Gebäude ist sinnvoll, da Grundstücke zum nicht abnutzbaren Anlagevermögen zählen, Gebäude hingegen über die Nutzungsdauer abgeschrieben werden.

Beispiele

- Bürogebäude
- Lagerhalle
- Fabrikgebäude
- Lagerplatz

In Kontenplänen basierend auf dem Österreichischen Einheitskontenrahmen entsprechen diesen Anlagen die Kontengruppen 04 und 05.

2. Technische Anlagen und Maschinen

Unter dieser Position sind alle jene Anlagen ausgewiesen, die in unmittelbarem Zusammenhang mit dem Produktionsprozess stehen.

Beispiele

- Produktionsmaschinen
- Montagestraßen
- Hebebühnen
- Werkzeuge

Im Kontenplan entspricht diesen Anlagen die Kontengruppe 06. Beachten Sie, dass in den Kontengruppen 05 und 06 auch geringwertige Wirtschaftsgüter ausgewiesen werden, wenn sie aktiviert wurden.

3. Andere Anlagen, Betriebs- und Geschäftsausstattung

Dazu gehören Büromaschinen, EDV, die Büroeinrichtung, Einrichtung der Verkaufsräume, der Fuhrpark.

Beispiele

- PC, Drucker
- Lieferwagen
- Schreibtische

4. Geleistete Anzahlungen und Anlagen in Bau

Hier handelt es sich um die geleisteten Anzahlungen im Zusammenhang mit Sachanlagen.

Anlagen, die am Bilanzstichtag noch nicht betriebsbereit sind, werden als „Anlagen in Bau" ausgewiesen, egal ob die Erstellung dieser Anlagegegenstände durch Dritte oder als Eigenleistung erfolgt.

Im Kontenplan entspricht dies der Kontengruppe 07.

Auf die Bilanzierung von Anzahlungen wird in Kapitel 9 (Sonderprobleme des Jahresabschlusses) näher eingegangen.

III. Finanzanlagen

Nach § 224 (2) UGB zählen zu den Finanzanlagen:

1. Anteile an verbundenen Unternehmen

Verbundene Unternehmen sind nach § 189 a Z 8 zwei oder mehrere Unternehmen innerhalb einer Gruppe. Als Gruppe ist dabei das Mutterunternehmen und alle Tochterunternehmen zu verstehen. Die Tochterunternehmen sind nach den Vorschriften über die vollständige Zusammenfassung der Jahresabschlüsse verbundener Unternehmen (Vollkonsolidierung) in den Konzernabschluss eines Mutterunternehmens gemäß § 244 einzubeziehen.

§ 244 spricht von „Unternehmen unter einheitlicher Leitung". Anders ausgedrückt, das Mutterunternehmen hat einen beherrschenden Einfluss auf die Tochter.

Beispiel | Die Alpha-AG ist zu 100 % an der Beta-AG beteiligt. Sie übt damit einen beherrschenden Einfluss auf die Beta-AG aus.

2. Ausleihungen an verbundene Unternehmen

§ 227 UGB definiert Ausleihungen als „Forderungen mit einer Laufzeit von mindestens fünf Jahren".

Ist der Schuldner einer solchen Forderung ein verbundenes Unternehmen, so ist eine solche Forderung unter dieser Position anzusetzen.

Beispiel | Bei Übernahme der Beta-AG hat die Alpha-AG der Beta-AG ein Darlehen mit einer Laufzeit von 10 Jahren gewährt.

3. Beteiligungen

> **§ 189 a Z 2:**
>
> „Beteiligungen: Anteile an anderen Unternehmen, die bestimmt sind, dem eigenen Geschäftsbetrieb durch eine dauernde Verbindung zu diesen Unternehmen zu dienen; dabei ist es gleichgültig, ob die Anteile in Wertpapieren verbrieft sind oder nicht; es wird eine Beteiligung an einem anderen Unternehmen vermutet, wenn der Anteil am Kapital 20 % beträgt oder darüber liegt, [...]; die Beteiligung als unbeschränkt haftender Gesellschafter an einer Personengesellschaft gilt stets als Beteiligung."

Analysiert man diese Aussagen, ist festzustellen:

- Als Beteiligungen gelten Anteile an anderen Unternehmen, wenn sie durch eine dauerhafte Verbindung dem eigenen Geschäftsbetrieb dienen.
- Im Zweifel gelten immer dann Anteile an anderen Unternehmen als Beteiligungen, wenn sie ein Ausmaß von mindestens 20 % des Nennkapitals einer Kapitalgesellschaft oder Genossenschaft betragen.
- Die Beteiligung als unbeschränkt haftender Gesellschafter an einer eingetragenen Personengesellschaft gilt immer als Beteiligung.

Beispiel | Die Alpha AG ist mit 10 % als unbeschränkt haftender Gesellschafter an der Maurer OG beteiligt. Obwohl der Anteil nur 10 % beträgt, ist er als Beteiligung auszuweisen, weil die Alpha AG unbeschränkt haftet.

Die Alpha AG ist mit 20 % an ihrem Zulieferer, der Gamma-GesmbH, beteiligt. Hier besteht eine dem Geschäftsbetrieb dauerhaft dienende Verbindung, daher ist dieser Anteil als Beteiligung auszuweisen.

4. Ausleihungen an Unternehmen, mit denen ein Beteiligungsverhältnis besteht

Sie wissen bereits: Das UGB versteht unter Ausleihungen Forderungen mit einer Laufzeit von mindestens fünf Jahren. Ist der Schuldner ein Unternehmen, an dem eine Beteiligung besteht, ist diese Forderung unter dieser Position auszuweisen.

Sie werden im 5. Jahrgang im Rahmen der BW Näheres über Unternehmenskooperationen und -konzentrationen lernen.

5. Wertpapiere (Wertrechte) des Anlagevermögens

Unter dieser Position sind alle Wertpapiere (Aktien, Anleihen, Pfandbriefe), aber auch Anteile, die nicht in Wertpapieren verbrieft sind (Wertrechte), wie GesmbH-Anteile, Kommanditanteile, Genossenschaftsanteile, auszuweisen, wenn sie einer längerfristigen Kapitalanlage dienen.

6. Sonstige Ausleihungen

sind Forderungen mit einer Laufzeit von mindestens fünf Jahren, deren Schuldner weder verbundene Unternehmen, noch Unternehmen sind, zu denen ein Beteiligungsverhältnis besteht.

Übung

🟩 **SbX**

Eine weitere Übung zur Gliederung des Anlagevermögens finden Sie unter der ID: 0310.

Ü 3.1: Zuordnung von Anlagevermögen gemäß Gliederungsschema

Ihre Aufgabe:

Entscheiden Sie in den folgenden Fällen, unter welcher Position des Gliederungsschemas gemäß § 224 (2) UGB die Alpha-GmbH das jeweilige Anlagegut auszuweisen hat. Ordnen Sie dem nachstehenden Gliederungsschema die jeweiligen Anlagegüter zu.

Grundwert bebauter Grundstücke
Büroeinrichtung
PC-Anlagen
25 %ige Beteiligung an der Beta-GmbH
Computer, der zur Steuerung der Produktion dient
Firmenwert
60 %ige Beteiligung an der Gamma-GmbH
Forderung mit einer Laufzeit von 6 Jahren gegenüber der Gamma-GmbH
Anzahlung für eine Produktionslizenz
Lagerhalle
10 %ige Beteiligung an der Dora-OG
5 %ige Beteiligung an der Zeta-AG
entgeltlich erworbenes Patent für ein Produktionsverfahren
30 %ige Beteiligung an der Ida-KG als Komplementär
in Bau befindliche Produktionshalle
Software

A. Anlagevermögen

  I. Immaterielle Vermögensgegenstände

  1. Konzessionen, gewerbliche Schutzrechte und ähnliche Rechte und Vorteile sowie daraus abgeleitete Lizenzen

  2. Firmenwert

  3. geleistete Anzahlungen

  II. Sachanlagen

  1. Grundstücke, grundstücksgleiche Rechte und Bauten, einschließlich Bauten auf fremdem Grund

  2. technische Anlagen und Maschinen

  3. andere Anlagen, Betriebs- und Geschäftsausstattung

  4. geleistete Anzahlungen und Anlagen in Bau

3 Bewertung Vermögen und Schulden

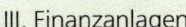
III. Finanzanlagen
   1. Anteile an verbundenen Unternehmen

   2. Ausleihungen an verbundene Unternehmen

   3. Beteiligungen

   4. Ausleihungen an Unternehmen, mit denen ein Beteiligungsverhältnis besteht
   5. Wertpapiere (Wertrechte) des Anlagevermögens

2 Bewertung des Anlagevermögens
Welche Werte stehen in der Bilanz?

Das Anlagevermögen gliedert sich in abnutzbares und nicht abnutzbares Anlagevermögen.

Arten des Anlagevermögens

Sie wissen bereits: Abnutzbares Anlagevermögen unterliegt einer Wertminderung aufgrund der Nutzung.

	immaterielles Anlagevermögen	Sachanlagevermögen	Finanzanlagevermögen
abnutzbar	immaterielles Anlagevermögen, das nur befristet zur Verfügung steht Beispiele: derivativer Firmenwert Patente, Lizenzen	das gesamte Sachanlagevermögen mit Ausnahme von Grundstücken	
nicht abnutzbar	immaterielles Anlagevermögen, das unbefristet zur Verfügung steht Beispiel: Konzessionen	Grundstücke	das gesamte Finanzanlagevermögen

Aufgrund dieser Einteilung ist prinzipiell zwischen **Wertminderung aufgrund der Nutzung** einerseits und **Wertänderung** (Minderung oder Zuschreibung) **aufgrund anderer Ursachen** zu unterscheiden.

Eine Wertänderung aufgrund anderer Ursachen ist sowohl im nicht abnutzbaren als auch im abnutzbaren Anlagevermögen möglich.

Wertverminderungen und Wertänderungen im Anlagevermögen

AW = Anschaffungswert

	Wertminderung aufgrund der Nutzung		Wertänderungen aufgrund anderer Ursachen	
	Begriff im Unternehmensrecht	Begriff im Steuerrecht	Begriff im Unternehmensrecht	Begriff im Steuerrecht
nicht abnutzbares Anlagevermögen			außerplanmäßige Abschreibung	Teilwertabschreibung
			Zuschreibung (Obergrenze AW)	
abnutzbares Anlagevermögen	planmäßige Abschreibung § 204 (1) UGB	Absetzung für Abnutzung (Afa) § 7 (1) EStG	außerplanmäßige Abschreibung	Teilwertabschreibung
			Zuschreibung (Obergrenze AW)	

3 Bewertung des nicht abnutzbaren Anlagevermögens
Grundstücke und Finanzanlagen

Sie wissen bereits: Zum nicht abnutzbaren Anlagevermögen gehören Grundstücke und Finanzanlagen.

Die folgende Übersicht umfasst alle wichtigen Informationen zur Bewertung dieser Vermögensgruppe, gegliedert nach Unternehmensrecht und Steuerrecht.

Bewertung des nicht abnutzbaren Anlagevermögens im Unternehmens- und Steuerrecht

	Unternehmensrecht	Steuerrecht
gesetzliche Vorschriften	UGB §§ 203 (2), 204 (2), 208 (1)–(3)	EStG § 6/Z 2 lit. a, § 6/Z 13
Ausgangswert	Anschaffungskosten	Anschaffungskosten
Vergleichswert	beizulegender Wert bzw. beizulegender Zeitwert	Teilwert
Abwertung	Pflicht zur Abwertung nur bei dauernder Wertminderung **Ausnahme:** Bei Finanzanlagen kann eine Wertminderung auch dann vorgenommen werden, wenn sie voraussichtlich nicht dauerhaft ist.	Abwertungswahlrecht, jedoch Maßgeblichkeitsprinzip ←
Abwertung erfolgt durch	außerplanmäßige Abschreibung	Teilwertabschreibung
Aufwertung	Zuschreibung verpflichtend	Zuschreibungspflicht
Aufwertungsobergrenze	Anschaffungskosten	Anschaffungskosten

Ermittlung der Anschaffungskosten

Sie wissen bereits: Anschaffungsnebenkosten müssen aktiviert werden.

Bei **Grundstücken** sind dies

- die Grunderwerbsteuer,
- die Grundbucheintragungsgebühr,
- Notariatskosten sowie
- bezahlte Vermittlungsentgelte (Maklerprovision).

Nicht zum Grundstückswert dazugerechnet werden dürfen Kosten für die Aufnahme von Fremdkapital im Zusammenhang mit diesem Kauf.

Vgl. Ü 9.3 Kapitel 9.

Wird ein Grundstück einschließlich eines Gebäudes erworben, sind die Anschaffungsnebenkosten entsprechend den Anschaffungswerten der beiden Vermögensgüter aufzuteilen und auf den jeweiligen Konten zu aktivieren.

Exkurs: Behandlung von Abbruchkosten

Die Behandlung von Abbruchkosten ist abhängig von deren Entstehen.

- Wird ein Grundstück mit einem abbruchreifen Gebäude erworben, so zählen die Abbruchkosten zu den Anschaffungskosten von Grund und Boden.
- Wird ein, dem Unternehmen schon länger dienendes, Gebäude abgerissen, so sind diese Abbruchkosten und ein eventueller Restbuchwert sofort als Aufwand zu verbuchen. Das heißt, solche Abbruchkosten sind weder dem Grundstück noch dem neuen Gebäude zuzuordnen.

SbX

Sie finden zu den Abbruchkosten eine Übung unter der ID: 0310.

3 Bewertung Vermögen und Schulden

Selbstverständlich muss auch im Zuge der Bewertung der Vergleichswert mit den Spesen angesetzt werden – wird in der Praxis gerne vernachlässigt. Auch mit der Begründung, dass sich die Spesensätze ändern. In unseren Beispielen werden wir auch für die Vergleichswerte Spesen berücksichtigen.

SbX

Sie finden eine Übung zum Kauf von Aktien und Anleihen und die damit verbundenen Buchungen unter der ID: 0310. Generell ist die Verbuchung von Wertpapieren Stoff des V. Jahrganges.

Wertpapiere

Bei **Wertpapieren** entsprechen die Anschaffungskosten dem Kurswert zuzüglich der beim Kauf in Rechnung gestellten Spesen.

(0) Aktien im Anlagevermögen (Kurswert einschl. Spesen) / (2) Zahlungsmittelkonto

Die beim Kauf von festverzinslichen Wertpapieren in Rechnung gestellten Zinsen (vom letzten Zinstermin bis zum Kassatag) zählen nicht zu den Anschaffungskosten.

Die Zinsen stellen eine „Forderung aus Zinserträgen für Wertpapiere" dar, da erst beim nächsten Zinstermin Jahreszinsen für das abgelaufene Jahr ausbezahlt werden.

(0) Festverzinsliche Wertpapiere im AV
    (Kurswert einschl. Spesen) /
(2) Forderungen aus Zinserträgen für Wertpapiere / (2) Zahlungsmittelkonto

Selbstverständlich zählen auch bei Wertpapieren Kosten für die Aufnahme von Fremdkapital im Zusammenhang mit diesem Kauf nicht zum Anschaffungswert.

Buchungen im Zusammenhang mit der Bewertung bilanziertem, nicht abnutzbarem Anlagevermögens

(7) Außerplanmäßige Abschreibung von Sachanlagen / (0) bebaute oder unbebaute
                                                                Grundstücke

(8) Außerplanmäßige Abschreibung von Finanzanlagen / (0) Finanzanlagen[1]

(0) bebaute oder unbebaute Grundstücke / (4) Erträge aus der Zuschreibung von
                                                    Anlagevermögen

(0) Finanzanlagen1) / (8) Erträge aus der Zuschreibung von Finanzanlagen

[1] Da hier nur die Grundbuchung dargestellt wird, steht der Begriff Finanzanlagen für alle unter Punkt III gem. § 224 UGB erfassten Gegenstände des Anlagevermögens.

Übungen

Ü 3.2: Bewertung eines Grundstückes – Korrekturbuchungen

Im Jahr 2009 wurde ein unbebautes Grundstück (3.500 m²) von einem Bauunternehmen mit der Absicht erworben, eine Seniorenresidenz der Extraklasse zu errichten. Kaufpreis € 250.000,–.

Zusätzlich wurden aufgewendet: Grunderwerbsteuer € 8.750,– und Notariatskosten in Höhe von € 4.740,– + 20 % USt sowie die Gebühr für die Eintragung ins Grundbuch € 2.750,–.

Im Jahr 2014 beschließt der Gemeinderat auf dem Nachbargrundstück die Errichtung eines Jugendzentrums mit Sportanlage und Diskothek. Aufgrund der zu erwartenden Lärmbelästigung sinkt der Marktwert des Grundstücks auf € 160.000,–.

Im Jahr 2016 wird der Beschluss aufgrund von Anrainerbedenken wieder rückgängig gemacht. Der Marktwert steigt auf € 280.000,–.

Ihre Aufgaben:
● Nehmen Sie die erforderlichen Buchungen im Zusammenhang mit der Anschaffung des Grundstücks vor.
● Nehmen Sie die erforderlichen Buchungen im Zusammenhang mit der Bewertung des Grundstücks in den Jahren 2014 und 2016 vor.
● Geben Sie den Bilanzansatz des Grundstücks in den Jahren 2009, 2014 und 2016 an.

Ü 3.3: Bewertung von Wertpapieren des Anlagevermögens – Korrekturbuchungen

Das Unternehmen ist an der Maschinenbau AG mit 25 % beteiligt, d. h., es hält 10.000 Aktien zum Anschaffungskurs von € 80,– (Bilanzansatz – keine Spesen).

Ferner besitzt das Unternehmen

- 500 Aktien der Haid AG, Anschaffungskurs 48, Spesen 1,1 %, verbucht zum Kurs von € 45,– und

- Nom. 20.000,– 4,25 % Sparkassenanleihe, verbucht zum Anschaffungskurs von € 102,50, Spesen 0,7 %

Am 31. 12. 2015 liegen folgende Vergleichswerte vor:

- Die Maschinenbau AG hat durch ihre Geschäfte mit dem Irak enorme Verluste eingefahren, der Aktienkurs ist auf € 35,– gesunken. Die Aussicht auf einen wirtschaftlichen Aufwärtstrend ist nicht gegeben.

- Der Kurs der Aktien der Haid AG ist auf 54 gestiegen, die Sparkassenanleihe notiert mit € 103,–.

Ihre Aufgabe:

Überlegen Sie: Welche Wertansätze sind zwingend, welche sinnvoll – welche Korrekturbuchungen ergeben sich daraus? Ihr Ziel ist es, den durch die Beteiligung an der Maschinen-AG entstandenen Verlust so gering wie möglich zu halten. Stellen Sie die aus Ihrer Überlegung resultierende(n) Buchung(en) dar.

Am 31. 12. 2016 hat sich die Situation wie folgt geändert:

- Die Maschinenbau AG hat durch eine revolutionäre Erfindung wieder Gewinne erzielt, der Kurs der Aktien ist auf 60 gestiegen – Tendenz weiter steigend

- Der Kurs der Aktien der Haid AG ist auf 47 gefallen, der Kurs der Sparkassenanleihe durch Erhöhung der Zinssätze ist auf € 100,50 gefallen.

- Ihr Unternehmen selbst macht hohe Gewinne.

Ihre Aufgabe:

Überlegen Sie: Welche Wertansätze sind zu wählen, damit der Gewinn verringert bzw. eine Gewinnerhöhung so gering wie möglich gehalten werden kann? Selbstverständlich sind bei den Vergleichswerten wieder die Spesen zu berücksichtigen. Geben Sie die erforderliche(n) Korrekturbuchung(en) an.

Anleihen haben einen Prozentkurs, d. h., das angegebene Nominale stellt 100 % dar, ein Kurs von 102,50 bedeutet daher 102,5 % vom Nominale. Auch bei den Vergleichswerten sind die Spesen zu berücksichtigen.

Eine weitere Übungsmöglichkeit finden Sie am Ende der Informationen über die Bewertung des Anlagevermögens (S. 42 f) sowie am Ende von Kapitel 3, Lerneinheit 2.

4 Bewertung des abnutzbaren Anlagevermögens

Sie wissen bereits:

Das abnutzbare Anlagevermögen ist mit seinen Buchwerten anzusetzen, d. h. mit den Anschaffungs- oder Herstellungskosten, vermindert um die bisherigen planmäßigen Abschreibungen, entsprechend der bisherigen Nutzung.

Die folgende Übersicht umfasst alle wichtigen Informationen zur Bewertung dieser Vermögensgruppe, gegliedert nach Unternehmensrecht und Steuerrecht.

Bewertung des abnutzbaren Anlagevermögens im Unternehmens- und Steuerrecht

	Unternehmensrecht	Steuerrecht
gesetzliche Vorschriften	UGB §§ 203, 204, 208	EStG § 6/Z 1, § 6/Z 13, § 13
Ausgangswert	fortgeschriebener Anschaffungswert („Buchwert")	fortgeschriebener Anschaffungswert („Buchwert")
Vergleichswert	beizulegender Wert	Teilwert
Nutzungsdauer	Zeit, in der „der Vermögensgegenstand voraussichtlich wirtschaftlich genutzt werden kann" (§ 204 (1))	bestimmte Vorgaben in Gesetzen, Richtlinien, Erlässen; zwingende Mindestnutzungsdauer bei Pkw und Kombi sowie Gebäuden

3 Bewertung Vermögen und Schulden

	Unternehmensrecht	Steuerrecht
planmäßige Abwertung	planmäßige Abschreibung; prinzipiell alle Abschreibungs- methoden, die zu einem „richti- gen" Ausweis in der Bilanz führen, möglich – jedoch Orientierung an den steuer- rechtlichen Vorschriften →	Afa = Absetzung für Abnutzung nur linear zulässig Ausnahme Substanzwertabschrei- bung
Bewertungs- vereinfachung	Gegenstände des Sachanlagever- mögens, die regelmäßig ersetzt werden und deren Gesamtwert von untergeordneter Bedeutung ist, „können mit einem gleich bleiben- den Wert angesetzt werden (§ 209 (1) UGB) – Festwertverfahren	Maßgeblichkeitsprinzip ←
Sonderproblem Gebäudever- änderungen	Differenzierung zwischen Erhal- tungs- und Herstellungsaufwand bzw. selbständigen Wirtschaftsgü- tern	Maßgeblichkeitsprinzip ←
außerplanmäßige Abwertung	Pflicht zur außerplanmäßigen Ab- schreibung unter Berücksichti- gung der bisherigen planmäßigen Abschreibungen, wenn die Wert- minderung voraussichtlich von Dauer ist.	Abwertungswahlrecht, jedoch Maßgeblichkeitsprinzip ←
Abwertung erfolgt durch	außerplanmäßige Abschreibung zusätzlich zur planmäßigen Ab- schreibung	Teilwertabschreibung
Aufwertung	Zuschreibung ist verpflichtend.	Zuschreibung verpflichtend – Maßgeblichkeitsprinzip ←
Aufwertungs- obergrenze	fortgeschriebener Anschaffungs- wert bei planmäßiger Abschrei- bung	fortgeschriebener Anschaffungs- wert bei planmäßiger Absetzung für Abnutzung

Planmäßige Abschreibung – Absetzung für Abnutzung

Hinsichtlich der Wahl der **Abschreibungsmethode** gibt es laut Unternehmensgesetz keine Ein- schränkungen.

> **§ 204 (1) UGB:**
>
> „Die Anschaffungs- oder Herstellungskosten sind bei den Gegenständen des Anlagever- mögens, deren Nutzung zeitlich begrenzt ist, um planmäßige Abschreibungen zu vermin- dern. Der Plan muss die Anschaffungs- oder Herstellungskosten auf die Geschäftsjahre verteilen, in denen der Vermögensgegenstand voraussichtlich wirtschaftlich genutzt wer- den kann."

In § 204 (1) UGB gibt es also keine Aussage darüber, wie die Anschaffungs- oder Herstellungs- kosten auf die Geschäftsjahre zu verteilen sind.

Es sind daher folgende Abschreibungsmethoden denkbar:

● **linear**

Die Anschaffungs- bzw. Herstellungskosten werden gleichmäßig über die Nutzungsdauer verteilt.

● **progressiv**

Anfangs wird weniger abgeschrieben, mit zunehmender Nutzungsdauer erhöhen sich die Abschreibungsbeträge. Man geht davon aus, dass mit zunehmender Nutzungsdauer der Wert stärker sinkt.

Da von einer wirtschaft- lichen Nutzung ausgegan- gen wird, heißt dies nicht unbedingt, dass linear ab- zuschreiben ist. Manche Anlagegegenstände lassen sich z. B. gegen Nutzungs- ende weniger effizient nut- zen als zu Beginn.

- **degressiv**

  Anfangs ist die Abschreibung höher, mit zunehmender Nutzungsdauer verringert sich der Wert der Abschreibung. Hier geht man von der Überlegung aus, dass der Aufwand für das Anlagegut gleich hoch über die Jahre der Nutzung verteilt werden soll. Anfangs gibt es kaum Reparaturen, mit zunehmender Nutzungsdauer nimmt der Reparaturaufwand zu – eine geringere Abschreibung bewirkt daher einen etwa gleich hohen Aufwand für das Anlagegut.

- **entsprechend der Substanz**

  Bei der Substanzwertabschreibung (Bergbau, Schottergruben) geht man von der Gesamtabbaumenge aus und schreibt entsprechend den tatsächlichen jährlichen Abbaumengen ab.

SbX
Zur Substanzwertabschreibung finden Sie ein Erläuterungsbeispiel und eine Übung unter der ID: 0310. Auf die progressive und die degressive Abschreibung wird daher nicht näher eingegangen.

In der Praxis wird jedoch unternehmensrechtlich die Abschreibungsmethode gewählt, die steuerlich zulässig ist, d. h.

- **lineare Abschreibung** (vgl. § 7/1 EStG – „[…] sind die Anschaffungs- oder Herstellungskosten gleichmäßig verteilt auf die betriebsgewöhnliche Nutzungsdauer abzusetzen") bzw.

- die **Substanzwertabschreibung** für Unternehmen, deren Aufgabe der Abbau von Bodenschätzen ist (§ 8/5 EStG – „Bei Bergbauunternehmen, Steinbrüchen und anderen Betrieben, die einen Verbrauch der Substanz mit sich bringen, sind Absetzungen für Substanzverringerung vorzunehmen").

Hinsichtlich der **Abschreibungsdauer** gibt es teilweise Unterschiede zwischen Unternehmens- und Steuerrecht.

Bei der planmäßigen Abschreibung ist unternehmensrechtlich von den Geschäftsjahren auszugehen, „in denen der Vermögensgegenstand voraussichtlich wirtschaftlich genutzt werden kann". (§ 204(1) UGB)

Das Steuerrecht sieht für einige Vermögensgegenstände durch Bestimmungen im Gesetz selbst (§ 8/1, § 8/6 EStG), in Richtlinien oder Erlässen keinen Spielraum hinsichtlich der Abschreibungsdauer vor. Sie kennen bereits die Bestimmungen über die steuerliche Nutzungsdauer für Pkw und Kombi bzw. für Gebäude.

Durch Gesetze, Richtlinien bzw. Erlässe festgesetzte Abschreibungsdauer (Steuerrecht)

- **Pkw und Kombi**: 8 Jahre

- **Gebäude**, die mindestens zu 80 % der unmittelbaren Betriebsausübung (damit sind Gebäude gemeint, die für Produktion, Lagerung und Verkauf verwendet werden) dienen: 33 1/3 Jahre

- Gebäude, die unmittelbar dem Betrieb einer Bank oder Versicherung dienen: 40 Jahre

- Gebäude, die anderen betrieblichen Zwecken dienen (z. B. reine Verwaltungsgebäude): 50 Jahre

- Für denkmalgeschützte Gebäude gibt es eine besonders begünstigte Abschreibung, auf die jedoch nicht näher eingegangen wird.

  Auf Abschreibungen im Zusammenhang mit Veränderungen eines Gebäudes wird im Kapitel 9 Sonderprobleme des Jahresabschlusses näher eingegangen.

Um eine steuerliche Mehr-Weniger-Rechnung zu vermeiden, wählen viele Unternehmen die steuerliche Nutzungsdauer auch unternehmensrechtlich und bewerten u. U. ihr Anlagevermögen teilweise zu hoch oder zu gering. Dazu zwei Beispiele:

Ausnahmen: Taxis, Mietwagen, Pkw in Fahrschulen: Betriebsgewöhnliche Nutzungsdauer

Dient ein Gebäude sowohl unmittelbar (Erzeugung, z. B. 60 %) als auch mittelbar (Verwaltung, z. B. 40 %) der Betriebsausübung, kann ein Mischsatz angewendet werden, z. B. 3 % von 60 % + 2 % von 40 % = 2,6 %).

Beispiel

Beispiel 1: Firmen-Kombi

Den 10 Vertretern, die jährlich bis zu 50.000 km mit diesen Fahrzeugen zurücklegen, werden Kombis zur Verfügung gestellt. Der Anschaffungswert inkl. USt beträgt im Durchschnitt € 32.000,–.

Schreibt man diese Kombis auf 8 Jahre ab, d. h. jährlich mit € 4.000,–, so scheinen sie in der Bilanz zu hoch bewertet auf. Der Verkaufswert solcher Autos wäre wesentlich geringer.

Schreibt man diese Kombis auf 5 Jahre ab, d. h. jährlich mit € 6.400,–, wäre jedes Jahr eine MWR erforderlich. Der in der Bilanz ausgewiesene Buchwert würde jedoch der realen Abnutzung besser entsprechen.

3 Bewertung Vermögen und Schulden

Übung

Ü 3.4: Unternehmensrechtliche und steuerrechtliche Abschreibung von Pkw und Kombis

Gehen Sie sowohl bei Aufgabe 1 als auch bei Aufgabe 2 davon aus, dass die Pkw unternehmensrechtlich auf 5 Jahre abgeschrieben werden.

Aufgabe 1:

Ermitteln Sie die jährliche MWR sowohl betragsmäßig als auch mit ihrer Auswirkung (+ oder –) unter der Annahme, dass diese Kombis tatsächlich 8 Jahre im Betriebsvermögen verbleiben.

Aufgabe 2:

Gehen Sie von der Annahme aus, dass diese Kombis nach 5 Jahren an einen Schrotthändler um € 500,– pro Fahrzeug verkauft werden.

Erstellen Sie die erforderlichen Buchungen im Jahr des Ausscheidens und geben Sie die Daten für die erforderliche MWR im Jahr des Ausscheidens an.

Beispiel

Beispiel 2: Verwaltungsgebäude

Bei Verwaltungsgebäuden könnte sich das Problem umgekehrt darstellen. Viele Gebäude sind älter als 100 Jahre und von ihrer Substanz her in tadellosem Zustand. Durch die Abschreibung auf 40 oder 50 Jahre stecken in solchen Gebäuden stille Reserven, d. h., der in der Bilanz aufscheinende Wert ist geringer als der tatsächliche Wert bzw. scheinen Gebäude, die unternehmensrechtlich bereits voll abgeschrieben sind, nicht mehr in der Bilanz auf.

Im Steuerrecht ist die Ihnen bereits bestens vertraute Halbjahresabschreibung verankert, die auch unternehmensrechtlich angewandt wird.

SbX

Unter der ID: 0310 finden Sie eine Übung, in der Sie Ihre Kenntnisse hinsichtlich Ganz- und Halbjahresabschreibung überprüfen können.

> § 7 (2) EStG:
>
> „Wird das Wirtschaftsgut im Wirtschaftsjahr mehr als sechs Monate genutzt, dann ist der gesamte auf ein Jahr entfallende Betrag abzusetzen, sonst die Hälfte dieses Betrages."

Bewertungsvereinfachungsverfahren: Festwertmethode

Beispiele für ein vereinfachtes Bewertungsverfahren wären Restaurant- und Hotelgeschirr bzw. Restaurant- und Hotelwäsche oder auch Einkaufswagen in den Supermärkten.

> § 209 (1) UGB:
>
> „Gegenstände des Sachanlagevermögens […] können, wenn sie regelmäßig ersetzt werden und ihr Gesamtwert von untergeordneter Bedeutung ist, mit einem gleich bleibenden Wert angesetzt werden, sofern ihr Bestand voraussichtlich in seiner Größe, seinem Wert und seiner Zusammensetzung nur geringen Veränderungen unterliegt. Jedoch ist mindestens alle fünf Jahre eine Bestandsaufnahme durchzuführen. Ergibt sich dabei eine wesentliche Änderung des mengenmäßigen Bestandes, so ist insoweit der Wert anzupassen."

Erläuterungsbeispiel

Im Jahr 2012 wurde bei der Eröffnung der Frühstückspension Adlerhorst Bettwäsche im Wert von € 3.000,– + 20 % USt angeschafft und als Anlagevermögen ausgewiesen. Dieser Betrag bleibt die nächsten 5 Jahre unverändert in der Bilanz. Wird innerhalb dieser 5 Jahre neue Bettwäsche angeschafft, wird diese Anschaffung sofort als Verbrauch in Klasse 5 verbucht.

Erst bei Bilanzerstellung für das Jahr 2016 wird der Wert des Bestandes an Bettwäsche kontrolliert und eventuell angepasst.

Geschäfts-(Firmen-)wert

> **203 (5) UGB:**
>
> „Als Geschäfts(Firmen)wert ist der Unterschiedsbetrag anzusetzen, um den die Gegenleistung für die Übernahme eines Betriebes die Werte der einzelnen Vermögens- gegenstände abzüglich der Schulden im Zeitpunkt der Übernahme übersteigt. Die Abschreibung des Geschäfts(Firmen)werts ist planmäßig auf die Geschäftsjahre, in denen er voraussichtlich genutzt wird, zu verteilen. In Fällen, in denen die Nutzungsdauer des Geschäfts(Firmen)werts nicht verlässlich geschätzt warden kann, ist der Geschäfts(Firmen)wert über 10 Jahre gleichmäßig verteilt abzuschreiben. […]"

Davon zu unterscheiden ist der selbst geschaffene (originäre) Firmenwert. Er darf nicht bilanziert werden.

Überlegen Sie: Wenn Sie ein bereits eingeführtes Unternehmen kaufen, kaufen Sie ja nicht nur seine Aktiva und übernehmen die Schulden, sondern auch den guten Ruf, den Kundenstock etc. Der Mehrbetrag (Aktiva – Schulden), den Sie daher beim Kauf zahlen, ist der Firmen- wert. Nur dieser **endgeltlich erworbene (derivative) Firmenwert** darf aktiviert werden.

Erläuterungsbeispiel

Der Textilerzeuger Huber kauft den Textilerzeuger Wolf um € 1.500.000,–.

Mit diesem Kaufpreis wurden
Vermögenswerte um   € 3.800.000,– und
Schulden um   € 2.600.000,–
erworben.

Das heißt, Huber hat um € 300.000,– mehr gezahlt, als an Vermögenswerten vorhanden sind. Dieser Betrag entspricht dem Firmenwert.

	Barkaufpreis	€ 1.500.000,–	
+	Schulden	€ 2.600.000,–	(müssen nun ebenfalls von Huber
–	Vermögenswert	€ 3.800.000,–	bezahlt werden)
		€ 300.000,–	

Der Firmenwert ist zu aktivieren, der Kauf von Wolf erfolgte 2016, die ND beträgt 10 Jahre.

Selbstverständlich könnte auch diese Abschreibung indirekt vorgenommen werden.

Die Abschreibung für 2016 beträgt € 30.000,– und wird wie folgt direkt gebucht:

7015   Abschreibung Firmenwert   /   0150   Firmenwert   € 30.000,–

Da eine verlässliche Schätzung der Nutzungsdauer in der Praxis sehr schwierig ist, wird wohl im Regelfall die 10-jährige Nutzungsdauer zur Anwendung kommen.

Im Einkommensteuergesetz besteht für den derivativen Firmenwert ebenfalls Aktivierungspflicht:

> **§ 6 (1) EStG:**
>
> „Bei Land- und Forstwirten und bei Gewerbetreibenden gilt der Firmenwert als abnutzbares Anlagevermögen."

Laut § 8 (2) EStG ist der Firmenwert linear auf 15 Jahre verteilt abzuschreiben.

> **§ 8 (3) EStG:**
>
> „Die Anschaffungskosten eines Firmenwerts bei land- und forstwirtschaftlichen Betrieben und bei Gewerbebetrieben sind gleichmäßig auf fünfzehn Jahre abzusetzen."

Hier kann es zu einer MWR kommen.

3 Bewertung Vermögen und Schulden

Erläuterungsbeispiel

Der Textilerzeuger Huber hat den Textilerzeuger Wolf aufgekauft und dabei als Unterschiedsbetrag zwischen Vermögen und Schulden einen Betrag von € 300.000,– bezahlt (= Firmenwert).

Dieser Betrag muss aktiviert werden.

Die unternehmensrechtliche Nutzungsdauer beträgt 10 Jahre.

Es können daher folgende Unterschiede zwischen unternehmensrechtlichem und steuerrechtlichem Ergebnis auftreten:

● Aktivierung
  → diesbezüglich kein Unterschied
● Abschreibung auf 10 Jahre, steuerliche Abschreibung auf 15 Jahre
  → Unterschied in den Jahren 1–10: unternehmensrechtliche Abschreibung € 30.000,– steuerliche Abschreibung € 20.000,– + € 10.000,– pro Jahr
  → Unterschied in den Jahren 11–15: unternehmensrechtlich keine Abschreibung steuerrechtlich weiterhin € 20.000,– – € 20.000,– pro Jahr

Außerplanmäßige Abschreibung – Teilwertabschreibung

Gründe für eine **außerplanmäßige Abschreibung** können sein:

● **wirtschaftlich bedingte Wertminderung**

Beispiel

Wird eine neue Maschine entwickelt, welche die Produktion wesentlich kostengünstiger ermöglicht, sinkt der Wert der alten Maschinen.

● **Nachfrageverschiebungen**

Beispiel

Die Änderung von Kundenwünschen kann zu einer Produktionsänderung führen – die vorhandenen Maschinen sind für die Erstellung der neuen Produkte nicht voll geeignet. Trotz technisch voller Leistungsfähigkeit entspricht die Anlage nicht den wirtschaftlichen Erfordernissen und verliert an Wert. Sie kennen solche Probleme auch auf dem Privatsektor – neue Technologien führen zu einem Preisverfall eingeführter Produkte.

● **Fehlinvestition**

Beispiel

Die wirtschaftliche Entwicklung wurde falsch eingeschätzt – die Kapazität der Maschine kann nicht oder nur beschränkt genutzt werden.

● **Sinken der Wiederbeschaffungskosten**

Beispiel

Mit einer neuen Maschine könnte billiger und mehr produziert werden – damit sinkt der Wert der vorhandenen Anlage.

Das UGB verpflichtet zu einer außerplanmäßigen Abschreibung, wenn die Wertminderung voraussichtlich von Dauer ist:

Das UGB betont die Nutzungsmöglichkeit im Unternehmen – vgl. die oben dargestellten Gründe für eine außerplanmäßige Abschreibung.

> **§ 204 (2) UGB:**
>
> „Gegenstände des Anlagevermögens sind bei voraussichtlich dauernder Wertminderung ohne Rücksicht darauf, ob ihre Nutzung zeitlich begrenzt ist, außerplanmäßig auf den niedrigeren Wert abzuschreiben, der ihnen am Abschlussstichtag unter Bedachtnahme auf die Nutzungsmöglichkeit im Unternehmen beizulegen ist. Bei Finanzanlagen dürfen solche Abschreibungen auch vorgenommen werden, wenn die Wertminderung voraussichtlich nicht von Dauer ist."

Laut EStG ist eine Abwertung auf den niedrigen Teilwert möglich:

Auch das EStG bezieht die Teilwertabschreibung auf technische oder wirtschaftliche Wertminderung.

> **§ 6 (1) EStG:**
>
> „[…] Ist der Teilwert niedriger, so kann dieser angesetzt werden."
>
> **§ 8 (4) EStG:**
>
> „Absetzungen für außergewöhnliche technische oder wirtschaftliche Abnutzung sind zulässig."

Durch die Maßgeblichkeit der Unternehmensbilanz für die Steuerbilanz muss daher auch in der Steuerbilanz auf den niedrigeren Teilwert abgeschrieben werden.

Die außerplanmäßige Abschreibung ist auf einem eigenen Konto auszuweisen:

(7) außerplanmäßige Abschreibung / (0) Anlagenkonto

Unternehmensrechtlich ist die außerplanmäßige Abschreibung im Jahr der Wertminderung neben der planmäßigen Abschreibung durchzuführen. Die steuerliche Teilwertabschreibung hingegen ist im Jahr der Wertminderung anstelle der Absetzung fürAbnutzung anzusetzen. In beiden Fällen kommt es zu einem gleich hohen Restwert, der gleichmäßig auf die Restnutzungsdauer abzuschreiben ist.

Erläuterungsbeispiel

Eine Maschine wurde 2014 um € 160.000,– (netto) angeschafft, Nutzungsdauer 8 Jahre, Inbetriebnahme am 4. 3. 2014.

Im Jahr 2016 kommt eine neue Maschine auf den Markt, die eine zeit- und kostengünstigere Produktion erlaubt. Der beizulegende Wert der im Jahr 2014 angeschafften Maschine sinkt daher auf € 80.000,–.

	Abschreibung im Unternehmensrecht		Abschreibung im Steuerrecht	
2014	planmäßige Abschreibung 20.000,–		Absetzung für Abnutzung 20.000,–	
2015	planmäßige Abschreibung 20.000,–		Absetzung für Abnutzung 20.000,–	
2016	**planmäßige Abschreibung 20.000,–**			
	Restbuchwert per 31. 12.	100.000,–	Buchwert zum 1. 1.	120.000,–
	tatsächlicher Nutzwert	80.000,–	Teilwert zum 31. 12.	80.000,–
	außerplanmäßige Abschr.	**20.000,–**	**Teilwertabschreibung**	**40.000,–**
2017	Restbuchwert 1. 1.	80.000,–	Restbuchwert 1. 1.	80.000,–
	Restnutzungsdauer	5 Jahre	Restnutzungsdauer	5 Jahre
	planmäßige Abschreibung	16.000,–	Absetzung für Abnutzung	16.000,–

Übung

Ü 3.5: Planmäßige, außerplanmäßige Abschreibung und Teilwertabschreibung

Am 2. 4. 2013 wurde eine Produktionsstraße um € 600.000,– + 20 % USt angeschafft.

Da die Produktionsstraße einige Dellen aufweist, wurde nachträglich ein Rabatt von 10 % gewährt.

Um diese Produktionsstraße in Betrieb nehmen zu können, mussten Leitungen verstärkt und ein Sockel errichtet werden. In Summe betrugen diese Anschaffungsnebenkosten € 80.000,–,

Nutzungsdauer 10 Jahre.

Im Jahr 2016 beläuft sich der Nutzwert der Produktionsstraße wegen Nachfrageverschiebungen nur mehr auf € 360.000,–.

Ihre Aufgaben:
- Ermitteln Sie die Abschreibungsbasis.
- Ermitteln Sie den Buchwert per 1. 1. 2016.
- Ermitteln Sie die planmäßige und die außerplanmäßige Abschreibung für 2016.
- Ermitteln Sie die Teilwertabschreibung für 2016.
- Ermitteln Sie die Höhe der Abschreibung für die Folgejahre.

3 Bewertung Vermögen und Schulden

Verbuchung der Abschreibung

Die **Verbuchung der Abschreibung** (planmäßig und außerplanmäßig) erfolgt **in der Praxis meistens direkt**, d. h., am Anlagekonto scheint immer nur der Buchwert auf.

(7) planmäßige Abschreibung / (0) Anlagenkonto

und

(7) außerplanmäßige Abschreibung / (0) Anlagenkonto

Beim Jahresabschluss von Kapitalgesellschaften lernen Sie einen solchen Anlagenspiegel kennen und erstellen.

Der Anschaffungswert ist aus dem – verpflichtend zu führenden – Anlageverzeichnis ersichtlich. Veröffentlichte Jahresabschlüsse weisen im Anhang die Entwicklung des Anlagevermögens in Form eines Anlagenspiegels aus.

Möglich ist auch die **indirekte Verbuchung der Abschreibung**, d. h., am Anlagekonto ist immer der Anschaffungswert ersichtlich, die Abschreibungen werden dazu auf einem Korrekturkonto – „Kumulierte Abschreibung zu …" gesammelt. Der Buchwert ist – im Gegensatz zur direkten Abschreibung – nur indirekt zu ermitteln: Anschaffungswert minus der Summe der bisherigen Abschreibungen.

> Der in der **Bilanz ausgewiesene Wert** entspricht sowohl bei direkter als auch bei indirekter Abschreibung dem **Buchwert**.

SbX
Unter der ID: 0310 finden Sie eine Gegenüberstellung von direkter und indirekter Abschreibung sowie Übungsaufgaben mit indirekter Abschreibung. In der Praxis wird allerdings die Abschreibung immer direkt verbucht – das wird auch in diesem Buch so fortgeführt.

(7) planmäßige Abschreibung / (0) kumulierte Abschreibung zu …

und

(7) außerplanmäßige Abschreibung / (0) kumulierte Abschreibung zu …

Beim Ausscheiden einer Anlage wird die bisherige Abschreibung von diesem Konto auf das Anlagenkonto umgebucht und der Restbuchwert (falls noch vorhanden) ausgebucht.

Übung

Ü 3.6: Fortsetzung von Ü 3.5 – Verbuchung der Abschreibung

Ihre Aufgaben:

- Stellen Sie das Konto „Produktionsstraße" für die Jahre 2016 und 2017 einschließlich der Eröffnungs- und Abschlussbuchungen dar.
- Stellen Sie die Verbuchung der erforderlichen Abschreibungen in den Jahren 2016 und 2017
  a) auf den untenstehenden Konten oder
  b) in Form von Buchungssätzen dar.

  2016

  0400 Produktionsstraße

Dat.	Text	Soll	Haben	Dat.	Text	Soll	Haben

Dat.	Text	Soll	Haben	Dat.	Text	Soll	Haben

2017

0400 Produktionsstraße

Dat.	Text	Soll	Haben		Dat.	Text	Soll	Haben

Zuschreibung (= Rückgängigmachen der außerplanmäßigen Abschreibung)

§ 208 (1) UGB:

„Wird bei einem Vermögensgegenstand eine Abschreibung gemäß § 204 Abs. 2 […] vorgenommen und stellt sich in einem späteren Geschäftsjahr heraus, dass die Gründe dafür nicht mehr bestehen, so ist der Betrag dieser Abschreibung im Umfang der Werterhöhung unter Berücksichtigung der Abschreibungen, die inzwischen vorzunehmen gewesen wären, zuzuschreiben."

Erläuterungsbeispiel

Gehen Sie von der Annahme aus, dass im Jahr 2017 die Ursache für die im Jahr 2016 im Erläuterungsbeispiel auf Seite 39 durchgeführte außerplanmäßige Abschreibung der Maschine nicht mehr besteht. Es hat sich gezeigt, dass die neue Maschine zwar zeit- und kostengünstiger produziert, die damit erzeugten Produkte jedoch den Qualitätskontrollen nur selten standhalten konnten. Diese Maschine wurde daher vom Markt genommen.

	Abschreibungsverlauf bei außerplanmäßiger Abschreibung		Abschreibungsverlauf ohne außerplanmäßige Abschreibung	
2016	Buchwert 1.1.	80.000,–	Buchwert 1.1.	100.000,–
	planmäßige Abschreibung	16.000,–	planmäßige Abschreibung	20.000,–
2017	Buchwert 1.1.	64.000,–	Buchwert 1.1.	80.000,–
	planmäßige Abschreibung	16.000,–	planmäßige Abschreibung	20.000,–
	Buchwert 31.12.	48.000,–	Buchwert 31.12.	60.000,–
	Vergleichswert bei planmäßiger Abschreibung	60.000,–		
	daher Zuschreibung	12.000,–		
2018	Buchwert 1.1.	60.000,–	Buchwert 1.1.	60.000,–
	planmäßige Abschreibung	20.000,–	planmäßige Abschreibung	20.000,–

Übung

Ü 3.7: Zuschreibung – Fortsetzung von Ü 3.5

Gehen Sie von der Annahme aus, dass das auf der Produktionsstraße erzeugte Produkt 2017 ein Revival erlebt und zum „Renner" wird. Es ist daher die außerplanmäßige Abschreibung zurückzunehmen.

Ihre Aufgaben:

● Ermitteln Sie in übersichtlicher Form den Betrag der Zuschreibung im Jahr 2017.
● Ermitteln Sie die planmäßige Abschreibung für das Jahr 2018 und für die Folgejahre.

Buchung der Zuschreibung

Bei direkter Verbuchung:

(0) Anlagenkonto / (4) Erträge aus der Zuschreibung von Anlagevermögen

Bei indirekter Verbuchung:

(0) kumulierte Abschreibung zu … / (4) Erträge aus der Zuschreibung von Anlagevermögen

3 Bewertung Vermögen und Schulden

Übung

Ü 3.8: Verbuchung der Zuschreibung und der weiteren Abschreibung – Fortsetzung von Ü 3.7

Ihre Aufgaben:

● Geben Sie im folgenden Raster die Buchungssätze im Jahr 2017 für die planmäßige Abschreibung und die Zuschreibung an.

Jahr	Kontonummer, Kontobezeichnung	Soll	Haben

● Geben Sie den Buchungssatz für die planmäßige Abschreibung im Jahr 2018 an. Verwenden Sie dabei die Kontenbezeichnungen und Kontennummern aus dem RW-Buch, Band IV.

Jahr	Kontonummer, Kontobezeichnung	Soll	Haben

▣ SbX

Eine zusammenfassende Übung mit außerplanmäßiger Abschreibung und einer späteren Wertaufholung samt Buchungen finden Sie unter der ID: 0310.

5 Zusammenfassung: Bewertung des Anlagevermögens

Zusammenfassende Darstellung Bewertung Anlagevermögen

BEWERTUNG DES ANLAGEVERMÖGENS		
NICHT ABNUTZBARES ANLAGEVERMÖGEN		**ABNUTZBARES ANLAGEVERMÖGEN**
FINANZANLAGEN z. B. Wertpapiere	SONSTIGES z. B. Grundstücke	
Abwertung MUSS erfolgen, wenn Abwertung voraussichtlich von DAUER (§ 204 (2) UGB)		
Abwertung KANN erfolgen, wenn NICHT von DAUER § 204 (2) UGB	Ist die Abwertung voraussichtlich nicht von Dauer, darf sie nicht vorgenommen werden.	
GEMILDERTES NIEDERSTWERTPRINZIP		
ZUSCHREIBUNG (= Rückgängigmachen der außerplanmäßigen Abschreibung = WERTAUFHOLUNG) prinzipiell JA.		ZUSCHREIBUNG JA – unter Berücksichtigung der bis dahin notwendigen planmäßigen Abschreibungen.
OBERGRENZE: ANSCHAFFUNGSWERT		OBERGRENZE: FORTGESCHRIEBENE ANSCHAFFUNGS- ODER HERSTELLUNGSKOSTEN (= Buchwert)

Übung

Ü 3.9: Zusammenfassendes Beispiel zur Bewertung von Anlagevermögen

Ein Unternehmen hat folgende Gegenstände des Anlagevermögens am 31. 12. zu bewerten:

● Unbebautes Grundstück zur Betriebserweiterung
3.000 m², Anschaffungspreis € 45,– pro m² = bisheriger Bilanzansatz
Durch einen Gemeinderatsbeschluss wurde dieses Grundstück in die Schutzzone eingegliedert, sodass eine Verbauung in der gewünschten Höhe nicht mehr möglich ist. Das Grundstück hat daher für das Unternehmen hinsichtlich Betriebserweiterung um ca. die Hälfte an Wert verloren.

● Bebautes Grundstück

Das Grundstück, auf dem der Betrieb errichtet wurde, wurde um € 15,–/m² angeschafft und steht mit diesem Wert in der Bilanz. Der Preis am Bilanzstichtag beträgt € 23,–/m².

● Im Vorjahr wurde eine neue Maschine um € 120.000,– netto angeschafft und am 3.4. in Betrieb genommen. Geschätzte Nutzungsdauer 10 Jahre. Leider stellt sich heraus, dass das damit vorrangig zu erzeugende Produkt bis jetzt ein Flop ist. Die Produktion wurde eingestellt. Die Maschine kann zwar anderweitig verwendet werden, Maschinen für die jetzige Nutzung gibt es aber bereits um einen Neuwert von € 60.000,– netto.

● Im Anlagevermögen befinden sich unter der Position III/5. 500 Stück Aktien der Holbex AG, Anschaffungskurs 102, verbuchter Kurs 97, Kurs am Bilanzstichtag 124. Zuzüglich zum Kurswert sind jeweils Spesen von 1,1 % zu berücksichtigen.

● Ferner befinden sich unter dieser Position 4,5 % Bundesanleihen, Nominale 20.000,–, angeschafft und eingebucht zum Kurs von 101 + 0,7 % Spesen. Der Kurs am Bilanzstichtag ist auf € 100,50 gefallen (keine dauerhafte Wertminderung), Spesen 0,7 %.

Ihre Aufgabe:

Geben Sie im folgenden Raster den Wert für die einzelnen Positionen des Anlagevermögens an – einmal mit der Überlegung, einen möglichst geringen Gewinn zu erwirtschaften, einmal mit der Überlegung, den Verlust so gering wie möglich zu halten.

Bilanz-position	möglichst geringer Gewinn		möglichst geringer Verlust	
	Bilanz-ansatz	Begründung	Bilanz-ansatz	Begründung
unbebautes Grundstück				
bebautes Grundstück				
Maschine				
Aktien				
Anleihen				

3 Bewertung Vermögen und Schulden

 **Üben**

Ü 3.10: Zuordnung Anlagevermögen – Umlaufvermögen D

Wann zählen Vermögensgegenstände zum Anlagevermögen? Erläutern Sie dies nicht nur theoretisch, sondern geben Sie ein Beispiel für ein Anlagegut, das in einem Unternehmen zum Anlagevermögen, in einem anderen zum Umlaufvermögen zu zählen ist.

Ü 3.11: Verbundene Unternehmen C

Beschreiben Sie, wann man von einem verbundenen Unternehmen spricht.

Ü 3.12: Verbundene Unternehmen C

Beschreiben Sie, wann man von einer Beteiligung spricht.

Ü 3.13: Kommanditanteil D

Gehen Sie davon aus, Ihr Unternehmen hält einen Kommanditanteil an einem anderen Unternehmen in Höhe von einem Zehntel aller Kommanditanteile. Wo würden Sie diesen Anteil unter den Finanzanlagen in der Bilanz ausweisen?

Ü 3.14: Abwertungswahlrecht D

Bei Finanzanlagen hat der Unternehmer ein Abwertungswahlrecht bei nicht dauerhafter Wertminderung. Erläutern Sie diese Aussage.

Ü 3.15: Maßgeblichkeitsprinzip D

Beim nicht abnutzbaren Anlagevermögen besteht im Steuerrecht ein Abwertungswahlrecht, es gilt jedoch das Maßgeblichkeitsprinzip der Unternehmensbilanz für die Steuerbilanz. Erläutern Sie diese Aussage.

Ü 3.16: Zuschreibung C

Was versteht man generell unter Zuschreibung im Zusammenhang mit nicht abnutzbarem Anlagevermögen?

Wo liegt die Obergrenze? Wann besteht Zuschreibungspflicht?

Ü 3.17: Fortgeschriebener Anschaffungswert B

Erläutern Sie, was unter dem fortgeschriebenen Anschaffungswert zu verstehen ist.

Ü 3.18: Abschreibungsarten B

Welche Abschreibungsarten (Berechnungsmethoden der Abschreibung) sind steuerlich zulässig?

Ü 3.19: Abnutzbares Anlagevermögen C

Nennen Sie ein Beispiel für abnutzbares Anlagevermögen, das nach dem Festwertverfahren bewertet werden kann.

Ü 3.20: Aufwertungsobergrenze C

Ermitteln Sie aufgrund dieser Angabe die Aufwertungsobergrenze per 31.12.2016.
Anschaffungswert: € 200.000,–
Datum der Inbetriebnahme: 4.10.2010
lineare Abschreibung auf 10 Jahre.

Im Jahr 2014 wurde eine außerplanmäßige Abschreibung auf einen beizulegenden Wert von € 60.000,– vorgenommen. Diese außerplanmäßige Abschreibung ist 2016 wieder zurückzunehmen, da sie nicht zutreffend ist.

Ü 3.21: Außerplanmäßige Abschreibung von abnutzbaren Anlagegegenständen A

Nennen Sie drei Gründe, die zu einer außerplanmäßigen Abschreibung von abnutzbaren Anlagegegenständen führen können.

Ü 3.22: Außerplanmäßige Abschreibung C

Die Greensteidl KG hat im Jahr 2013 eine Fertigungsmaschine erworben (Anschaffungswert: € 80.000,00, Inbetriebnahme am 5. 5. 2013, Nutzungsdauer: 8 Jahre). Aufgrund von Nachfrageverschiebungen beträgt der beizulegende Wert dieser Maschine am 31.12.2016 € 32.000,00.

a) Stellen Sie sämtliche zum 31.12.2016 notwendigen Buchungen im Zusammenhang mit dieser Maschine in Form von Buchungssätzen dar.

b) Ermitteln Sie die den Buchwert der Maschine zum 31.12.2016.

c) Ermitteln Sie die Abschreibung 2017 sowie den Buchwert der Maschine zum 31.12.2017.

Ü 3.23: Zuschreibung (Fortsetzung zu Ü 3.22) C

Das mit der Fertigungsmaschine erzeugte Produkt entwickelt sich im Jahr 2018 zu einem Renner. Der beizulegende Wert der Maschine zum 31.12.2018 beträgt daher € 25.000,00. Nehmen Sie sämtliche Buchungen im Zusammenhang mit dieser Maschine zum 31.12.2018 in Form von Buchungssätzen vor.

Sichern

Bewertung des nicht abnutzbaren Anlagevermögens im Unternehmens- und Steuerrecht

Bewertung des abnutzbaren Anlagevermögens:

	Unternehmensrecht	Steuerrecht
gesetzliche Vorschriften	UGB §§ 203 (2), 204 (2), 208 (1)–(3)	EStG § 6/Z 2 lit. a, § 6/Z 13
Ausgangswert	Anschaffungskosten	Anschaffungskosten
Vergleichswert	beizulegender Wert bzw. beizulegender Zeitwert	Teilwert
Abwertung	Pflicht zur Abwertung nur bei dauernder Wertminderung **Ausnahme:** Bei Finanzanlagen kann eine Abschreibung auch dann vorgenommen werden, wenn die Wertminderung voraussichtlich nicht dauerhaft ist.	Abwertungswahlrecht, jedoch Maßgeblichkeitsprinzip ←
Abwertung erfolgt durch	außerplanmäßige Abschreibung	Teilwertabschreibung
Aufwertung	Zuschreibung verpflichtend	Zuschreibungspflicht
Aufwertungsobergrenze	Anschaffungskosten	Anschaffungskosten

Wissen

W 3.1: Immaterielles Anlagevermögen A

Erläutern Sie, was zum immateriellen Anlagevermögen zählt

W 3.2: Fuhrpark B

Nennen Sie die Gruppe des Sachanlagevermögens, in die der Fuhrpark gehört.

W 3.3: Waffelmaschine B

Nennen Sie die Gruppe des Sachanlagevermögens, in die Manner seine neue Waffelmaschine einordnen würde.

W 3.4: Wertminderung C

Sowohl für die Wertminderung aufgrund der Nutzung als auch für Wertänderungen aus anderen Ursachen haben Unternehmensrecht und Steuerrecht unterschiedliche Bezeichnungen. Geben Sie diese an.

W 3.5: Aktivierung A

Sie kaufen ein Grundstück zur Betriebserweiterung.

Welche der folgenden Werte sind zu aktivieren?

☐ Kaufpreis

☐ Kosten für den Kredit, mit dem dieser Kauf finanziert wird

☐ Grunderwerbsteuer

☐ Maklerprovision

☐ Grundbucheintragungsgebühr

☐ Notariatskosten im Zusammenhang mit Kauf und Grundbucheintragung

☐ Abbruchkosten – das Grundstück wurde mit einem Abbruchhaus gekauft.

W 3.6: Geringwertige Wirtschaftsgüter B

Erläutern Sie, wann im Unternehmensrecht geringwertige Wirtschaftsgüter aktiviert werden müssen.

W 3.7: Außerplanmäßige Abschreibung – Teilwertabschreibung C

Wodurch unterscheidet sich die außerplanmäßige Abschreibung von der Teilwertabschreibung?

Ein kurzer Kompetenz-Check, bevor's weitergeht!

Kompetenz-Check

	☺	😐	☹
Ich kann erklären, wie abnutzbares und nicht abnutzbares Anlagevermögen bewertet wird.			
Ich kann erklären, unter welcher Position die jeweiligen Werte in der Bilanz auszuweisen sind.			

Lerneinheit 2
Bewertung des Umlauf-vermögens

Das Umlaufvermögen wird im UGB wie folgt definiert:

> **§ 198 (4) UGB:**
> „Als Umlaufvermögen sind die Gegenstände auszuweisen, die nicht bestimmt sind, dauernd dem Geschäftsbetrieb zu dienen."

Vergleicht man diese Definition mit jener des Anlagevermögens, erkennt man, dass der Unterschied im Wort „nicht" liegt. Die meisten Vermögenswerte, die Sie in der folgenden Gliederung des Umlaufvermögens finden, sind eindeutig diesem zuzuordnen (Warenvorräte, Kassa, Bankguthaben). Bei Forderungen und Wertpapieren ist die Zuordnung zur relevanten Vermögensgruppe entweder abhängig von der Laufzeit oder von der Unternehmensintention.

Forderungen zählen nur dann zum Umlaufvermögen, wenn sie eine Laufzeit von maximal fünf Jahren haben. Ist ihre Laufzeit länger, sind sie im Finanzanlagevermögen auszuweisen (sonstige Ausleihungen – vgl. S. 29)

Bei Wertpapieren muss der Unternehmer unterscheiden, ob diese eher als kurzfristige Anlage nicht benötigter flüssiger Mittel dienen (bessere Verzinsung, höhere Rendite) oder ob diese Wertpapiere bewusst einer längerfristigen Anlage dienen sollen. Wertpapiere zur Deckung der Pensionsrückstellung gehören in jedem Fall zum Anlagevermögen.

 **Lernen**

1 Gliederung des Umlaufvermögens

Das Umlaufvermögen wird laut § 224 (1) UGB wie folgt gegliedert:

Vorräte

1. Roh-, Hilfs- und Betriebsstoffe

In diese Gruppe gehören auch bezogene Teile und Ersatzteile.

Beispiel Beschläge bei einem Erzeuger von Fenstern und Türen

2. unfertige Erzeugnisse

Beispiel
- Karosserie bei einem Autohersteller
- Korpus von Küchenkästen bei einem Tischler

3. fertige Erzeugnisse und Waren

Waren sind Produkte, die von einem Unternehmen erworben und ohne nennenswerte weitere Be- und Verarbeitung verkauft werden. Die Bearbeitung von Waren dient der Leistungsverwertung und/oder der Verkaufsförderung wie
- das Sortieren nach Qualitätsklassen,
- das Zusammenfassen mehrerer Waren in einer Packung (Sortimentsgestaltung) und
- das Teilen gekaufter Ware und ihre Verpackung (Abfüllen von Nüssen in Kilonetze).

Die Begriffe Roh-, Hilfs- und Betriebsstoffe sowie unfertige und Fertigerzeugnisse sollten Sie bereits kennen und Sie wissen auch, dass ihre Einordnung auch von der Unternehmensleistung abhängig ist (Schrauben in einer Tischlerei, Schrauben beim Schraubenerzeuger).

SbX
Unter der ID: 0320 finden Sie Begriffserklärungen mit Erläuterungsbeispielen sowie eine Übung.

SbX ID: 0320

3 Bewertung Vermögen und Schulden

In diese Gruppe gehören auch Vorräte, die zunächst entgeltlich abgegeben werden, für die jedoch eine Rücknahmeverpflichtung besteht (z. B. Leih-Emballagen, Musterkollektionen, Werbematerial).

Beispiele

- Schuhvorrat bei einem Schuhgeschäft (Ware)
- Verkaufsfertige Küchen bei einem Tischler (fertige Erzeugnisse)

Erst wenn Teilleistungen bereits abgerechnet und ausgeliefert werden, kommt es auch zu einer Erfassung und damit Buchung beim Auftraggeber.

4. noch nicht abrechenbare Leistungen

Unter noch nicht abrechenbaren Leistungen versteht man erbrachte, jedoch zum Bilanzstichtag noch nicht fertig gestellte Leistungen für einen konkreten Auftraggeber (es gibt einen gültigen Vertrag über die Leistung oder Lieferung), die noch nicht in Rechnung gestellt wurden.

Beispiele

- Eine Baufirma errichtet für einen Auftraggeber eine Lagerhalle.
- Eine Lüftungsfirma errichtet für einen Auftraggeber eine Hausklimaanlage.
- Eine Softwarefirma entwickelt für einen Auftraggeber entsprechende EDV-Programme.

Liegt kein konkreter Auftrag vor, so wären diese Werte als unfertige Erzeugnisse auszuweisen.

Wurde die bisherige Teilleistung bereits abgerechnet, dann ist dieser Wert unter den Forderungen aus Lieferungen und Leistungen auszuweisen.

Beispiel

Fall 1:

Ein Softwareentwickler entwickelt ohne konkreten Auftrag Software für die Vernetzung gängiger Lagerhaltungssysteme mit den Lieferanteninformationen. → Am Bilanzstichtag noch nicht fertig entwickelte Software gehört unter „unfertige Erzeugnisse" ausgewiesen. Wäre die Entwicklung bereits abgeschlossen, müsste der Ausweis als Fertigerzeugnis erfolgen.

Fall 2:

Dieser Softwareentwickler hat von einer großen Handelskette den Auftrag, die Software sowohl für die Lagerhaltung aufgrund der im Unternehmen vorherrschenden Gegebenheiten zu entwickeln als auch eine Vernetzung mit der Lieferantendatei zu bewerkstelligen. Diese Entwicklung ist am Bilanzstichtag weder fertig gestellt noch teilweise abgerechnet → Ausweis als noch nicht abrechenbare Leistung.

Fall 3:

Hat hingegen der Softwareentwickler im Abschlussjahr Teilleistungen bereits abgerechnet und ausgeliefert, z. B. die Lagerhaltungs-Software → erfolgt der Ausweis als Forderung aus Lieferungen und Leistungen.

5. geleistete Anzahlungen

Auf diese Vermögensgegenstände geleistete Anzahlungen sind unter dieser Position zu erfassen. → Auf die Bilanzierung von Anzahlungen wird in Kapitel 9, Sonderprobleme des Jahresabschlusses, näher eingegangen.

II. Forderungen und sonstige Vermögensgegenstände

1. Forderungen aus Lieferungen und Leistungen

Querverweis

Wiederholen Sie aus Band I BWL den Wechsel.

Hier handelt es sich um Forderungen, die in unmittelbarem Zusammenhang mit den Umsatzerlösen stehen.

Sind diese Forderungen wechselmäßig verbrieft, so sind diese Wechselforderungen unter dieser Position in der Bilanz auszuweisen.

2. Forderungen gegenüber verbundenen Unternehmen

3. Forderungen gegenüber Unternehmen, mit denen ein Beteiligungsverhältnis besteht

Die Begriffserklärung „verbundene Unternehmen" und „Unternehmen, mit denen ein Beteiligungsverhältnis besteht" haben Sie bereits auf S. 28 f erhalten.

Unter Forderungen gegenüber verbundenen Unternehmen bzw. gegenüber Unternehmen, mit denen ein Beteiligungsverhältnis besteht, sind alle Arten von Forderungen gegenüber diesen Unternehmen auszuweisen, wenn sie nicht dem Anlagevermögen zuzurechnen sind (z. B. Lieferforderungen, Forderungen aufgrund kurzfristiger Ausleihungen, Forderungen aus Dividenden).

4. sonstige Forderungen und Vermögensgegenstände

Darunter fallen alle übrigen Forderungen. Dazu gehören beispielsweise Forderungen aus Anlagenverkäufen, Forderungen aus Versicherungsentschädigungen, eingefordertes Kapital (z.B. bei KG oder GmbH), Zins- und Dividendenansprüche, Kautionen, Darlehen oder Gehaltsvorschüsse an Dienstnehmer, Forderungen gegenüber dem Finanzamt oder der Sozialversicherung, Guthaben bei Lieferanten (z.B. aufgrund einer geleisteten Anzahlung).

> Forderungen aufgrund fremder Rückstände (aktive Antizipationen), z.B. Zinserträge von Wertpapieren, die erst im Folgejahr gutgeschrieben werden, gehören ebenfalls in die Kategorie der sonstigen Forderungen und Vermögensgegenstände.

III. Wertpapiere und Anteile

1. Anteile an verbundenen Unternehmen

Die unter dieser Position ausgewiesenen Werte müssen nicht in Wertpapieren verbrieft sein.

Es handelt sich um Anteile an verbundenen Unternehmen, die nicht dazu bestimmt sind, dem Unternehmen dauernd zu dienen. Hier könnte es sich z.B. um den vorübergehenden Kauf von Aktien dieses Unternehmens zur Kurspflege handeln. Oder um den Erwerb eines Anteiles an einer Gesellschaft zur Vorbereitung der Übernahme bzw. Verschmelzung.

2. sonstige Wertpapiere und Anteile

Darunter fallen alle übrigen Wertpapiere und Anteile, die dem Umlaufvermögen zuzurechnen sind, wie

- Aktien und GmbH-Anteile, die weder als Beteiligung noch als Anteile an verbundenen Unternehmen anzusehen sind,
- festverzinsliche Wertpapiere, Genussscheine, Partizipationsscheine,
- Wechselforderungen, bei denen die zugrunde liegende Forderung nicht dem Unternehmen zuzuordnen ist, d.h., nicht das bilanzierende Unternehmen hat eine Lieferung oder Leistung an den Schuldner des Wechsels erbracht, sondern ein drittes Unternehmen.

IV. Kassenbestand, Schecks, Guthaben bei Kreditinstituten

Der **Kassenbestand** umfasst Bargeld in Form in- und ausländischer Zahlungsmittel, Marken und Wertkarten.

Schecks sind Anweisungen an Kreditinstitute, dem Überbringer oder der auf dieser Anweisung genannten Person einen bestimmten Geldbetrag auszuzahlen oder dessen Bankkonto gutzuschreiben.

> Da die Bedeutung von Schecks in der Praxis stark abgenommen hat, wird hier nicht weiter darauf eingegangen.

Als **Guthaben bei Kreditinstituten** gelten alle Guthaben bei in- und ausländischen Kreditinstituten mit einer Laufzeit bis zu drei Monaten. Guthaben mit einer längeren Laufzeit (z.B. gebunden auf 6 Monate) sollten als Forderungen ausgewiesen werden.

2 Bewertung des Umlaufvermögens
Eine Übersicht

Die folgende Übersicht umfasst alle wichtigen Informationen zur Bewertung dieser Vermögensgruppe, gegliedert nach Unternehmensrecht und Steuerrecht.

> Bewertung des Umlaufvermögens – Gegenüberstellung Unternehmens- und Steuerrecht

	Unternehmensrecht	Steuerrecht
gesetzliche Vorschriften	UGB §§ 206 (mit Verweis auf 203), 207, 208	EStG § 6/Z 2 lit.a, § 6/Z 13
Ausgangswert	Anschaffungs- oder Herstellungskosten	Anschaffungs- oder Herstellungskosten
Vergleichswert	Beizulegender Zeitwert – kann dieser nicht ermittelt werden ➔ beizulegender Wert	Teilwert
Abwertung	Pflicht zur Abwertung auf den am Bilanzstichtag niedrigeren Börsenkurs, Marktpreis oder beizulegenden Wert – strenges Niederstwertprinzip	Abwertungswahlrecht, jedoch Maßgeblichkeitsprinzip ←

Bewertung des Umlaufvermögens – Gegenüberstellung Unternehmens- und Steuerrecht

	Unternehmensrecht	Steuerrecht
Abwertung erfolgt durch	Abschreibung Je nach Umfang und Vermögensgegenstand wird sie ● als Korrektur des Verbrauchs (Klasse 5) oder ● als zusätzlicher betrieblicher Aufwand in der Klasse 7 ● als Finanzaufwand (Abschreibung Wertpapiere) in der Klasse 8 erfasst.	Teilwertabschreibung
Aufwertung	Zuschreibung verpflichtend. Generell wird aufgrund des Charakters des Umlaufvermögens eine Aufwertung höchst selten zur Diskussion stehen.	Zuschreibung dann, wenn sie in der Unternehmensbilanz vorgenommen wurde – Maßgeblichkeitsprinzip. ➜ verpflichtend
Aufwertungs-obergrenze	Anschaffungs- oder Herstellungskosten	Anschaffungs- oder Herstellungskosten

3 Bewertung der Vorräte

Ermittlung der Vergleichswerte

Der Begriff **beizulegender Zeitwert** wurde bereits in Kapitel 2 (vgl. S. 19) erläutert (im Wesentlichen handelt es sich dabei um Börsen- oder Marktpreise).

Der **Vergleichswert** bei **Roh-, Hilfs- und Betriebsstoffen** ist der vom **Beschaffungsmark**t am Bilanzstichtag abgeleitete Wiederbeschaffungswert (Einstandspreis).

Als Einstandspreis gilt der Einkaufspreis abzüglich nachträglicher Preisminderungen, zuzüglich Transportkosten und eines eventuellen Zolls.

Als Vergleichswert kann jedoch **auch** der Wert der weiteren Verwendungs- und Verwertungsmöglichkeit in Betracht kommen **(Orientierung am Absatzmarkt)**, nämlich dann, wenn aufgrund von Produktionsumstellungen, Preisverfall der Fertigprodukte oder aus ähnlichen Gründen ein Vergleich mit den am Absatzmarkt erzielbaren Werten dem Vorsichtsprinzip besser entsprechen würde.

Beispiel

Ein Möbelerzeuger hat Teakholz auf Lager, eingekauft zum Preis von € 120,–. Der Wiederbeschaffungspreis wäre etwa gleich hoch, Möbel aus Teak werden jedoch nicht oder kaum nachgefragt, d.h., das auf Lager befindliche Teakholz ist unbedingt abzuwerten.

Bei **unfertigen und fertigen Erzeugnissen** sowie bei **noch nicht abrechenbaren Leistungen** ist für die Ermittlung des Vergleichswertes ebenfalls der Absatzmarkt maßgebend. Es muss geprüft werden, ob der zu erwartende Verkaufserlös die bisherigen Herstellungskosten sowie alle weiteren Kosten decken wird. Ist dies nicht der Fall, ist abzuwerten.

Diese retrograde Bewertung wird folgendermaßen durchgeführt:

```
    erzielbarer Verkaufserlös
–   Erlösschmälerungen
–   Vertriebssonderkosten
–   noch zu erwartende Vertriebsgemeinkosten
–   noch zu erwartende Verwaltungsgemeinkosten
–   etwaige noch anfallende Erzeugungs- und Verarbeitungskosten
```
= Wert, der den Gegenständen am Abschlussstichtag beizulegen ist

Ist also der so ermittelte beizulegende Wert niedriger als die bisherigen Herstellungskosten, so ist auf diesen Wert abzuwerten. Durch dieses Vorgehen soll sichergestellt werden, dass eventuelle Verluste der Periode zugeordnet werden, in der die Produkte erzeugt wurden, und nicht jener Periode, in der sie verkauft werden.

Accounting

Übungen

Ü 3.24: Bewertung von Fertigerzeugnissen

Auf Lager sind noch 150 Stück Schaukelpferde groß.

Pro Stück fallen an: Fertigungsmaterial € 10,50
Materialgemeinkosten 22,5 %
Fertigungslöhne € 18,–
Fertigungsgemeinkosten 110 %
Verwaltungs- und Vertriebsgemeinkosten 12,5 %
Den Händlern wird ein Rabatt von 20 % gewährt.

Erzielbarer Verkaufserlös € 65,– pro Stück netto.

Ihre Aufgaben:

- Ermitteln Sie die Herstellungskosten für die 150 Stück.
- Ermitteln Sie den beizulegenden Wert.
- Geben Sie aufgrund dieser Berechnungen den Bilanzansatz für diese 150 Stück Schaukelpferde an.

Ü 3.25: Bewertung von unfertigen Erzeugnissen

Per 31.12. befinden sich 70 Stück Glasschränke in Produktion.

Bis zu diesem Zeitpunkt sind pro Stück angefallen:

Fertigungsmaterial € 40,– (ins fertige Produkt geht Fertigungsmaterial im Wert von € 95,– ein)

Materialgemeinkosten 11 %

Fertigungslöhne € 85,– (ins fertige Produkt gehen Fertigungslöhne im Wert von € 198,– ein)

Fertigungsgemeinkosten 170 %,

Verwaltungsgemeinkosten 10 %,

Der Veräußerungserlös dieser Glasschränke ist mit € 900,– anzusetzen. Von diesem Preis ist ein Rabatt von 6 % zu berücksichtigen sowie Vertriebskosten in Höhe von € 25,– je Stück.

Ihre Aufgabe:

Ermitteln Sie den Wert, mit dem die unfertigen Erzeugnisse in der Bilanz auszuweisen sind.

Für **Waren** gilt **grundsätzlich als Vergleichswert** der **Wiederbeschaffungswert**. Da Waren jedoch noch absatznäher zu betrachten sind, ist der **Absatzmarkt auf alle Fälle zu beachten**. Wäre der Verkaufserlös, vermindert um die Vertriebskosten, niedriger als der Anschaffungswert der Ware, ist unbedingt abzuwerten.

Erläuterungsbeispiel

Auf Lager liegen noch 500 lila Taschen, die zum Preis von € 140,– eingekauft wurden. Ein Wiederbeschaffungswert kann nicht ermittelt werden, da solche Taschen nicht mehr angeboten werden. Lila liegt im kommenden Jahr lt. Modevorschauen nicht mehr im Trend. Diese Taschen können daher nur im Zuge eines Sonderverkaufs um € 100,– + USt abgesetzt werden. Im Zusammenhang mit dem Verkauf werden noch Aufwände von € 5,– pro Stück anfallen.

Der beizulegende Zeitwert wäre daher € 95,–, d.h., die Taschen sind um € 45,– pro Stück abzuwerten.

Übung

Ü 3.26: Ermittlung des Bilanzansatzes von Handelswaren

Am Ende des Jahres sind noch 200 Stück der Stehlampen „Marion" auf Lager, die zu einem Einstandspreis von € 240,– pro Stück gekauft wurden.

Es ist von einem erzielbaren Verkaufspreis von € 310,– auszugehen. Es werden 10 % Rabatt gewährt, an Kosten bis zum Verkauf sind noch € 41,– pro Stück zu berücksichtigen.

Der beschaffungsorientierte Vergleichswert wäre mit € 234,– anzusetzen.

Ihre Aufgabe:

Ermitteln Sie den Wert, mit dem diese Handelsware in der Bilanz auszuweisen ist.

Sonderprobleme

● Große Mengen an verschiedenen Waren

Im Einzelhandel mit seinen großen Mengen an verschiedenen Waren wäre es äußerst zeitaufwendig und mühsam, die einzelnen Anschaffungswerte zu ermitteln. In einem solchen Fall kann – vereinfachend – der Anschaffungswert durch die Abwertung des Verkaufspreises in Höhe der Bruttogewinnspanne ermittelt werden.

Die Bruttogewinnspanne beträgt 120 %. Der erzielbare Verkaufspreis beträgt € 40,–. Der Anschaffungswert ist daher mit € 18,18 anzusetzen (Berechnung: € 40,– sind 220 % vom Anschaffungspreis). Bitte rechnen Sie progressiv nach!

● Überbestände

Der Wert von Waren, die in so großen Mengen noch auf Lager liegen, dass sie für länger als ein halbes Jahr, ein Jahr oder für noch länger reichen, können mit einem entsprechenden Abwertungsprozentsatz abgewertet werden.

● „Ladenhüter"

Der Wert von Waren, die am Bilanzstichtag noch auf Lager liegen, aber veraltet sind (z.B. durch technische Weiterentwicklung), die nicht mehr den Trends und Geschmackrichtungen entsprechen (Textilien, Schuhe, Sportartikel) oder die verderblich sind (Ablaufdatum, Materialermüdung) können ebenfalls mit einem entsprechenden Prozentsatz abgewertet werden.

Ermittlung des Wertes des Endbestandes und des Verbrauchs von Roh-, Hilfs- und Betriebsstoffen sowie von Handelswaren

Für die Ermittlung des Wertes des Endbestandes und der Höhe des Verbrauchs gibt es verschiedene Verfahren, von denen Sie zumindest zwei schon kennen.

Welches Verfahren angewendet wird, ist abhängig von den Lageraufzeichnungen.

Aufzeichnungen über den Verbrauch	Verfahren	Kurzerläuterung
Keine Aufzeichungen über die Entnahmen – der Verbrauch wird indirekt ermittelt. oder Der Gesamtverbrauch ist nur in seiner Menge bekannt („Strichliste")	Gewogenes Durchschnittspreisverfahren	Gesamteinstandspreis / Gesamtmenge = Einstandspreis pro Einheit
	FIFO-Verfahren	Annahme, dass die Ware, die zuerst im Lager war, zuerst entnommen wird
	LIFO-Verfahren	Annahme, dass die Ware, die zuletzt ins Lager gekommen ist, zuerst entnommen wird
Jede Entnahme wird mit ihrem Datum erfasst.	Gleitendes Durchschnittspreisverfahren	Nach jedem Zukauf wird ein neuer Durchschnittspreis ermittelt, mit dem die Abfassungen bis zum nächsten Zukauf bewertet werden.
Aufzeichnung, aus welchem Zukauf eine Entnahme stammt	Identitätspreisverfahren	Es werden jeweils die tatsächlichen Einstandspreise jener Warenpartien angesetzt, die entnommen wurden.

Die hier angeführten Methoden sind auch steuerlich zulässig, wobei das LIFO-Verfahren nur dann angewendet werden darf, wenn „die tatsächliche Verbrauchsabfolge durch die Art der Lagerhaltung dieser Annahme am ehesten entspricht (z.B. Lagerhaltung eines Kohlenhändlers). Dies ist durch den Steuerpflichtigen glaubhaft zu machen." (EStR 2000 RZ 2320)

Steuerrechtlich nicht angewendet werden dürfen (haben daher auch unternehmensrechtlich keine Bedeutung):

● HIFO-Verfahren (Highest in – first out)

Dieses Verfahren geht von der Annahme aus, dass Zukäufe mit den höchsten Preisen zuerst verbraucht werden. Der Endbestand wird mit den niedrigsten Preisen bewertet. Das HIFO-Verfahren entspricht zwar völlig dem strengen Niederstwertprinzip, da es steuerrechtlich nicht zulässig ist, hat es auch unternehmensrechtlich keine Bedeutung.

Als Bruttogewinnspanne wird die Differenz zwischen Einstandspreis und Verkaufspreis ohne USt bezeichnet.

Erläuterungsbeispiel

Übersicht über die Verfahren zur Bewertung des Verbrauchs an Roh-, Hilfs- und Betriebsstoffen und Handelswaren

SbX

Sie finden ein Wiederholungsbeispiel zur indirekten Verbrauchsermittlung mit der Bewertung nach dem FIFO-Verfahren und dem gewogenen Durchschnittspreisverfahren unter der ID: 0320. Ein Beispiel zum gleitenden Durchschnittspreisverfahren finden Sie als Ü 3.26 auf S. 56.

● LOFO-Verfahren (**Lo**west **i**n – **f**irst **o**ut)

Dieses Verfahren geht von der Annahme aus, dass Zukäufe mit den geringsten Preisen zuerst verbraucht werden. Der Endbestand wird mit den höchsten Preisen bewertet.

Das LIFO-Verfahren und das Identitätspreisverfahren werden hier zur Vervollständigung Ihrer Kenntnisse über die Verbrauchsbewertung und Bewertung des Endbestandes kurz dargestellt.

LIFO-Verfahren

Erläuterungsbeispiel

Der Kohlenhändler Rothauer hatte per 1. Mai (sein Wirtschaftsjahr geht vom 1. Mai bis 30. April – Ende der Heizperiode) einen Anfangsbestand von 1.080 kg Koks zum Preis von € 0,90 /kg. Er kauft im Laufe seines Wirtschaftsjahres 7.000 kg zu € 1,05 und 5.000 kg zu € 1,10.

Laut Aufzeichnungen wurden 11.460 kg Koks ausgeliefert.

Eine mengenmäßige Endbestandskontrolle ist nicht möglich. Es ist aber von der Annahme auszugehen, dass kein Schwund vorliegt.

Der Kokspreis ist weiter im Steigen, am Bilanzstichtag liegt er bei € 1,15 pro kg.

Überlegen Sie: Dieses Verfahren führt bei steigenden Preisen zu einem höheren Ausweis des Verbrauchs und zu einer Unterbewertung des Lagerbestandes.

Anfangsbestand	1.080 kg à 0,90	€	972,00
1. Zukauf	7.000 kg à 1,05	€	7.350,00
2. Zukauf	5.000 kg à 1,10	€	5.500,00
Lagerbestand gesamt	13.080 kg	€	13.822,00
Entnahmen	11.460 kg		
vom 2. Zukauf	5.000 kg à 1,10	€	5.500,00
vom 1. Zukauf	6.460 kg à 1,05	€	6.783,00
	→ Summe Entnahmen:	€	12.283,00
Endbestand	1.620 kg		
vom 1. Zukauf	540 kg à 1,05	€	567,00
gesamter AB	1.080 kg à 0,90	€	972,00
	→ Summe Endbestand:	€	1.539,00

Identitätspreisverfahren

Das Identitätspreisverfahren entspricht am besten dem Grundsatz der Einzelbewertung. Jedem Verbrauch wird der konkrete Anschaffungspreis, vermindert um eventuelle Anschaffungskostenminderungen und erhöht um Anschaffungsnebenkosten, zugeordnet.

In der Praxis kann diese Bewertung nur durchgeführt werden, wenn das Wirtschaftsgut identifiziert werden kann – dies geschieht z. B. durch Fabrikationsnummern, durch eine verschlüsselte Angabe des Einstandspreises am Preisetikett oder durch getrennte Lagerung der einzelnen Partien.

Da diese Bewertung mit erheblicher Mehrarbeit verbunden ist, wird sie in der Praxis nur bei Waren mit hohen Anschaffungskosten angewendet.

Erläuterungsbeispiel

Dem Installationsunternehmen „Badetraum" liegen für die Badewannen Cleopatra folgende Werte vor:

Anfangsbestand	2 Stück zum Preis von	€	860,–
1. Zukauf	3 Stück zum Preis von	€	875,–
2. Zukauf	1 Stück zum Preis von	€	900,–

Laut Aufzeichnungen wurden beide Wannen vom Anfangsbestand und zwei Wannen vom 1. Zukauf entnommen.

Der Verbrauch setzt sich daher zusammen aus:

2 Stück vom Anfangsbestand, d. h. zu € 860,–	€	1.720,00
2 Stück vom 1. Zukauf, d. h. zu € 875,–	€	1.750,00
Gesamtverbrauch	€	3.740,00

SbX

Sie finden ein weiteres Beispiel zum Identitätspreisverfahren unter der ID: 0320.

Sie haben die Festwertmethode als Bewertungsvereinfachungsverfahren beim Sachanlagevermögen von untergeordneter Bedeutung kennengelernt – vgl. S. 36.

Der Endbestand setzt sich daher zusammen aus:

1 Stück vom 1. Zukauf, d.h. zu € 875,–	€	875,00
1 Stück vom 2. Zukauf, d.h. zu € 900,–	€	900,00
Gesamtwert des Endbestandes	€	1.775,00

Für **Roh-, Hilfs- und Betriebsstoffe** gibt es auch die Möglichkeit der Bewertung nach der **Festwertmethode**.

Diese ist dann zulässig, wenn

● die Roh-, Hilfs- und Betriebsstoffe im Gesamtwert von untergeordneter Bedeutung sind,

● sie regelmäßig ersetzt werden und

● sich ihr Bestand voraussichtlich in seiner Größe, seinem Wert und seiner Zusammensetzung nur geringfügig ändert.

Alle fünf Jahre muss eine Bestandskontrolle erfolgen.

Buchungen im Zusammenhang mit dem richtigen Ausweis des Verbrauchs und des Endbestandes an Roh-, Hilfs- und Betriebsstoffen sowie Handelswaren

● **Buchungen im Zusammenhang mit dem richtigen Ausweis des Verbrauchs**

Zukäufe wurden sofort als Aufwand verbucht (praxiskonform).

Es wird die Differenz zwischen der Summe der Zukäufe und dem tatsächlichen Verbrauch ermittelt und diese Differenz gegen das Bestandskonto umgebucht.

Verbrauch > Zukäufe = Lagerabbau

(5) Verbrauch an Roh-, Hilfs- bzw. Betriebsstoffen oder Handelswaren	(1) Vorrat an Roh-, Hilfs- bzw. Betriebsstoffen oder Handelswaren

Verbrauch < Zukäufe = Lageraufbau

(1) Vorrat an Roh-, Hilfs- bzw. Betriebsstoffen oder Handelswaren	(5) Verbrauch an Roh-, Hilfs- bzw. Betriebsstoffen oder Handelswaren

Wurden die Zukäufe zunächst auf dem Bestandskonto verbucht, ist der gesamte Verbrauch auf das Verbrauchskonto umzubuchen.

Wichtig ist, dass der ermittelte und bewertete Verbrauch mit diesem Wert in der G+V-Rechnung aufscheint.

● **Buchungen im Zusammenhang mit dem Schwund und der Abwertung des Endbestandes**

Hier ist zu unterscheiden, ob Schwund und Abwertung im üblichen Rahmen sind (branchen- und preisschwankungsabhängig) oder nicht.

Durch den Ausweis in Klasse 5 erscheint diese Abschreibung in der Position „Aufwendungen für Material" in einer publizierten staffelförmigen G+V nach dem Gesamtkostenverfahren.

Schwund und Abwertung im üblichen Rahmen werden auf einem eigenen Konto in der Klasse 5 erfasst und wie folgt verbucht:

(5) Abschreibung Vorräte	(1) Vorrat an Roh-, Hilfs- bzw. Betriebsstoffen oder Handelswaren

Übersteigt hingegen das Ausmaß von Schwund und Abwertung den üblichen Rahmen (z.B. bei einem besonders starken Preisverfall), erfolgt die Aufwandsbuchung in der Klasse 7:

Stärkere Abwertungen oder größere sonstige Schadensfälle sind im sonstigen betrieblichen Aufwand in der publizierten G+V zu erfassen. Bei wesentlichem Umfang ist dieser Tatbestand im Anhang näher zu erläutern.

(7) Abschreibung Vorräte	(1) Vorrat an Roh-, Hilfs- bzw. Betriebsstoffen oder Handelswaren

● **Abschluss des Vorratskontos**

Wichtig ist, dass nach diesen Buchungen am Vorratskonto der tatsächlich vorhandene, bewertete Endbestand aufscheint.

Übung

Ü 3.27: Bewertung und Verbuchung von Rohstoffverbrauch und -endbestand – Gleitendes Durchschnittspreisverfahren

Über ein Lackverdünnungsmittel liegen folgende Daten vor:

Anfangsbestand	1.000 Fässer à	€ 70,– =	€	70.000,–
Zukauf (4.1.)	4.000 Fässer à	€ 65,– =	€	260.000,–
Zukauf (5.5.)	5.000 Fässer à	€ 72,– =	€	360.000,–
1. Abfassung (7.1.–4.5.)	4.000 Fässer			
2. Abfassung (6.5.–31.12.)	4.500 Fässer			

Endbestand laut Inventur   1.450 Fässer
Preis am Abschlussstichtag   € 70,–/Fass

Alle Zukäufe wurden in der Klasse 5 verbucht.

Ihre Aufgaben:

● Bewerten Sie in übersichtlicher Form mithilfe des gleitenden Durchschnittspreisverfahrens den Verbrauch sowie den Endbestand.

● Ermitteln Sie einen eventuellen Schwund und einen Schadensfall durch Abwertung. Sie können davon ausgehen, dass er im üblichen Rahmen liegt.

● Stellen Sie alle erforderlichen Korrekturbuchungen
   – auf den untenstehenden Konten oder
   – in Form von Buchungssätzen dar.

● Schließen Sie alle verwendeten Konten ab bzw. geben Sie die Buchungssätze für die Abschlussbuchungen an.

1100 Rohstoffvorrat

Dat.	Text	Soll	Haben
1.1.	EBK	70.000	

5100 Rohstoffverbrauch

Dat.	Text	Soll	Haben
4.1.	33005	260.000	
5.5.	33002	360.000	

Dat.	Text	Soll	Haben

Ermittlung der Herstellungskosten von unfertigen und fertigen Erzeugnissen

Die Ermittlung der Herstellungskosten von unfertigen und fertigen Erzeugnissen haben Sie bereits in Kapitel 2 (vgl. S. 17 f.) kennengelernt.

Diese Berechnungen haben Sie bereits in den Übungen 3.23 und 3.24 durchgeführt (vgl. S. 51 f).

Die ermittelten Herstellungskosten sind den vom Absatzmarkt abgeleiteten Vergleichswerten (beizulegender Wert) gegenüberzustellen. Der niedrigere Wert ist anzusetzen.

Buchungen im Zusammenhang mit dem richtigen Ausweis des Endbestandes an unfertigen und fertigen Erzeugnissen

Sie wissen bereits:

Die Konten „unfertige Erzeugnisse" und „fertige Erzeugnisse (Fertigerzeugnisse)" werden mit ihrem Anfangsbestand eröffnet. Während des Jahres erfolgt keine Buchung auf diesen Konten. Erst am Jahresende wird die Veränderung des Bestandes ermittelt und die entsprechende Korrekturbuchung vorgenommen. Dabei ist zu beachten, dass es rechnerisch und damit buchungstechnisch egal ist, ob der Endbestand zu den tatsächlichen Herstellungskosten oder zum beizulegenden Wert bewertet wurde.

Erläuterungsbeispiel

Herstellungskosten pro Stück € 120,–

beizulegender Wert pro Stück aufgrund einer retrograden Kalkulation ausgehend vom möglichen Verkaufspreis € 105,–

Es sind 1000 Stück auf Lager.

Der Endbestand ist daher mit € 105.000,– anzusetzen – mit diesem Wert wird der auf dem Konto als Anfangsbestand ausgewiesene Wert verglichen.

Endbestand > Anfangsbestand = Lageraufbau

Es wurde auf Lager produziert, die mit dieser Lagererhöhung verbundenen Aufwände werden durch folgende Buchung neutralisiert.

> (1) unfertige bzw. fertige Erzeugnisse / (4) Bestandsveränderungen

Endbestand < Anfangsbestand = Lagerabbau

Die Bestandsveränderungs-konten können nach unfertigen und fertigen Erzeugnissen getrennt geführt werden.

Es wurde heuer mehr verbraucht, als produziert wurde. Den Verkaufserlösen ist daher dieser Mehrverbrauch gegenüberzustellen.

> (4) Bestandsveränderungen / (1) unfertige bzw. fertige Erzeugnisse

Übungen

Ü 3.28: Korrektur- und Abschlussbuchungen bezogen auf Ü 3.23 (Fertigerzeugnisse)

Als Anfangsbestand weist das Konto Fertigerzeugnisse einen Wert von € 5.217,60 aus.

Ihre Aufgaben:

Geben Sie die Buchungssätze an für
- die erforderliche Korrekturbuchung,
- die Abschlussbuchung des Kontos Fertigerzeugnisse,
- die Abschlussbuchung des Kontos Bestandsveränderungen.

Ü 3.29: Korrektur- und Abschlussbuchungen bezogen auf Ü 3.24 (unfertige Erzeugnisse)

Als Anfangsbestand weist das Konto unfertige Erzeugnisse einen Wert von € 21.146,– aus.

Ihre Aufgaben:

Geben Sie die Buchungssätze an für
- die erforderliche Korrekturbuchung,
- die Abschlussbuchung des Kontos unfertige Erzeugnisse,
- die Abschlussbuchung des Kontos Bestandsveränderungen.

Ü 3.30: Zusammenfassendes Beispiel

Bewertung von Rohstoffen, bezogenen Teilen, unfertigen und fertigen Erzeugnissen einschließlich der erforderlichen Buchungen

Die Großtischlerei Kraupa KG erzeugt in Großserien Fenster und Türen.

Ausschnitt aus der Saldenliste zum 31. 12. 2014

1100 Vorrat Eichenholz	€ 5.400,00
1200 Vorrat Beschläge	€ 6.240,00
1400 Unfertige Erzeugnisse	€ 7.428,70
1500 Fertigerzeugnisse	€ 18.932,00
5100 Verbrauch Eichenholz	€ 54.290,00
5200 Verbrauch Beschläge	€ 12.820,50

Allgemeine Hinweise:

- Es wird nur ein Konto Bestandsveränderungen geführt.
- Alle Schadensfälle sind als „im normalen Ausmaß" anzusehen.
- Unfertige und fertige Erzeugnisse werden auch unternehmensrechtlich zum steuerrechtlichen Mindestansatz bewertet.

- Über die Fensterbeschläge Maxirot sind folgende Daten vorhanden:

Anfangsbestand   40 Stück à   € 6,80
Zukauf am 20.3.   100 Stück à   € 5,68

Diese Beschläge wurden zugekauft in der Annahme, den Auftrag zur Ausstattung einer Wohnhausanlage zu erhalten, als deren Kennzeichen rote Farbteile galten.

Tatsächlich wurden nur insgesamt 12 Stück (Austausch) gebraucht. Kraupa hat den Auftrag für diese Wohnhausanlage nicht erhalten (andere Bieter waren günstiger).

Am Jahresende muss festgestellt werden, dass Fensterbeschläge in Maxirot kaum mehr gefragt sind; die Beschläge werden wahrscheinlich nur mehr zu Austauschzwecken benötigt. Es ist daher eine Abwertung um 40 % des Durchschnittspreises vorzunehmen.

Beschläge werden nach dem gewogenen Durchschnittspreisverfahren bewertet.

Verbrauch aller anderen Beschläge: €   11.456,20

Endbestand aller anderen Beschläge: €   6.310,20

- Für Türen im Maße 0,90 × 2,00 werden zugeschnittene Eichenholzbretter (Rohlinge) gekauft.

Anfangsbestand   100 Stück à   € 54,00
1. Zukauf am 4.4.   500 Stück à   € 52,90
2. Zukauf am 20.8.   500 Stück à   € 55,68

Über die Entnahmen liegen folgende Daten vor:

In der Zeit vom 1.1. bis zum 1. Zukauf wurden 50 Bretter entnommen

In der Zeit zwischen dem ersten und dem zweiten Zukauf beliefen sich die Entnahmen auf 380 Bretter und bis Jahresende wurden weitere 400 Bretter entnommen. Laut Inventur sind 268 Bretter vorhanden. Der Schwund konnte nicht aufgeklärt werden und ist entsprechend zu verbuchen. Preis am Bilanzstichtag: €   53,–.

Die Eichenholzbretter werden nach dem gleitenden Durchschnittspreisverfahren bewertet.

- Am 31.12. sind 200 fertige Türen Modell Future vorhanden, die laut Kostenrechnung wie folgt zu bewerten sind:

Fertigungsmaterial	€ 68,00
Materialgemeinkosten	18,5 %
Fertigungslöhne	€ 32,00
Fertigungsgemeinkosten	130,0 %
Verwaltungs- und Vertriebsgemeinkosten	22,0 %

Es wäre möglich, diese Türen für einen Auftrag verwenden zu können, bei dem jedoch diese Türen mit € 120,– ins Angebot aufgenommen werden müssten. Die Ausschreibung für diesen Auftrag, an der sich die Kraupa KG beteiligt hat, läuft am 20. Jänner ab. Bessere Verwertungsmöglichkeiten sind nicht in Sicht.

Weitere Fertigerzeugnisse sind nicht vorhanden.

- An unfertigen Erzeugnissen sind Türen für einen Altbau in Produktion.

Für diese 50 Stück fielen bisher an:

Fertigungsmaterial	€ 1.860,00
Fertigungslöhne	€ 972,00

Gemeinkostenzuschläge siehe oben. Der Absatz dieser Türen ist gesichert, die Preise für die fertigen Türen wurde so kalkuliert, dass sämtliche Kosten gedeckt sind.

Ihre Aufgaben:

- Ermitteln Sie die Endbestände und die Korrekturbuchungen für diese Vorräte.

- Geben Sie alle erforderlichen Buchungen einschließlich der Abschlussbuchungen der verwendeten Konten in Form von Buchungssätzen an.

4 Bewertung der Forderungen und sonstigen Vermögens-gegenstände

Nochmals zur Erinnerung. Diese Position umfasst:
- Forderungen aus Lieferungen und Leistungen
- Forderungen gegenüber verbundenen Unternehmen
- Forderungen gegenüber Unternehmen, mit denen ein Beteiligungsverhältnis besteht
- sonstige Forderungen und Vermögensgegenstände

Es gilt der Grundsatz der Einzelbewertung.

Forderungen sind mit den Anschaffungskosten oder dem niedrigeren Zeitwert (Teilwert) anzusetzen.

Forderungen, denen kein Anschaffungsvorgang zugrunde liegt (z. B. eine Schadenersatzforderung) sind ebenfalls mit ihrem Nennbetrag zu bewerten.

Die weiteren Informationen zur Bewertung von Forderungen beziehen sich auf in- und ausländische Forderungen aus Lieferungen und Leistungen.

Forderungen aus Lieferung und Leistungen Inland

Der Nominalwert solcher Forderungen ist ident mit dem Rechnungsbetrag inkl. USt abzüglich etwaiger Gutschriften. Dieser Wert stellt die Obergrenze dar.

Bei der Bewertung am Bilanzstichtag (= Ermittlung des Vergleichswertes) ist die Einbringlichkeit zu beurteilen. Dabei müssen die Ursachen für eine verminderte Einbringlichkeit und damit für eine Wertberichtigung vor dem Bilanzstichtag eingetreten sein, auch wenn sie erst danach bekannt wurden.

Wenn möglich, ist jede Forderung einzeln zu bewerten. Es ist jedoch auch gestattet, Forderungen für ihre Bewertung in Gruppen zusammenzufassen:
- Kunden, die bereits die dritte Mahnung erhalten haben
- Kunden, die den Ausgleich angemeldet haben
- Kunden, vor denen Kreditschutzverbände warnen
  etc.

Für Forderungen, die zum Bilanzstichtag zweifelhaft sind, ist eine Wertberichtigung zu bilden. Forderungen oder Teile davon, die uneinbringlich sind, sind abzuschreiben.

Besteht eine Versicherung (Ausfallversicherung, Warenkreditversicherung), die eventuelle Zahlungsausfälle abdeckt, kann eine Wertberichtigung nur von einem verbleibenden Selbstbehalt gebildet werden.

Während das Unternehmensrecht auch eine pauschale Wertberichtigung von Forderungen aufgrund eines allgemeinen Forderungsrisikos zulässt, ist diese steuerrechtlich unzulässig.

In den ESt-Richtlinien 2000 wird der Begriff der Pauschalwertberichtigung näher erläutert.

> **§ RZ 2372:**
>
> „Unter Pauschalwertberichtigungen sind solche Wertberichtigungen zu verstehen, die einem allgemeinen Forderungsrisiko Rechnung tragen, ohne dass eine Risikozuordnung zu bestimmten Forderungen vorgenommen werden kann. Eine solche Schätzung des niedrigen Teilwertes aufgrund von Erfahrungswerten aus der Vergangenheit (allgemeines Forderungsrisiko, allgemeines Branchenrisiko, allgemeines Ausfalls- und Verzögerungsrisiko) oder aufgrund einer allgemeinen Konjunkturschwäche bzw. einer allgemeinen schlechten Schuldnerbonität ist nicht zulässig."

Aufgrund der Erfahrung aus der Vergangenheit weiß man, dass 30 % der Forderungen, die bereits drei Mal eingemahnt wurden, ausfallen. Es wird daher für solche Forderungen eine Einzelwertberichtigung von 30 % gebildet.

In der RZ 2373 wird festgehalten, wann eine pauschale Bewertung zulässig ist.

Eine pauschale Bewertung ist dann zulässig,
- wenn lediglich die Höhe einer Einzelwertberichtigung aufgrund von Erfahrungswerten aus der Vergangenheit geschätzt wird;

- wenn eine Einzelwertberichtigung von verschiedenen Forderungen bei tatsächlich gleichgelagertem Sachverhalt im Wege einer Schätzung in gleichem Ausmaß vorgenommen wird; es müssen aber gleichartige Ausfallskriterien bestehen.
- im Falle eines Zahlungsverzugs in Höhe von 1 % pro Monat (für Zinsen und Spesenabgeltung – RZ 2376)

Aufgrund dieser Bestimmungen lässt sich die Bewertung von Forderungen aus Lieferungen und Leistungen wie folgt gliedern:

Alle Forderungen, für die bis zum Bilanzstichtag das Ausgleichsverfahren eingeleitet wurde, werden mit 60 % wertberichtigt.

Ausmaß der Einbringlichkeit	Bewertung im Unternehmensrecht UGB §§ 206, 207	Bewertung im Steuerrecht EStG § 6 Zi 2
voll einbringlich	Der ausgewiesene Wert wird beibehalten.	Der ausgewiesene Wert wird beibehalten.
An der vollen Einbringlichkeit einzelner Forderungen wird gezweifelt. Beispiel: Kunde Berger hat den Ausgleich beantragt.	Einzelwertberichtigung	Einzelwertberichtigung
An der vollen Einbringlichkeit einer Gruppe von Forderungen wird gezweifelt. Beispiel: Die Kunden Haberl, Müller und Zangl reagieren nicht auf Mahnungen.	pauschale Einzelwertberichtigung	pauschale Einzelwertberichtigung
An der vollen Einbringlichkeit der Forderungen wird allgemein gezweifelt. Beispiel: Es wird aus Erfahrung angenommen, dass 5 % der offenen Forderungen ausfallen werden.	Pauschalwertberichtigung	
Die gesamte Forderung ist uneinbringlich oder es ist die Einbringlichkeit nur für einen Teil der Forderung gegeben. Beispiele: • Konkurs wird mangels Masse abgelehnt. • Die Ausgleichsquote wird mit 40 % festgelegt.	Abschreibung der gesamten Forderung oder Ausbuchen jenes Teiles, der sicher ausfällt	Abschreibung der gesamten Forderung oder Ausbuchen jenes Teiles, der sicher ausfällt

Bewertung von Inlandsforderungen nach Unternehmens- und Steuerrecht

Hinweis:

In einer veröffentlichten Bilanz dürfen Wertberichtigungen nicht ausgewiesen werden. Sie werden daher vom Gesamtstand an Forderungen abgezogen. Der Betrag der Pauschalwertberichtigung ist jedoch im Anhang anzugeben. (vgl. Inhalte des Anhangs bei Kapitalgesellschaften, Kapitel 8)

Die Berechnung und Verbuchung von Ausfällen und Einzelwertberichtigungen ist Ihnen geläufig.

Die **Pauschalwertberichtigung** wird nur von jenen Forderungen berechnet, die nicht bereits einzeln oder in Gruppen bewertet wurden. Wie bei der Einzel-WB werden nur die Nettoforderungen zur Berechnung herangezogen. Die Buchung erfolgt auf eigenen Konten.

Buchung bei Bildung bzw. Erhöhung der Pauschal-WB:

(7) Zuweisung zur Pauschal-WB / (2) Pauschal-WB zu Forderung aus L + L Inland

Buchung bei (Teil-)Auflösung der Pauschal-WB:

(2) Pauschal-WB zu Ford. aus L + L Inland / (4) Erträge aus Auflösung Pauschal-WB

Die Buchung auf eigenen Konten ist deshalb empfehlenswert, weil eine unternehmensrechtlich gebildete Pauschal-WB steuerrechtlich nicht anerkannt ist ➜ MWR (in Höhe der Zuweisung bzw. Auflösung).

3 Bewertung Vermögen und Schulden

Erläuterungsbeispiel

Gesamtstand an offenen Forderungen zum 31. 12. vor Vornahme der Bewertung: € 480.000,– inkl. 20 % USt

Einzeln bewertet wurden:

Forderung Müller in Höhe von   € 18.000,– → Einzel-WB von 90 % (Insolvenzverfahren eröffnet, Konkurs wahrscheinlich)

Forderung Prauner in Höhe von € 12.000,– → Einzel-WB von 40 %(keine Reaktion auf Mahnungen)

Forderung Weber in Höhe von   € 24.000,– → Totalausfall – Insolvenzantrag wurde mangels kostendeckenden Vermögensabgelehnt.

Für die restlichen Forderungen soll aufgrund der Erfahrung aus der Vergangenheit eine pauschale Wertberichtigung von 5 % gebildet werden.

Aus dem Vorjahr ist eine Pauschal-WB in Höhe von € 6.270,– vorhanden.

Berechnung:

	Gesamtstand an Forderungen	€ 480.000,00
–	aller einzeln bewerteter Forderungen	€ 54.000,00
	restliche Forderung inkl. 20 % USt	€ 426.000,00
	das sind netto	€ 355.000,00
	davon 5 % 17.750,00	= erforderliche Pauschal-WB
	6.270,00	= vorhandene Pauschal-WB
	11.480,00	= zu bilden

Buchung: (7) Zuweisung zur Pauschal-WB / (2) Pauschal-WB 11.480,–
MWR: + 11.480,–

Übung

Ü 3.31: Bewertung von Forderungen aus Lieferungen und Leistungen Inland

Offene Forderung zum Bilanzstichtag (31. 12.): € 810.000,– inkl. 20 % USt

Die Kunden Meierbeer und Kronsteiner haben einen Insolvenzantrag mit Sanierungsplan gestellt. Es ist mit einem Ausfall von 60 % zu rechnen.
Forderung an Meierbeer: € 54.000,–
Forderung an Kronsteiner: € 24.000,–

Kunde Schachter reagiert auch auf das Schreiben des Anwalts nicht. Es ist mit einem Ausfall von 80 % zu rechnen. Forderung an Schachter: € 36.000,–.

Offene Forderungen, bei denen das Zahlungsziel bereits bis zum Bilanzstichtag überschritten wurde:
Gruber: €   5.400,–   1 Monat
Trakl: € 12.000,–   1 Monat
Steininger: € 18.000,–   3 Monate
Zager: € 21.000,–   3 Monate

Für das generelle Dubiosenrisiko soll für die restlichen Forderungen eine pauschale Wertberichtigung von 3 % gebildet werden.

Die Wertberichtigungskonten weisen zum 1. 1. folgende Werte auf:
Einzelwertberichtigung zu Inlandsforderungen   € 12.630,–
Pauschalwertberichtigung zu Inlandsforderungen   € 3.168,–
Pauschale Einzel-WB bei Überschreiten des Zahlungsziels wurden früher nicht ausgewiesen.

Ihre Aufgaben:

● Ermitteln Sie die richtige Gesamthöhe der Einzel-WB und geben Sie sowohl die Korrekturbuchung als auch die Abschlussbuchung des Kontos Einzel-WB an.

● Ermitteln Sie die richtige Gesamthöhe der Pauschal-WB und geben Sie sowohl die Korrekturbuchung als auch die Abschlussbuchung des Kontos Pauschal-WB an.

● Geben Sie den Wert an und wie dieser (+/–) in der MWR zu berücksichtigen ist.

● Gehen Sie von der Annahme aus, dass es sich bei diesem Unternehmen um eine AG handelt, und geben Sie den Gesamtwert an, mit dem die Forderungen in der veröffentlichten Bilanz aufscheinen.

Forderungen aus Lieferung und Leistungen Währungsunion

Diese Forderungen werden in gleicher Weise behandelt wie die Inlandsforderungen.

Forderungen aus Lieferung und Leistungen sonstiges Ausland („Fremdwährungsforderungen")

Der Anschaffungswert ist der Wert, mit dem der Fremdwährungsbetrag umgerechnet zum Devisenankaufskurs (höherer Kurs) am Tag der Rechnungslegung eingebucht wurde.

Vergleichswert ist der Wert des Fremdwährungsbetrags, umgerechnet zu dem am Bilanzstichtag gültigen Devisenankaufskurs. Ist dieser Kurs höher als der Entstehungskurs, bedeutet dies, dass die Forderung weniger wert ist. Es ist abzuwerten. Kursänderungen nach dem Bilanzstichtag sind nicht zu berücksichtigen.

Einzelwertberichtigungen können auf jeden Fall gebildet werden.

Lt. RZ 2378 bestehen steuerlich auch „keine Bedenken, Wertberichtigungen für Auslandsforderungen zu bilden, wenn die Gefährdung der Einbringlichkeit aller Forderungen gegenüber einem bestimmten Land gleichartig ist (politisches oder wirtschaftliches Länderrisiko)." Eine Länderrisikoübersicht wird halbjährlich im Institutional Investor veröffentlicht.

Sind Exportforderungen versichert, so kann eine Wertberichtigung nur für den als Selbstbehalt geltenden Teil der Forderung gebildet werden. Wird das Länderrisiko durch eine staatliche Garantie abgedeckt, so ist die Forderung trotzdem zu berichtigen, die Garantieübernahme ist jedoch zu aktivieren.

Übung

Ü 3.32: Bewertung von Fremdwährungsforderungen

Es bestehen zum 31.12. folgende offene Forderungen aus Lieferungen und Leistungen auf Basis von Fremdwährungen:

- Forderungen an Kunden in Litauen, Gesamtbetrag umgerechnet € 48.600,–; das Länderrisiko für Litauen beträgt lt. Institutional Investor 59,8 % (Stand März 2009).
- Forderung an Kunden in GB in Höhe von
- GBP 4.600,–, eingebucht zum Kurs von 0,8894
- GBP 8.950,–, eingebucht zum Kurs von 0,8728
- Forderung an Kunden in Norwegen in Höhe von NOK 12.600,–, eingebucht zum Kurs von 8,0083.

Kurse am Bilanzstichtag:	Valuten	Devisen
GBP	0,8595 / 0,8815	0,8695 / 0,8753
NOK	7,9000 / 8,2000	8,0165 / 8,0885

Ihre Aufgabe:

- Bewerten Sie die Forderungen und geben Sie alle im Zusammenhang mit diesen Bewertungen erforderlichen Buchungen an.
- Geben Sie den Buchungssatz für die Abschlussbuchung des Kontos „Forderung aus Lieferungen und Leistungen sonstiges Ausland" an.

5 Bewertung von Wertpapieren und Anteilen sowie liquider Mittel

Wenn Sie auf die Homepage der Wiener Börse gehen **(www.wienerboerse.at)**, finden Sie unter Kurse & Statistiken die Kurs- und Veröffentlichungsblätter. Dort sind nicht nur die aktuellen Kurse, sondern auch Kurse zum Jahresende der vergangenen Jahren.

Wertpapiere sind mit den Anschaffungskosten (Kurswert + Spesen) auszuweisen.

Ist der Kurs am Bilanzstichtag niedriger, muss unternehmensrechtlich abgewertet werden. Steuerrechtlich besteht ein Abwertungswahlrecht, es gilt jedoch die Maßgeblichkeit der Unternehmensbilanz.

Selbstverständlich ist auch dieser Vergleichswert mit Spesen anzusetzen, was in der Praxis bei kleineren Beträgen eher vernachlässigt wird.

Erläuterungsbeispiel

Sie haben 200 Stück Aktien der Lenzig AG zum Kurs von 75,– gekauft. Der Kurs am 31.12. des Abschlussjahres beträgt 68,50. Es muss daher abgewertet werden.

Anschaffungswert	200 × 75,00	€ 15.000,00	
+ 1,1 % Spesen		€ 165,00	€ 15.165,00
Bilanzansatz	200 × 68,50	€ 13.700,00	
+ 1,1 % Spesen		€ 150,70	€ 13.850,70
		Abwertung	€ 1.314,30

Buchung der Abschreibung:

(8) Abschreibung Wertpapiere Umlaufvermögen / (2) Wertpapiere Umlaufvermögen

Sie kennen bereits die Aufwertungspflicht.

Buchung der Zuschreibung:

(2) Wertpapiere Umlaufvermögen / (8) Erträge aus der Zuschreibung zu WP des UV

Übung

SbX

Sie finden sowohl für Aktien als auch für Anleihen ein komplettes Beispiel: Kauf- und Verkaufsabrechnungen und die erforderlichen Buchungen; Buchungen im Zusammenhang mit der Bewertung, Buchung im Zusammenhang mit der Depotgebühr; Zinsenabgrenzungen und Zinsengutschriften (bei Anleihen), Renditeberechnung unter der ID: 0320.

Ü 3.33: Bewertung von Wertpapieren des Umlaufvermögens

Ihr Unternehmen hat per 31.12. folgende Wertpapiere im Umlaufvermögen ausgewiesen:

- 150 Stück Do & Co Aktien, angeschafft und verbucht zum Kurs von 34,80 + 1,1 % Spesen. Der Kurswert am Bilanzstichtag beträgt 41,99.
- 200 Stück Aktien der Wolford AG, angeschafft und verbucht zum Kurs von 24,50 + 1,1 % Spesen. Der Kurs am 31.12. beträgt 32,80.
- Nominale 20.000,–, 4,65 % Bundesanleihe 2003-18/1, angeschafft zu 107,25 + 0,7 % Spesen. Letzter Bilanzansatz 105,00 + Spesen. Kurs am 31.12.: 106,05.
- Nominale 10.000,–, 3 % Anleihe der Hypo Tirol 2008-20 angeschafft und eingebucht zum Kurs von 101,20 + 0,7 % Spesen. Der Kurs am 31.12. beträgt 99,66.

Ihre Aufgaben:

- Ermitteln Sie für die einzelnen Wertpapiere den Wert, mit dem diese in der Bilanz aufzunehmen sind.
- Geben Sie eventuelle Korrekturbuchungen sowie den Bilanzansatz des Kontos „Aktien des Umlaufvermögens" und des Kontos „Festverzinsliche Wertpapiere des Umlaufvermögens" an.

Als **Kassenbestand** gilt das gesamte Bargeld an in- und ausländischen gesetzlichen Zahlungsmitteln zuzüglich vorhandener Marken und Wertkarten.

Ausländische Zahlungsmittel sind in der Bilanz mit dem Valutenankaufskurs anzusetzen. Ist dieser am Bilanzstichtag niedriger, ist abzuwerten.

Erläuterungsbeispiel

Da häufig Geschäftsreisen nach Skandinavien unternommen werden, verfügt das Unternehmen über Bargeld in dänischen, norwegischen und schwedischen Kronen.

Am 31.12. sind noch NOK 1.760,– vorhanden, die zum Kurs von 8,1000 gekauft wurden.

Am 31.12. ist der Valutenankaufskurs auf 8,2000 gestiegen, d.h., die NOK sind abzuwerten:

NOK 1.760,– / 8,1000	= € 217,28	angeschafft
NOK 1.760,– / 8,2000	= € 214,63	in der Bilanz auszuweisen
Kursverlust	= € 2,65	

Auf die auf der Aktivseite auszuweisenden Rechnungsabgrenzungen wird in einem eigenen Teilkapitel eingegangen.

Guthaben bei Kreditinstituten sind mit ihrem Valutasaldo anzusetzen. Wenn die Buchung entsprechend dem Kontoauszug erfolgt, kann es keine Differenzen geben. Die Kreditinstitute weisen in ihren Kontoauszügen extra den Kontostand per 31.12. aus:

Ihr Kontostand per 31.12.20..: € 13.805,24

Üben

Ü 3.34: Nicht abrechenbare Leistungen – unfertige Erzeugnisse D

Grenzen Sie noch nicht abrechenbare Leistungen von unfertigen Erzeugnissen ab.

Ü 3.35: Bewertungsbestimmungen für Umlaufvermögen C

Erläutern Sie, ob es hinsichtlich der Bewertungsbestimmungen für Umlaufvermögen einen Unterschied zwischen Unternehmens- und Steuerrecht gibt?

Ü 3.36: Retrograde Bewertung D

Begründen Sie, wieso es sinnvoll ist, bei z. B. Fertigerzeugnissen eine retrograde Bewertung vorzunehmen? Was ist darunter zu verstehen?

Ü 3.37: Wahl des Bewertungsverfahrens D

Erklären Sie, ob Unternehmer prinzipiell wählen können, nach welchem Bewertungsverfahren sie ihre Vorräte bzw. den Verbrauch ansetzen. Können sie diese Bewertungsverfahren wechseln?

Ü 3.38: Identitätspreisverfahren D

Beschreiben Sie, wovon der Einsatz des Identitätspreisverfahrens abhängen wird.

Ü 3.39: LIFO-Verfahren C

„Steuerlich ist das LIFO-Verfahren nur unter bestimmten Voraussetzungen anerkannt." Erläutern Sie diese Aussage.

Ü 3.40: Wertberichtigungskonten D

In einer veröffentlichten Bilanz sind keine Wertberichtigungskonten zu Forderungen zu finden. Heißt das, dass publizitätspflichtige Kapitalgesellschaften keine Wertberichtigungen ihrer Forderungen vornehmen?

Ü 3.41: Vorratsbewertung C

Im Schlossereibetrieb Jovanovic sind die Stahlrohre noch zu bewerten. Der Endbestand laut Inventur beträgt € 82.500,00, die Entnahmen laut Aufzeichnungen betragen € 256.800,00.

Auszug aus der Saldenliste zum 31.12.

1200 Vorrat Stahlrohre   €   95.500,00

5200 Einkauf Stahlrohre   €   244.800,00

Nehmen Sie sämtliche im Zusammenhang mit der Bewertung der Stahlrohre notwendigen Buchungen vor. Ein etwaiger Schwund ist als normal anzusehen.

Ü 3.42: Vorratsbewertung C

Der Tischlereibetrieb Sommer verkauft auch komplett ausgestattete Küchen, die Bewertung des Spitzenmodells Liebkerr-Kühlschrank TX 1800 erfolgt mittels Identitätspreisverfahrens. Aufgrund des hohen Preises wird nicht sehr viel von diesem Modell verkauft. Ihnen liegen folgende Informationen vor:

AB   1 St. à   €   950,00
1. Zukauf   2 St. à   € 1.010,00
2. Zukauf   3 St. à   €   920,00

Entnommen wurden der Anfangsbestand sowie 1 Stück aus dem 1. Zukauf und 2 Stück aus dem 2. Zukauf. Der Preis am Bilanzstichtag pro Stück beträgt € 980,00. Wareneinkäufe werden in der Klasse 5 gebucht.

Ermitteln Sie in übersichtlicher Form den Verbrauch sowie den Endbestand der Liebkerr Kühlschränke TX 1800, stellen Sie sämtliche notwendigen Buchungen im Zusammenhang mit der Bewertung der Kühlschränke in Form von Buchungssätzen dar.

 Lernen Üben  Sichern  Wissen

Ü 3.43: Forderungsbewerung `C`

Am 18.2. erhalten wir die Nachricht, dass das Konkursverfahren des Kunden Grauberg (20014) abgeschlossen wurde, die Quote wurde mit 5 % festgesetzt. Laut Kundenkartei beträgt unsere Forderung gegen Grauberg € 36.000,00 inkl. 20 % USt.

Nehmen Sie alle in diesem Zusammenhang notwendigen Buchungen vor.

 **Sichern**

| SbX | ID: 0320 |

Zusammenfassung Bewertung Umlauf- vermögen

SbX

Sie finden eine umfangrei- che Übung zur Bewertung von Anlage- und Umlauf- vermögen eines Unterneh- mens unter der ID: 0320.

Bewertung des Umlaufvermögens		
Vorräte	**Forderungen und sonstige Vermögensgegenstände**	**Wertpapiere, Anteile und liquide Mittel**
Vergleich mit ● Wiederbeschaffungswert (Beschaffungsmarkt) ● und/oder ● Verkaufserlös abzüglich aller noch anfallenden Kos- ten (Absatzmarkt)	Vergleichswert richtet sich nach der Einbringlichkeit. ● volle Einbringlichkeit zwei- felhaft → Wertberichtigung Steuerlich nicht als Pau- schal-WB, für allgemeine Forderungsrisiken an- erkannt ● Teile oder gänzlich unein- bringlich → Abschreibung ● Devisenankaufskurs am Bi- lanzstichtag für Forderun- gen in FW. Wertberichti- gungen und Abschreibun- gen sind selbstverständlich möglich.	Vergleichswert ist ● für Wertpapiere der Kurs- wert am Bilanzstichtag ein- schließlich Spesen ● für ausländisches Bargeld der Valutenankaufskurs ● für den Kassenbestand das Bargeld ● für Bankguthaben der vom Kreditinstitut angegebene Valutasaldo
Abwertung muss erfolgen, wenn der Vergleichswert am Bilanzstichtag niedriger ist. (§ 207 UGB) strenges Niederwertprinzip		
Zuschreibung muss erfolgen, aufrund des kurzfristigen Charakters des Umlaufvermögens in der Praxis eher selten → Maßgeblichkeit der Unternehmensbilanz für die Steuerbilanz OBERGRENZE: Anschaffungswert mit Anschaffungsnebenkosten abzüglich Anschaffungs- kostenminderungen		

 **Wissen**

W 3.8: Umlaufvermögen `A`

Nennen Sie die vier Gruppen des Umlaufvermögens lt. § 224 UGB.

W 3.9: Darlehenszinsen `C`

Entscheiden Sie. welcher Gruppe Forderungen aus Zinsen für ein gewährtes Darlehen zuzurech- nen sind, die erst im Folgejahr gezahlt werden?

W 3.10: Abwertungen des Umlaufvermögens `C`

In welchen Kontenklassen können Abwertungen des Umlaufvermögens verbucht werden? Geben Sie jeweils ein Beispiel.

W 3.11: Korrekturkonto – unfertige und fertige Erzeugnisse `C`

Welches Konto wird als Korrekturkonto zu den Konten unfertige und fertige Erzeugnisse verwendet? Warum? Erläutern Sie den Zweck dieser Korrekturbuchung auf diesem Konto.

W 3.12: Einzel- und Pauschalwertberichtigung `B`

Beschreiben Sie, worin der Unterschied zwischen einer Einzel- und einer Pauschalwertberichtigung zu Forderungen besteht und was unter einer pauschalen Einzelwertberichtigung zu verstehen ist.

W 3.13: Entstehungskurs am Bilanzstichtag `C`

Kreuzen Sie an, welcher Kurs mit dem Entstehungskurs am Bilanzstichtag bei Forderungen zu vergleichen ist.

☐ Valuten-Ankaufskurs (höher)

☐ Valuten-Verkaufskurs (niedriger)

☐ Devisen-Ankaufskurs (höher)

Ein kurzer Kompetenz-Check, bevor's weitergeht!

Kompetenz-Check

	☺	😐	☹
Ich kann erklären, mit welchem Wert und wo die Vorräte und Fertigerzeugnisse in der Bilanz auszuweisen sind.			
Ich kann erklären, mit welchem Wert und wo die unfertigen Erzeugnisse in der Bilanz auszuweisen sind.			
Ich kann erklären, mit welchem Wert und wo die offenen Forderungen in der Bilanz auszuweisen sind.			

3 Bewertung Vermögen und Schulden

Lerneinheit 3
Bewertung von Schulden

Betrachtet man die Passivseite der Bilanz lt. § 224 (3) UGB, so gliedert sich diese in

- Eigenkapital,
- Rückstellungen,
- Verbindlichkeiten und
- Rechnungsabgrenzungen.

In dieser Lerneinheit geht es nur um die Bewertung von Verbindlichkeiten. Allen anderen Passivposten sind eigene Kapitel bzw. Teilkapitel gewidmet (vgl. Inhaltsverzeichnis).

Lernen

Verbindlichkeiten sind gesetzlich nicht definiert.

> Als **Verbindlichkeiten** gelten alle **Schulden eines Unternehmens, die sowohl dem Grunde als auch der Höhe nach feststehen.**

Im Gegensatz zu Rückstellungen sind Verbindlichkeiten nicht mit Unsicherheiten verbunden.

1 Gliederung der Verbindlichkeiten

Die Verbindlichkeiten werden laut § 224 (3) UGB wie folgt gegliedert:

1. Anleihen, davon konvertibel

Anleihen sind langfristig auf dem Kapitalmarkt aufgenommene Darlehen in verbriefter Form. Es handelt sich dabei entweder um

- Teilschuldverschreibungen, die fest oder variabel verzinst sind (Obligationen, Pfandbriefe) oder
- Gewinnschuldverschreibungen (gewinnabhängige Verzinsung oder Mindestverzinsung + Gewinnanteil) oder
- Wandelschuldverschreibungen, die dem Inhaber solcher Papiere die Möglichkeit einräumen, entweder die Anleihe innerhalb einer bestimmten Frist und zu bestimmten Bedingungen in Aktien umzutauschen (Wandelanleihe) oder zusätzlich Aktien zu beziehen (Optionsanleihe).

  Bei Wandelschuldverschreibungen handelt es sich um konvertible Anleihen. Sie dürfen nur von Aktiengesellschaften ausgegeben werden.

Am 31.12. sind noch offene Zinsverpflichtungen dahingehend zu differenzieren, ob sie gegenüber Kreditinstituten oder anderen Gläubigern bestehen – siehe Kontenplan.

2. Verbindlichkeiten gegenüber Kreditinstituten

Hier werden sämtliche Verbindlichkeiten gegenüber in- und ausländischen Kreditinstituten einschließlich eventueller Zinsenverpflichtungen ausgewiesen.

Beispiele

- Darlehen für Bürogebäude
- Konto ist im Minus

3. Erhaltene Anzahlungen auf Bestellungen

Darunter sind die Anzahlungen zu verstehen, die den Unternehmer zur Erbringung einer Sach- oder Dienstleistung verpflichten (vgl. dazu auch § 225 (6) UGB).

→ Auf die Bilanzierung von Anzahlungen wird in Kapitel 9, Sonderprobleme des Jahresabschlusses, näher eingegangen.

Beispiel

Anzahlung von Familie Gruber für die neue Küche

Auf die Bewertung von Fremdwährungs-verbindlichkeiten wird später noch näher eingegangen.

Querverweis

Wiederholen Sie aus BW Band I die Begriffe eigener und gezogener Wechsel sowie die Weitergabe von Wechseln und damit das Entstehen einer Eventualverbindlichkeit durch die Rückgriffsmöglichkeit.

4. Verbindlichkeiten aus Lieferungen und Leistungen

Darunter fallen alle Verbindlichkeiten gegenüber Lieferanten, die bereits ihre Leistung erbracht haben. Zu unterscheiden ist zwischen Verbindlichkeiten aus Lieferungen und Leistungen in Euro und in Fremdwährungen.

5. Verbindlichkeiten aus der Annahme gezogener Wechsel und der Ausstellung eigener Wechsel

In beiden Fällen ist der Unternehmer Hauptschuldner. Da diese Schulden der „Strenge des Wechselgesetzes" unterliegen, sind sie unter einer eigenen Position auszuweisen.

Hinweis:

Hat hingegen der Unternehmer einen Besitzwechsel an Zahlungsstatt weitergegeben, haftet der weitergebende Unternehmer für die Einlösung mit. Eine solche Haftung ist jedoch nicht unter dieser Position anzugeben, sondern ist als Eventualverbindlichkeit unterhalb der Bilanzsumme auszuweisen.

6. Verbindlichkeiten gegenüber verbundenen Unternehmen

7. Verbindlichkeiten gegenüber Unternehmen, mit denen ein Beteiligungsverhältnis besteht

Unter dieser Position sind sämtliche Verbindlichkeiten auszuweisen, die gegenüber solchen Unternehmen bestehen. (vgl. § 225 (2) UGB)

8. sonstige Verbindlichkeiten

Darunter fallen alle Verbindlichkeiten, die keinem anderen Posten zugeordnet werden können.

Extra ausgewiesen werden müssen in dieser Gruppe
- Verbindlichkeiten aus Steuern (z. B. Umsatzsteuer, Lohnsteuer, Kammerumlage) und
- Verbindlichkeiten im Rahmen der sozialen Sicherheit (z. B. noch nicht abgeführte Sozialabgaben)

In diese Gruppe fallen auch Verbindlichkeiten aus Aufwendungen, deren Zahlung erst im Folgejahr erfolgt, eigene Rückstände oder passive Antizipationen (z. B. die Miete für einen Lagerraum wird erst am 1.2. für drei Monate im Nachhinein bezahlt). Beachten Sie jedoch, dass Zinsenrückstände gegenüber Kreditinstituten unter 2. eingeordnet werden müssen.

Beispiele

- Umsatzsteuer-Zahllast
- Verbindlichkeiten Gebietskrankenkasse

2 Bewertung der Verbindlichkeiten
Eine Übersicht

Die folgende Übersicht umfasst alle wichtigen Informationen zur Bewertung dieser Vermögensgruppe gegliedert nach Unternehmensrecht und Steuerrecht.

Bewertung von Verbindlichkeiten nach Unternehmens- und Steuerrecht

	Unternehmensrecht	Steuerrecht
gesetzliche Vorschriften	UGB §§ 198 und 211 (1)	EStG § 6/Z 3
Ausgangswert	Anschaffungswert	Anschaffungswert
Vergleichswert	Rückzahlungsbetrag Kurswert Barwert der zukünftigen Auszahlungen bei Rentenverpflichtungen	Teilwert

3 Bewertung Vermögen und Schulden

Aufwertung	**Pflicht zur Aufwertung** auf den am Bilanzstichtag höheren Kurswert oder höheren beizulegenden Wert – **strenges Höchstwertprinzip**	Aufwertungswahlrecht, jedoch Maßgeblichkeitsprinzip ←
Abwertung nach früherer Aufwertung	**kann** erfolgen	Abwertungswahlrecht, jedoch Maßgeblichkeitsprinzip ←
Abwertungs-untergrenze	ursprünglicher Anschaffungswert	ursprünglicher Anschaffungswert

3 Spezielle Probleme im Zusammenhang mit Verbindlichkeiten

Bewertung von Verbindlichkeiten in Fremdwährungen

Ist der **Devisenverkaufskurs am Bilanzstichtag niedriger** als beim Entstehen der Verbindlichkeit, bedeutet dies, dass der Rückzahlungsbetrag höher sein könnte – die **Verbindlichkeit ist aufzuwerten.**

Übung

> ### Ü 3.44: Bewertung von Verbindlichkeiten aus Lieferungen und Leistungen sonstiges Ausland
>
> Am 31.12. sind folgende Verbindlichkeiten aus Lieferungen und Leistungen noch offen:
>
> HUF 670.000,00 an László Mecs (33706), eingebucht mit € 2.447,00
> JPY 1,560.000,00 an Ting Li (33705), eingebucht mit € 13.686,00
> CAD 6.700,00 an Charles Croique (33701), eingebucht mit € 4.898,00
>
> | Kurse am Bilanzstichtag: | Valuten | Devisen |
> |---|---|---|
> | CAD | 1,3108 / 1,3409 | 1,3415 / 1,3710 |
> | HUF | 268,1256 / 269,9995 | 269,5365 / 271,8659 |
> | JPY | 120,2000 / 122,3000 | 121,5698 / 122,9856 |
>
> **Ihre Aufgabe:**
> - Ermitteln Sie die Werte, mit denen die Verbindlichkeiten in die Bilanz aufzunehmen sind.
> - Geben Sie die entsprechenden Korrekturbuchungen an.
> - Geben Sie den Buchungssatz für die Abschlussbuchung des Sammelkontos „Verbindlichkeiten aus Lieferungen und Leistungen sonstiges Ausland" an.

Höherer Rückzahlungsbetrag – Disagio

Ist der Rückzahlungsbetrag einer Verbindlichkeit zum Zeitpunkt ihrer Begründung höher als der Ausgabebetrag, wird dieser Unterschiedbetrag als Disagio bezeichnet.

Unternehmensrechtlich muss dieser Unterschiedsbetrag in den Rechnungsabgrenzungsposten auf der Aktivseite aufgenommen werden (§ 198 (7) – vgl. auch Kapitel 2 und Kapitel 3, Lerneinheit 4). Dieser Rechnungsabgrenzungsposten ist über die Laufzeit der Verbindlichkeit aufzulösen (Aktivierungsposten).

Buchungen bei Aktivierung:

(2) Bank / (3) Darlehen
(2) Disagio /

Jährliche Buchung der Abschreibung:

(8) Abschreibung Disagio / (2) Disagio

Geldbeschaffungskosten

Zu den Geldbeschaffungskosten im Zusammenhang mit Verbindlichkeiten zählen (vgl. EStR 2000, RZ 2461):

- Abschluss- und Bearbeitungsgebühren
- Vermittlungsprovision, Zuteilungsprovision
- Kosten im Zusammenhang mit einem Belehnungsobjekt (z. B. Grundstück).

Unternehmensrechtlich sind solche Kosten **sofort als Aufwand** zu verbuchen.

Steuerrechtlich müssen sie aktiviert werden, wenn Sie den Betrag von € 900,00 übersteigen.

Die aktivierten Geldbeschaffungskosten sind steuerlich über die Laufzeit der Verbindlichkeit aufzuteilen, im Jahr des Entstehens und damit auch im letzten Jahr monatsgenau.

Erläuterungsbeispiel

Bei der Aufnahme eines Darlehens am 1. 10. 2013 fielen Geldbeschaffungskosten in Höhe von € 6.000,– an. Laufzeit des Darlehens 5 Jahre.

Jahr	unternehmensrechtliche Auswirkung	steuerrechtliche Auswirkung
2013	– 6.000,00	+ 5.700,00 [1]
2014		– 1.200,00
2015	kein weiterer Aufwand	– 1.200,00
2016		– 1.200,00
2017		– 1.200,00
2018		– 900,00

1) 6.000,– / 5 = 1.200,– pro Jahr
→ im heurigen Jahr sind 3 Monate als Aufwand steuerlich anerkannt, daher nur € 300,–;
6.000,– – 300,– = 5.700,–

Da Geldbeschaffungskosten nur steuerrechtlich einen Einfluss auf die Bilanz haben, finden Sie Übungen erst im Zusammenhang mit der steuerlichen MWR – vgl. Kapitel 7.

Üben

Ü 3.45: Verbindlichkeiten – Rückstellungen `D`

Beschreiben Sie, wodurch sich Verbindlichkeiten von Rückstellungen unterscheiden.

Ü 3.46: Disagio `C`

Erläutern Sie den Begriff Disagio und die diesbezüglichen Bestimmungen im Unternehmensrecht.

Ü 3.47: Geldbeschaffungskosten `C`

Geben Sie zwei Beispiele für Geldbeschaffungskosten im Zusammenhang mit der Aufnahme eines Darlehens. Wie ist damit unternehmensrechtlich bzw. steuerrechtlich umzugehen?

Ü 3.48: Darlehen mit Disagio `C`

Wir erhalten am 30.6. ein Darlehen in Höhe von € 1.000.000,00. Der Auszahlungsbetrag beträgt nach Abzug des Disagios 850.000,00. Die Laufzeit des Darlehens beträgt 120 Monate.

a) Verbuchen Sie die Aufnahme des Darlehens am 30.06.

b) Stellen Sie alle notwendigen Buchungen im Zusammenhang mit diesem Darlehen am 31.12. (Bilanzstichtag) dar.

Ü 3.49: Fremdwährungsverbindlichkeiten `C`

Am 31.12. sind folgende Verbindlichkeiten aus Lieferungen und Leistungen noch offen:

USD 25.000,00 an Tim Cook (33708), eingebucht mit € 22.371,36

CHF 31.000,00 an Kurt Zwingli (33709), eingebucht mit € 28.610,98

Devisenkurse am Bilanzstichtag:

USD   1,0895 / 1,0998

CHF   1,1055 / 1,1465

a) Ermitteln Sie die Werte, mit denen die Verbindlichkeiten in der Bilanz aufzunehmen sind.

b) Geben Sie die notwendigen Korrekturbuchungen an.

Sichern

Bewertung von
Verbindlichkeiten
nach Unternehmens-
und Steuerrecht

	Unternehmensrecht	Steuerrecht
gesetzliche Vorschriften	UGB §§ 198 und 211 (1)	EStG § 6/Z 3
Ausgangswert	Anschaffungswert	Anschaffungswert
Vergleichswert	Rückzahlungsbetrag Kurswert Barwert der zukünftigen Auszahlungen bei Rentenverpflichtungen	Teilwert
Aufwertung	**Pflicht zur Aufwertung** auf den am Bilanzstichtag höheren Kurswert oder höheren beizulegenden Wert – **strenges Höchstwertprinzip**	Aufwertungswahlrecht, jedoch Maßgeblichkeitsprinzip ←
Abwertung nach früherer Aufwertung	**kann** erfolgen	Abwertungswahlrecht, jedoch Maßgeblichkeitsprinzip ←
Abwertungsuntergrenze	ursprünglicher Anschaffungswert	ursprünglicher Anschaffungswert

Wissen

W 3.14: **Bewertungsprinzip** B

Erläutern Sie, welches Bewertungsprinzip im Unternehmensrecht für Verbindlichkeiten gilt.

W 3.15: **Verbindlichkeiten gegenüber dem Finanzamt** C

Entscheiden Sie, in welche Kategorie der Verbindlichkeiten die Verbindlichkeiten gegenüber dem Finanzamt gehören.

Ein kurzer
Kompetenz-Check,
bevor's weitergeht!

Kompetenz-Check

	☺	😐	☹
Ich kann erklären, mit welchem Wert und wo die Verbindlichkeiten in der Bilanz ausgewiesen werden.			

Lerneinheit 4
Rechnungsabgrenzungsposten

Als letzte Position der Bilanz werden sowohl auf der Aktiv- als auch auf der Passivseite Rechnungsabrenzungsposten ausgewiesen (vgl. § 224 UGB).

Sie wissen bereits:

● Rechnungsabgrenzungen werden für Aufwände und Erträge gebildet, die entweder zu hoch oder zu gering ausgewiesen wären, und dienen damit der periodenreinen Erfolgsermittlung.

● Es gibt zwei große Gruppen: Rückstände (Antizipationen) und Vorauszahlungen (Transitorien).

● Zur Gruppe der Rückstände gehören Erträge, die noch einzufordern sind (z.B. Wertpapierzinsen), oder Aufwände, die noch zu zahlen sind (z.B. im Nachhinein fällige Kreditzinsen). Fremde Rückstände sind tatsächliche Forderungen, eigene Rückstände tatsächliche Verbindlichkeiten. Daher sind diese „Abgrenzungsposten" als sonstige Forderungen (vgl. Lerneinheit 2, Seite 49) bzw. sonstige Verbindlichkeiten (vgl. Lerneinheit 3, Seite 67) auszuweisen.

● Nur Abgrenzungen für vorausbezahlte Aufwände oder im Voraus erhaltene Erträge (Transitorien) zählen zu den eigentlichen Rechnungsabgrenzungen.

Lernen

1 Aktive Rechnungsabgrenzungsposten
Eigene Vorauszahlungen

Darunter fallen

● die Ihnen bereits bekannte „Aktive Rechnungsabgrenzung" – ARA im Zusammenhang mit im Voraus bezahlten Aufwänden, die ganz oder teilweise in das Folgejahr gehören (eigene Vorauszahlungen).

> **§ 198 (5) UGB:**
>
> „Als Rechnungsabgrenzungsposten sind auf der Aktivseite Ausgaben vor dem Abschlussstichtag auszuweisen, soweit sie Aufwand für eine bestimmte Zeit nach diesem Tag sind."

● das **Disagio**, wenn die Differenz zwischen den Ausgabebetrag und dem höheren Rückzahlungsbetrag einer Verbindlichkeit nicht sofort als Aufwand verbucht wurde (vgl. Lerneinheit 3, Seite 68)

> § 198 (7) UGB:
>
> „Ist der Rückzahlungsbetrag einer Verbindlichkeit zum Zeitpunkt ihrer Begründung höher als der Ausgabebetrag, so ist der Unterschiedsbetrag in den Rechnungsabgrenzungsposten auf der Aktivseite aufzunehmen und gesondert auszuweisen. Der eingesetzte Betrag ist durch planmäßige jährliche Abschreibung zu tilgen."

● Geldbeschaffungskosten wären hier steuerrechtlich anzusetzen. Sie wissen jedoch, dass unternehmensrechtlich Geldbeschaffungskosten sofort als Aufwand verbucht werden (vgl. Lerneinheit 3, Seite 68). Das heißt, diese Position betrifft ausschließlich das Steuerrecht und ist daher nur außerbücherlich zu erfassen.

- Rechnungsabgrenzungen für **im Voraus konsumierte Urlaube**

  Haben Arbeitnehmer mehr Urlaub konsumiert, als ihnen bis zum Bilanzstichtag zusteht, so ist dafür eine aktive Rechnungsabgrenzung auszuweisen.

  Umgekehrt, haben Arbeitnehmer nicht den gesamten ihnen zustehenden Urlaub konsumiert, ist dafür eine Rückstellung (vgl. nächstes Kapitel) zu bilden.

- Weiters gehören unter den aktiven Rechnungsabgrenzungsposten Fehlbeträge zur Pensionsrückstellung, Leasingaktivposten im Zusammenhang mit dem Pkw-Leasing (nur bei Buchführung gemäß Steuerrecht (§ 4 (1) EStG)

- Aktive latente Steuern bei großen und mittelgroßen GmbHs. Dabei handelt es sich um aufgrund von steuerlichen Vorschriften (Mehr-Weniger-Rechnung) zu viel bezahlte Steuern, welche in späteren Jahren wieder gutzuschreiben sind (zB unterschiedliche Nutzungsdauer und damit unterschiedliche Abschreibungen von PKW und Kombis). Auf dieses Sonderproblem werden wir nicht weiter eingehen.

Beispiele

- O Geleistete Mietvorauszahlungen
- O Geleistete Leasingvorauszahlungen
- O Geleistete Zinsvorauszahlungen

Übung

Ü 3.50: Aktive Rechnungsabgrenzungen

Am 31. 12. 2016 sind folgende Tatbestände zu berücksichtigen:

- Die Miete für einen zusätzlichen Lagerraum wurde am 1. 12. für ein halbes Jahr im Voraus überwiesen. Der Überweisungsbetrag lautete auf € 14.400,– inkl. 20 % USt.
- Am 1.6.2015 wurde ein endfälliges Darlehen in Höhe von € 120.000,–, Laufzeit 5 Jahre aufgenommen. An Geldbeschaffungskosten fielen in diesem Zusammenhang € 3.600,– an.
- Die Zinsen (5,5 % p. a.) werden halbjährlich am 1. 6. und 1. 12. im Nachhinein eingezogen.
- Für ein im Jahr 2011 aufgenommenes Darlehen wurde ein Disagio von ursprünglich € 20.000,– aktiviert. Laufzeit des Darlehens 10 Jahre.

Ihre Aufgaben:

- Ermitteln Sie die Beträge, mit denen die aktiven Rechnungsabgrenzungsposten in der Bilanz 2014 auszuweisen sind.
- Ermitteln Sie den Gesamtbetrag, um den sich der unternehmensrechtliche und der steuerrechtliche Gewinn ändert. Geben Sie auch an, ob sich diese Änderung gewinnerhöhend oder gewinnmindernd auswirkt.
- Wenn es Tatbestände gibt, die nicht zu den aktiven Rechnungsabgrenzungen gehören, nennen Sie diesen Tatbestand und geben Sie an, unter welcherBilanzposition er auszuweisen ist.

2 Passive Rechnungsabgrenzungsposten
Fremde Vorauszahlungen

Dazu zählen

- die Ihnen bereits bekannte „**Passive Rechnungsabgrenzung**" – **PRA** im Zusammenhang mit im Voraus erhaltenen Erträgen, die ganz oder teilweise in das Folgejahr gehören (fremde Vorauszahlungen).

> **§ 198 (6) UGB:**
> „Als Rechnungsabgrenzungsposten sind auf der Passivseite Einnahmen vor dem Abschlussstichtag auszuweisen, soweit sie Ertrag für eine bestimmte Zeit nach diesem Tag sind."

- Zuschüsse (z. B. Baukostenzuschuss) als Sonderposten. Darauf wird nicht näher eingegangen.

Hinweis:

Im Gegensatz zu einem zu hohen Steueraufwand, der unter die aktiven Rechnungsabgrenzungsposten einzuordnen ist, ist ein zu geringer Aufwand als Rückstellung auszuweisen – vgl. das nächste Kapitel.

Beispiele

- Erhaltene Mietvorauszahlungen
- Erhaltene Leasingvorauszahlungen
- Erhaltene Zinsvorauszahlungen

Übung

Ü 3.51: Transitorien und Antizipationen (Wiederholung)

Ihre Aufgaben:

- Ermitteln Sie für die folgenden Tatbestände die erforderlichen Abgrenzungen und geben Sie den jeweils erforderlichen Buchungssatz zum 31.12. zum richtigen Ausweis der Aufwände und Erträge an.
- Geben Sie ferner an, unter welcher Position auf der Aktivseite oder Passivseite der Bilanz das jeweilige Bestandskonto auszuweisen ist.

Tatbestände:

- Wir haben am 1.10. die Betriebsbündelversicherung für ein Jahr im Voraus überwiesen: € 1.200,–.
- Für die Wertpapiere des Umlaufvermögens, Nominale 20.000,–, Jahreszinssatz 5 %, KESt-Abzug, erhalten wir die Zinsen jeweils am 1.4. für ein ganzes Jahr im Nachhinein.
- Wir haben am 1.12. von unserem Mieter die Miete für die Schaukästen für ein halbes Jahr im Voraus erhalten. Unserem Konto wurden € 720,– inkl. 20 % USt gutgeschrieben.
- Für das Bankdarlehen zahlen wir die Zinsen jeweils am 1.3., 1.6., 1.9. und 1.12. für drei Monate im Nachhinein. Pro Quartal werden € 600,– vom Bankkonto abgebucht.
- Wir haben einem Kunden am 1.3. ein Darlehen in Höhe von € 20.000,– für ein Jahr gewährt. Am 1.3. des Folgejahres wird er uns das Darlehen samt Zinsen zurückzahlen. Insgesamt erhalten wir dann € 21.200,–.

 **Üben**

Ü 3.52: Aktive Rechnungsabgrenzung A

Geben Sie ein Beispiel, wann das Konto aktive Rechnungsabgrenzung bebucht wird.

Ü 3.53: Passive Rechnungsabgrenzung A

Geben Sie ein Beispiel, wann das Konto passive Rechnungsabgrenzung bebucht wird.

Ü 3.54: Rechnungsabgrenzungen C

Ermitteln Sie für die folgenden Tatbestände die erforderlichen Abgrenzungen und geben Sie den jeweils erforderlichen Buchungssatz zum 31. 12. zum richtigen Ausweis der Aufwände und Erträge an. Geben Sie ferner an, unter welcher Position auf der Aktivseite oder Passivseite der Bilanz das jeweilige Bestandskonto auszuweisen ist.

Tatbestände:

- Wir haben am 1.8. eine Leasingvorauszahlung für eine neue Maschine in Höhe von € 4.320,00 inkl. 20 % USt geleistet. Die Vertragsdauer beträgt 36 Monate.
- Wir erhalten am 1.11. eine Mietvorauszahlung für drei Monate in Höhe von € 7.200,00 inkl. 20 % USt.

3 Bewertung Vermögen und Schulden

 Lernen Üben Sichern  Wissen

Sichern

**Aktive Rechnungs-
abgrenzungen
(eigene Voraus-
zahlungen)**

Zahlung erfolgt im Abschlussjahr im Vorhinein, jener Teil des Aufwandes der das Folgejahr betrifft muss über das Konto ARA ausgebucht werden.

**Passive Rechnungs-
abgrenzungen
(fremde Voraus-
zahlungen)**

Zahlung erfolgt im Abschlussjahr im Vorhinein, jener Teil des Ertrages, der das Folgejahr betrifft, muss über das Konto PRA ausgebucht werden.

Wissen

W 3.16: Rechnungsabgrenzungsposten D

Wofür bildet man Rechnungsabgrenzungsposten?

**Ein kurzer
Kompetenz-Check,
bevor's weitergeht!**

Kompetenz-Check

	☺	😐	☹
Ich kann erklären, wie eigene Vorauszahlungen im Jahresabschluss zu behandeln sind.			
Ich kann erklären, wie fremde Vorauszahlungen im Jahresabschluss zu behandeln sind.			

Accounting

4 RÜCKSTELLUNGEN

Worum geht's in diesem Kapitel?

Obwohl Rückstellung ebenso wie Verbindlichkeiten oder die passiven Rechnungsabgrenzungsposten zum Fremdkapital zählen, widmen wir dieser Bilanzposition aus folgenden Gründen ein eigenes Kapitel:

- Rückstellungen werden für ungewisse Verbindlichkeiten gebildet, d.h., die Höhe und/oder der Rechtsgrund stehen (noch) nicht fest.
- Rückstellungen sind für zukünftige Belastungen zu bilden, die wirtschaftlich in der laufenden Periode verursacht wurden. Sie sollen daher den Gewinn der laufenden Periode vermindern, sind aber noch nicht so konkret, um eine Verbindlichkeit auszuweisen.
- Unternehmens- und steuerrechtlich gibt es einige Unterschiede hinsichtlich Bildung und Höhe.

Wenn Sie dieses Kapitel bearbeitet haben,

- kennen Sie die möglichen Rückstellungen und wissen, wo diese in der Bilanz auszuweisen sind,
- können Sie ausgewählte Rückstellungen berechnen, bilden und wissen, unter welcher Bilanzposition diese auszuweisen sind.

In diesem Kapitel erwerben Sie Kompetenzen zu folgender Bildungs- und Lehraufgabe:

„Die Schülerinnen und Schüler können einen Jahresabschluss in Hinblick auf ein möglichst getreues Bild der Vermögens-, Finanz- und Ertragslage des Unternehmens erstellen (Anschaffungs- und Herstellungskosten, Gebäude im Betriebsvermögen, Pkw im Betriebsvermögen, Rückstellung für nicht konsumierte Urlaube, Rückstellung für Produkthaftung, sonstige langfristige Rückstellungen, KSt-Rückstellung)."

In diesem Kapitel finden Sie Übungsaufgaben, praxisbezogene Fallbeispiele und Aufgaben zur Lernkontrolle zur Überprüfung Ihrer Kompetenzen auf den Handlungsebenen A Wiedergeben, B Verstehen, C Anwenden und D Analysieren und Interpretieren.

Lernen

1 Überblick über mögliche Rückstellungen im Unternehmens- und im Steuerrecht
Welche Rückstellungen gibt es?

Im UGB findet man Bestimmungen zu den Rückstellungen in den folgenden Paragrafen:

§ 198 (8) und (9) – hier geht es um Art und Umfang der auszuweisenden Rückstellungen.

§ 211 (1) und (2) – hier geht es um die Höhe.

§ 224 ergänzt um § 237 – hier geht es um den Ausweis selbst.

Steuerliche Bestimmungen sind in den §§ 9 und 14 des EStG zu finden.

In der Praxis können Rückstellungen einen wesentlichen Teil der Bilanzsumme ausmachen, dies ist vor allem vom Unternehmensgegenstand abhängig. Hier einige Beispiele:

● Bei Versicherungsunternehmen machen Rückstellungen bis zu 70 % der Bilanzsumme aus – hier geht es vor allem um Deckungsrückstellungen.

 Schließen Sie heute eine Lebensversicherung ab, Laufzeit 20 Jahre, beginnt die Versicherung mit dem Aufbau einer Deckungsrückstellung, um Ihnen am Ende der Laufzeit die Versicherung auch sicher auszahlen zu können.

● Unternehmen, die entsprechende Umweltschutzauflagen haben, weisen sehr hohe Rückstellungen aus.

● Unternehmen, die zur Rücknahme bestimmter Waren und deren Entsorgung verpflichtet sind

Rückstellungsart	Unternehmensrecht (UGB)	Steuerrecht (EStG)
Rückstellung für Anwartschaften auf Abfertigungen → Kapitel 4.2	§ 198 (8), § 211 (2)	§ 9 und § 14
	Unterschied hinsichtlich der Höhe und Berechnungsart	
Rückstellung für laufende Pensionen und Anwartschaften auf Pensionen → Kapitel 4.3	§ 198 (8), § 211 (2)	§ 9 und § 14 (7)
	Unterschiede vor allem hinsichtlich des Rechnungszinssatzes	
Rückstellung für Steuern	§ 198 (8)	§ 9
	betrifft nur Kapitalgesellschaften und wird beim Jahresabschluss von Kapitalgesellschaften behandelt → vgl. Kapitel 8.3	
Sonstige Rückstellungen → Details Kapitel 4.4 ↓ die wichtigsten davon sind		
● Rückstellung für Jubiläumsgelder	Möglichkeit zur Bildung sowohl für Firmen- als auch Dienstjubiläen	Bildung nur für Dienstjubiläen möglich → § 9 (4) und § 14 (12)
	Unterschiede im Grund, Unterschiede in der Höhe → vgl. Kap. 4.4.1	
● Rückstellung für nicht konsumierte Urlaube	gleiche Bestimmungen → vgl. Kap. 4.4.2	
● Rückstellungen für Garantien und Gewährleistung bzw. für Produkthaftung	keine besonderen Bestimmungen im UGB vgl. Kap. 4.4.3	Verbot von Pauschalrückstellungen § 9 (3) vgl. Kap. 4.4.3
● Rückstellungen für Rechts- und Beratungskosten	gleiche Bestimmungen → vgl. Kap. 4.4.4	

Rückstellungen im Unternehmens- und Steuerrecht

Rückstellungsart	Unternehmensrecht (UGB)	Steuerrecht (EStG)
● Rückstellungen für Verluste aus schwebenden Ein- und Verkaufsgeschäften	gleiche Bestimmungen → vgl. Kap. 4.4.5	
● Rückstellungen für Aufwände aus unterlassener Instandhaltung	keine besondere Regelung im UGB	lt. EStG verboten – vgl. § 9 keine ungewisse Verbindlichkeit

Aus diesen Aussagen lassen sich folgende Rückstellungsgruppen ableiten:

Übersicht über die verschiedenen Arten von Rückstellungen

Leistungsverpflichtung gegenüber Dritten?		
JA		**NEIN**
Rückstellungen für ungewisse Verbindlichkeiten	**Rückstellungen für drohende Verluste aus schwebenden Geschäften**	**Aufwandrückstellungen**

● Abfertigungs-rückstellungen
● Pensionsrückstellungen
● Rückstellungen für Steuern
● sonstige Rückstellungen
  – gegenüber Arbeitnehmern
  – für ungewisse Verbindlichkeiten
	● aus Einkaufs- und Verkaufsgeschäften zu Fixpreisen
	● aus Miet- und Leasing-vereinbarungen zu Fixpreisen
	● aus Termin- oder Optionsgeschäften
		● für unterlassene Reparaturen; steuerlich nicht anerkannt

Beachten Sie:

● Unter „sonstigen Rückstellungen" können noch weitere Rückstellungen aus Leistungsverpflichtungen gegenüber Dritten und konkreten Einzelfällen eingeordnet werden, wie z. B. für Zeitausgleich oder für Entsorgungsverpflichtungen. Auf diese wird jedoch in weiteren Teilkapiteln nicht näher eingegangen.

> **§ 198 (8) Z 3 UGB:**
> „Eine Verpflichtung zur Rückstellungsbildung besteht nicht, soweit es sich um nicht wesentliche Beträge handelt."

● Unternehmensrechtlich sind alle Rückstellungen (ausgenommen Rückstellung für Abfertigungen, Jubiläumsgeldrückstellungen und Rückstellungen für Pensionen) mit einer Restlaufzeit von mehr als einem Jahr mit einem marktüblichen Zinssatz abzuzinsen.

● Rückstellungen, die weder Abfertigungen, Pensionen noch Jubiläumsgelder betreffen, mit einer Laufzeit von über einem Jahr müssen **steuerlich** mit einem fixen Zinssatz von 3,5 % über die voraussichtliche Laufzeit abgezinst werden (gilt für Wirtschaftsjahre, die nach dem 30. 6. 2014 enden).

Für Jahresabschlüsse zum 31. 12. 2013 bzw. für Unternehmen mit abweichendem Wirtschaftsjahr, deren Bilanzstichtag vor dem 1. 7. 2014 liegt, sind diese Rückstellung für die steuerliche Gewinnermittlung pauschal um 20 % zu kürzen (Rechtslage bis 30. 6. 2014). Für derartige Rückstellungen, die bereits in vorangegangenen Wirtschaftsjahren gebildet wurden, ist der 80 %ige Ansatz grundsätzlich beizubehalten, außer bei einer Abzinsung mit 3,5 % ergibt sich ein niedrigerer Wert. In diesem Fall ist der Differenzbetrag steuerlich aufzulösen (Verteilung auf drei Jahre).

2 Rückstellung für Anwartschaften auf Abfertigungen

Abfertigungsrückstellungen

Rückstellungen für Abfertigungen können nur für Dienstnehmer gebildet werden, deren Dienstverhältnis in dem betreffenden Unternehmen vor dem 1.1.2003 begründet wurde (Abfertigung „alt"). In diesem Abfertigungsmodell sind Unternehmer zur Zahlung einer Abfertigung unter bestimmten Voraussetzungen (z.B. Kündigung durch den Dienstgeber) verpflichtet und müssen daher in der Bilanz eine Abfertigungsrückstellung ausweisen (§ 198 (8) UGB). Es bestand die Möglichkeit, von der Abfertigung „alt" in die Abfertigung „neu" zu wechseln, in diesen Fällen ist eine Rückstellung nicht erforderlich.

Für Dienstverhältnisse, die ab dem 1.1.2003 begonnen haben, zahlen die Dienstgeber 1,53 % des monatlichen Entgelts als Beitrag in eine Mitarbeitervorsorgekasse. Der Anspruch des Dienstnehmers auf Abfertigung richtet sich nicht mehr an den Unternehmer, sondern an die Mitarbeitervorsorgekasse.

Wiederholen Sie aus Personalverrechnung die Abfertigung neu, d.h. die unterschiedlichen Ansprüche bei Beendigung eines Dienstverhältnisses.

Für die Bildung der Abfertigung „alt" gelten folgende Bestimmungen

- § 211 (1) UGB
  Rückstellungen für Anwartschaften auf Abfertigungen sind „mit dem sich nach versicherungsmathematischen Grundsätzen ergebenden Betrag" anzusetzen.
- Nach § 14 EStG kann die Abfertigungsrückstellung im Ausmaß von bis zu 45 % der am Bilanzstichtag bestehenden fiktiven Abfertigungsansprüche gebildet werden (bis zu 60 % für Arbeitnehmer, die am Bilanzstichtag das 50. Lebensjahr vollendet haben).

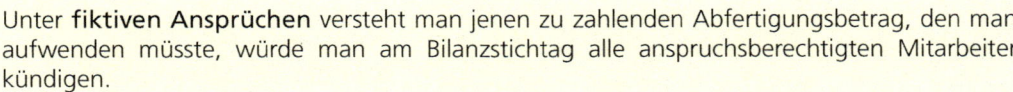

Unter **fiktiven Ansprüchen** versteht man jenen zu zahlenden Abfertigungsbetrag, den man aufwenden müsste, würde man am Bilanzstichtag alle anspruchsberechtigten Mitarbeiter kündigen.

Unterschiedsbeträge zwischen unternehmensrechtlich ermittelter Rückstellung und steuerrechtlicher führen zu einer MWR.
- Der Unternehmer hatte bei der erstmaligen Bildung der Abfertigungsrückstellung den Prozentsatz festzulegen, d.h., es konnten auch weniger als 45 % gewählt werden. Eine Änderung des gewählten Ausmaßes war unzulässig. Das gewählte Ausmaß war gleichmäßig auf fünf aufeinander folgende Jahre verteilt aufzubauen. Nach Ablauf dieser fünf Jahre ist die Rückstellung nur mehr anzupassen.

  Die Bestimmung über die Festsetzung eines Prozentsatzes bei Bildungsbeginn ist irrelevant, weil alle Abfertigungsrückstellungen zumindest im Aufbau gleich sein müssen, da alle Dienstnehmer bereits Abfertigungsansprüche erworben haben. Der Abfertigungsanspruch begann erstmals nach einem dreijährigen ununterbrochenen Dienstverhältnis – in der Abfertigung alt können nur Dienstnehmer sein, die dieses Dienstverhältnis vor dem 1.1.2003 begonnen und damit bereits Abfertigungsansprüche nach „alt" erworben haben.
- Eine Wertpapierdeckung ist nicht mehr erforderlich.

Sonderbestimmungen

- In den Jahren 2002 und 2003 konnte der Gesamtbestand an Abfertigungsrückstellungen steuerfrei aufgelöst werden. Eine weitere Bildung wurde damit steuerrechtlich ausgeschlossen. Treten Abfertigungsansprüche auf, sind diese verteilt auf fünf Jahre als Aufwand abzusetzen. Die Bildung der Abfertigungsrückstellung lt. Unternehmensrecht bleibt davon unberührt – in solchen Fällen kommt es auf jeden Fall zu einer MWR.
- Mit dem Inkrafttreten der Abfertigung neu konnten
  - Altansprüche in die Mitarbeitervorsorgekasse übertragen werden, d.h., die Arbeitnehmer haben nur mehr einen Abfertigungsanspruch gegenüber der Mitarbeitervorsorgekasse;
  - Altansprüche eingefroren werden. Ab dem Zeitpunkt des „Einfrierens" zahlt der Dienstgeber in die Mitarbeitervorsorgekasse ein, die bis zu diesem Zeitpunkt erreichte Abfertigungsanwartschaft wird mit der Anzahl der bisher erworbenen Monate festgehalten (so hat ein Dienstnehmer, der zum Zeitpunkt des Einfrierens 11 Jahre ununterbrochen bei diesem Unternehmer gearbeitet hat, einen Anspruch auf 4 Monate) und eingefroren. Eingefroren wird die Zahl der Monatsentgelte, nicht jedoch deren Höhe. Die Höhe richtet sich nach dem Entgelt im letzten Monat des Dienstverhältnisses. Wird ein solcher Dienstnehmer später gekündigt, hat er sowohl Abfertigungsansprüche gegenüber dem Dienstgeber als auch gegenüber der Mitarbeitervorsorgekasse.

Auf die differenzierten Berechnungen selbst soll nicht weiter eingegangen werden. Wir wollen Ihnen nur zeigen, wie vorgegebene Beträge zu behandeln sind.

Erläuterungsbeispiel

Ein Unternehmer hat eine Vielzahl von Dienstnehmern, die in der Abfertigung alt verblieben sind. Die Abfertigungsrückstellung wurde steuerlich nicht aufgelöst. Alle Dienstnehmer sind unter 50 Jahren, mit der Bildung der Abfertigungsrückstellung wurde bereits 1999 begonnen, d.h., steuerlich sind jeweils 45 % der fiktiven Ansprüche zu ermitteln.

Die Summe der fiktiven Ansprüche zum 31.12.2014 beträgt € 158.600,–.

Die Höhe der steuerlichen Abfertigungsrückstellung zum 1.1.2014 beläuft sich auf € 58.820,–.

Unternehmensrechtlich beträgt die Abfertigungsrückstellung zum 1.1.2014 € 60.180,– und zum 31.12.2014 € 74.320,–.

Lösung:

45 % von 158.600,– = € 71.370,– → steuerliche Abfertigungsrückstellung zum 31.12.

€ 58.820,– → am 1.1.2014 vorhandene steuerliche Abfertigungsrückstellung

€ 12.550,– steuerlich als Aufwand anzusetzen.

Unternehmensrechtliche Vergleichsrechnung:

vorhandene Rückstellung	€ 60.180,–
erforderliche Rückstellung	€ 74.320,–
zu bilden	€ 14.140,–

Da der steuerliche Aufwand geringer ist, kommt es zu einer MWR von + 1.590,–.

Grundsätzliche Buchungen

● bei der Erhöhung der Abfertigungsrückstellung (bedingt durch höhere Gehälter oder höhere Ansprüche [mehrere Monate]):

(6) Zuweisung zur Abfertigungsrückstellung / (3) Abfertigungsrückstellung

● bei der Auflösung, wenn Abfertigungen ausbezahlt wurden:

(3) Abfertigungsrückstellung / (6) Aufwand für Abfertigungen

Durch diese Buchung wird der tatsächliche Abfertigungsaufwand vermindert. Abfertigungsrückstellungen wurden ja für künftige Abfertigungszahlungen gebildet.

● bei der Auflösung, ohne dass es zu Abfertigungszahlungen gekommen ist (beispielsweise weil ein Dienstnehmer ohne Anspruch auf Abfertigung ausgeschieden ist):

(3) Abfertigungsrückstellung / (4) Erträge aus der Auflösung der Abfertigungsrückstellung

Erläuterungsbeispiel Fortsetzung

Im obigen Fall wäre es zu folgender Buchung gekommen

(6) Zuweisung zur Abfertigungsrückstellung / (3) Abfertigungsrückstellung € 14.140,–

Es gilt auch hier der Grundsatz der Einzelbewertung, daher müssen die Rückstellungsbeträge je Mitarbeiter ermittelt werden. Nur dadurch kann gewährleistet werden, dass die Auflösung richtig gebucht wird. Scheidet ein Mitarbeiter ohne Abfertigungszahlung aus (Selbstkündigung), ist der auf diesen Mitarbeiter entfallende Rückstellungsbetrag gegen (4) Erträge aus der Auflösung von Abfertigungsrückstellung aufzulösen. Wird die Abfertigung ausbezahlt, also bestimmungsgemäß verwendet, erfolgt die Auflösung gegen (6) Aufwand für Abfertigungen.

Übung

Ü 4.1: Berechnungen und Buchungen im Zusammenhang mit der Abfertigungsrückstellung

Im Laufe des Jahres ist ein Mitarbeiter (Herr Schwarz) durch Selbstkündigung ausgeschieden, eine Mitarbeiterin (Frau Sandheim) ging in Pension und erhielt eine Abfertigung in Höhe von € 24.862,–.

Die für die ausgeschiedenen Mitarbeiter rückgestellten Beträge betrugen:

Schwarz   € 6.000,00

Sandheim   € 12.000,00

Die gesamte Abfertigungsrückstellung per 1.1. betrug € 26.400,00 (inkl. Schwarz und Sandheim).

Höhe der fiktiven Abfertigungsansprüche zum 31.12. € 46.400,00; die Rückstellung ist voll dotiert. Alle verbleibenden (Eintritt vor dem 1.1.2003) Mitarbeiter sind zum 31.12. unter 50 Jahre. Da es kaum Abweichungen zur versicherungsmathematischen Berechnung gibt, wird die steuerliche Abfertigungsrückstellung auch unternehmensrechtlich angesetzt.

Ihre Aufgabe:

Ermitteln Sie die Höhe der Abfertigungsrückstellung per 31.12. und geben Sie die daraus resultierende Buchung an.

---

3 Rückstellung für laufende Pensionen und Anwartschaften auf Pensionen

Pensionsrückstellungen

Es ist zu unterscheiden, ob sich die Pensionsrückstellung auf laufende Pensionszahlungen bezieht oder auf künftige Anwartschaften:

● Pensionsrückstellungen für bereits in Pension befindliche ehemalige Dienstnehmer werden laufend aufgelöst. Ihr vorhandenes Kapital war so zu berechnen, dass der Betrag der Rückstellung die künftigen Pensionszahlungen unter Berücksichtigung der Verzinsung und der durchschnittlichen Lebenserwartung deckt.

● Bei Rückstellungen für künftige Pensionen ist der erforderliche Rückstellungsbetrag durch Zuführung zu bilden. Dabei ist die erforderliche Pensionsrückstellung gleichmäßig von der Pensionszusage an auf die aktive Dienstzeit der Arbeitnehmer zu verteilen.

Bestimmungen für die Bildung von Pensionsrückstellungen

> **§ 211 (1) UGB:**
>
> „Rückstellungen für [...] Pensionen [...] oder vergleichbare langfristige Verpflichtungen sind mit dem sich nach versicherungsmathematischen Grundsätzen ergebenden Betrag anzusetzen."

> **§ 14 (6) EStG:**
>
> „Für die Bildung gilt folgendes:
>
> 1. Die Pensionsrückstellung ist nach den anerkannten Regeln der Versicherungsmathematik zu bilden.
> 2. Die Pensionsrückstellung ist erstmals im Wirtschaftsjahr der Pensionszusage zu bilden, wobei Veränderungen der Pensionszusage wie neue Zusagen zu behandeln sind. Als neue Zusagen gelten auch Änderungen der Pensionsbemessungsgrundlage und Indexanpassungen von Pensionszusagen.
> 3. Der Rückstellung ist im jeweiligen Wirtschaftsjahr soviel zuzuführen, als bei Verteilung des Gesamtaufwandes auf die Zeit zwischen Pensionszusage und dem vorgesehenen Zeitpunkt der Beendigung der aktiven Arbeits- oder Werkleistung auf das einzelne Geschäftsjahr entfällt
> 4. [...]
> 5. Die zugesagte Pension darf 80% des letzten laufenden Aktivbezugs nicht übersteigen [...]
> 6. Der Bildung der Pensionsrückstellung ist ein Rechnungszinsfuß von 6% zugrunde zu legen."

> § 14 (7) EStG präzisiert die Möglichkeit zur Bildung einer Pensionsrückstellung:
>
> „Steuerpflichtige [...] können für schriftliche, rechtsverbindliche und unwiderrufliche Pensionszusagen und für direkte Leistungszusagen im Sinne des Betriebspensionsgesetzes in Rentenform Pensionsrückstellungen bilden."

In den Grundprinzipien zur Bildung einer Pensionsrückstellung sind UGB und EStG gleich. Der Unterschied liegt in den verschieden hohen Rechnungszinsfüßen – und das führt zu einer MWR.

Grundsätzliche Buchungen

● Beim Aufbau der Pensionsrückstellung

(6) Zuweisung zur Pensionsrückstellung / (3) Pensionsrückstellung

● Bei der Auflösung, wenn Pensionen ausbezahlt werden

(3) Pensionsrückstellung / (6) Pensionsaufwand

Wertpapierdeckung für Pensionsrückstellungen (§ 14 (7) EStG):

Werden Pensionsrückstellungen gebildet, müssen am Schluss eines Wirtschaftsjahres und während des gesamten nachfolgenden Wirtschafsjahres Wertpapiere im Nennbetrag von mindestens 50% des steuerlichen Rückstellungswertes am Ende des vorigen Wirtschaftsjahres im Betriebsvermögen vorhanden sein (etwaige Rückversicherungen können gegengerechnet werden). Ist dies nicht der Fall, muss der steuerliche Gewinn um 30% der Wertpapierunterdeckung erhöht werden. Bei den zulässigen Wertpapieren handelt es sich im Wesentlichen um auf Inhaber lautende Schuldverschreibungen, Forderungen aus Schuldscheindarlehen sowie Anteilsscheine an bestimmten Kapitalanlage- bzw. Immobilienfonds.

Erläuterungsbeispiel

Steuerlicher Rückstellungsbetrag per 31.12.2015:   € 55.000,00
Wertpapiere im Betriebsvermögen am 31.12.2016 im
Nominalwert   € 28.000,00
Der Nominalwert liegt über 50% der am Ende des Vorjahres bestandenen Rückstellung (€ 27.500,00) es erfolgt daher keine Gewinnerhöhung.

Wertpapiere am 31.12. im Nominalwert von   € 20.000,00
Die Differenz zur notwendigen Wertpapierdeckung beträgt € 7.500,00 (€ 27.500,00 – € 20.000,00) der Gewinn ist daher um 30% von 7.500,00, also um 2.250,00, zu erhöhen (Mehr-Weniger-Rechung + 2.250,00).

4 Sonstige Rückstellungen

Rückstellungen für Jubiläumsgelder

Unter Jubiläumsgeldern versteht man Ansprüche von Dienstnehmern auf Prämienzahlungen nach einer bestimmten Anzahl von Dienstjahren beim gleichen Dienstgeber (z. B. 25, 40 Jahre). Diese Ansprüche sind üblicherweise in Kollektivverträgen, in Betriebsvereinbarungen oder in Einzelverträgen geregelt.

Der Grund für die Zahlung entsteht daher nicht im Erreichen bestimmter Dienstjahre, sondern bereits bei Diensteintritt. Daher sind lt. UGB § 198 (8) Punkt 4 Rückstellungen „[…] insbesondere zu bilden für c) […] Jubiläumsgelder […]"

Die Ermittlung der Höhe der Rückstellung und damit die Beträge für die jährliche Zuweisung erfolgt nach versicherungsmathematischen Berechnungen unter Berücksichtigung diverser Einflussgrößen wie Bruttogehalt, Lohnnebenkosten, Zinssatz, Fluktuationsabschlag etc.

§ 14 (12) EStG geht für die Bildung von Rückstellungen für Jubiläumsgelder von den gleichen Voraussetzungen aus wie für die Bildung von Pensionsrückstellungen und sieht auch hier einen Rechenzinsfuß von 6% vor. Werden diese steuerlichen Vorschriften bei der Bildung und Berechnung nicht eingehalten, kommt es auch hier zu einer MWR.

Grundsätzliche Buchungen

Beim Aufbau der Rückstellung für Jubiläumsgelder

(6) Zuweisung zur Rückstellung für Jubiläumsgelder / (3) RSt für Jubiläumsgelder

Bei der Auflösung, wenn das Jubiläumsgeld ausbezahlt wird

(3) Rückstellungen für Jubiläumsgelder / (6) Aufwand für Jubiläumsgelder

 Unternehmensrechtlich ist auch die Bildung einer Rückstellung für Firmenjubiläen (z. B. „100 Jahre Manner") möglich. **Steuerrechtlich** ist jedoch eine solche Rückstellung nicht anerkannt.

Rückstellung für nicht konsumierte Urlaube

Die Informationen über die Urlaubsansprüche sind auch für Sie in Hinblick auf Ihre spätere Berufstätigkeit wichtig!

Dienstnehmer haben folgende Urlaubsansprüche:

- bei einer 5-Tage-Woche
  25 Werktage bzw.
  30 Werktage nach 25 Dienstjahren
- bei einer 6-Tage-Woche
  30 Werktage bzw.
  36 Werktage nach 25 Dienstjahren

Eine Verpflichtung zur Bildung einer Rückstellung besteht unternehmensrechtlich (vgl. § 198 (8) 4c UGB), wenn Dienstnehmer ihnen zustehende Urlaubstage bis zum Bilanzstichtag nicht völlig aufgebraucht haben. Auch steuerrechtlich wird die Bildung anerkannt.

Generell haben aber Dienstnehmer bei nicht in Anspruch genommenen Urlaubstagen zu beachten:

● bis wann dieser ausstehende Urlaub „konsumiert" werden muss;

● dass nicht konsumierte Urlaube nach Ablauf von 2 Jahren ab dem Ende des Urlaubsjahres, in dem sie entstanden sind, verjähren;

● ob es möglich ist, diesen Urlaubsanspruch als Entgelt ausbezahlt zu bekommen (z. B. bei Kündigung oder Pensionsantritt – ist z. B. im Beamtendienstrecht nicht möglich).

Berechnung der Rückstellung für nicht konsumierte Urlaube

Basis für die Berechnung der Urlaubsrückstellung ist das durchschnittliche Monatsentgelt (unter Berücksichtigung regelmäßig geleisteter Überstunden) zuzüglich der aliquoten Sonderzahlungen ($\frac{1}{12}$ Urlaubsbeihilfe, $\frac{1}{12}$ Weihnachtsremuneration) und der Lohnnebenkosten (ca. 30 %).

Der so ermittelte Betrag ergibt die durchschnittliche monatliche Belastung des Dienstgebers.

Dieser Betrag wird bei einer 5-Tage-Woche durch 22, bei einer 6-Tage-Woche durch 26 dividiert und ergibt den Tagessatz für einen Tag nicht konsumierten Urlaubes. Multipliziert mit der Anzahl der Urlaubstage, die nicht konsumiert wurden, ergibt dies die Höhe der erforderlichen Rückstellung

Erläuterungsbeispiel

Ein Angestellter hat ein Bruttomonatsgehalt von € 2.400,–, 6-Tage-Woche, Urlaubsanspruch 30 Tage, keinen Urlaubsrest aus dem Vorjahr, verbrauchter Urlaub in diesem Jahr 24 Tage.

Monatsentgelt	€ 2.400,00
+ ⅙ Sonderzahlungen	€ 400,00
	€ 2.800,00
+ 30 % Lohnnebenkosten	€ 840,00
Gesamtaufwand	€ 3.640,00 dividiert durch 26
Aufwand pro Urlaubstag	€ 140,00
6 offene Urlaubstage	€ 840,00 = erforderliche Rückstellung

Diese Berechnung hat für jeden Dienstnehmer getrennt zu erfolgen. Nur die Summe bzw. der Saldo aus allen Ansprüchen ist zu buchen. Ergeben sich offene Urlaubsansprüche, ist eine entsprechende Rückstellung zu bilden, ergibt sich ein Überhang (Vorgriff auf die neuen Urlaubsansprüche), so ist eine aktive Rechnungsabgrenzung zu bilden (vgl. Hinweis in Kap. 3, Lerneinheit 4). Eine Abzinsung wird bei dieser Rückstellung eher nicht vorzunehmen sein, da die Restlaufzeit meist weniger als ein Jahr beträgt (sowohl steuerlich als auch unternehmensrechtlich).

Übung

Ü 4.2: Ermittlung offener Urlaubsansprüche

● Frau Berger, als Bilanzbuchhalterin in Ihrem Unternehmen angestellt, Bruttogehalt pro Monat € 2.900,–, Überstundenpauschale € 400,–. Urlaubsanspruch 30 Werktage (5-Tage-Woche).
Resturlaub aus dem Vorjahr: 10 Tage
in diesem Jahr in Anspruch genommener Urlaub: 20 Tage

● Herr Konrad, als Assistent der Geschäftsleitung angestellt, Bruttogehalt pro Monat € 2.400,–, Urlaubsanspruch 25 Werktage (5-Tage-Woche).
kein Resturlaub aus dem Vorjahr
in diesem Jahr in Anspruch genommener Urlaub: 40 Tage.

Ihre Aufgabe:

Berechnen Sie, ob aus diesen Tatbeständen heraus eine Rückstellung für nicht konsumierte Urlaube zu bilden ist oder ob der Vorgriff einen aktiven Rechnungsabgrenzungsposten erfordert.

Buchungen im Zusammenhang mit einer Rückstellung für nicht konsumierte Urlaube

Bei der Bildung

(6) Zuweisung zur RSt für nicht konsumierte Urlaube / (3) RSt für nicht kons. Urlaube

Bei der Auflösung (Urlaubsansprüche wurden realisiert bzw. erforderliche Rückstellung gegenüber dem Vorjahr wird kleiner)

(3) RSt für nicht konsum. Urlaube / (6) Urlaubsentschädigung
                            / (Nichtleistungsgehälter) Angest.
                            / (6) Urlaubsentschädigung
                            / (Nichtleistungslöhne) Arbeiter

Übung

Ü 4.3: Erforderliche Buchung am Bilanzstichtag – Fortsetzung von Ü 4.2

Gehen Sie von der Annahme aus, dass im Vorjahr eine Rückstellung von € 3.620,– ausgewiesen wurde.

Ihre Aufgabe:

Geben Sie die am 31. 12. aufgrund Ihrer Berechnungen in Ü 4.2 erforderliche Buchung in Form eines Buchungssatzes an.

Rückstellungen für Garantien, Gewährleistung, Produkthaftung

Das **Produkthaftung**sgesetz verpflichtet Unternehmer, die ein Produkt herstellen oder in Umlauf bringen, Schadenersatz zu leisten, wenn durch einen Fehler dieses Produkts eine gesundheitliche Beeinträchtigung oder ein materieller Schaden entsteht.

Beispiel

Eine Tiernahrung muss wegen giftiger Inhaltsstoffe vom Markt genommen werden. Ein Züchter von teuren Hunden hat durch dieses Futter bereits drei seiner Hunde verloren, wie weit weitere Hunde durch dieses Futter gesundheitlich geschädigt wurden, ist zurzeit noch nicht feststellbar.

Unter **Garantieverpflichtung**en werden die an den Käufer (im Normalfall im Kaufvertrag) getätigten Zusagen verstanden, für bestimmte Mängel für einen bestimmten Zeitraum einzustehen.

Beispiel

Ein Autoerzeuger garantiert, dass es bis zu einem km-Stand von 50.000 bei Einhaltung aller vorgesehenen Überprüfungen zu keinem Getriebeschaden kommt. Sollte dies doch der Fall sein, übernimmt er über seine Vertragswerkstätten kostenlos den Austausch des Getriebes.

In allen Fällen handelt es sich um ungewisse Verbindlichkeiten gegenüber Dritten.

Dafür sind Rückstellungen lt. § 198 (8) 4c UGB zu bilden. Ebenso lt. § 9 (1) „Rückstellungen können gebildet werden für […] 3. sonstige ungewisse Verbindlichkeiten […]". Im Einkommensteuergesetz heißt es jedoch dazu weiter:

> **§ 9 (3) EStG:**
> „Rückstellungen im Sinne des Abs. 1 Z 3 und 4 dürfen nicht pauschal gebildet werden. Die Bildung von Rückstellungen ist nur dann zulässig, wenn konkrete Umstände nachgewiesen werden können, nach denen im jeweiligen Einzelfall mit dem Vorliegen oder dem Entstehen einer Verbindlichkeit (eines Verlustes) ernsthaft zu rechnen ist."

Erläuterungsbeispiel

Ihr Unternehmen bildet jährlich aufgrund der Schadenersatzverpflichtungen gemäß Produkt-haftpflichtgesetz eine Rückstellung in Höhe von 0,5 % des Umsatzes an Fertigerzeugnissen. In diesem Geschäftsjahr wurden Fertigerzeugnisse im Gesamtwert von € 1.870.000,– verkauft.

● Rückstellung wird ohne konkreten Umstand gebildet – ist daher nur unternehmensrechtlich zulässig.

Sie wurden im Laufe dieses Jahres verklagt, weil ihre erzeugten Babybeißringe angeblich Bläschen im Mund und auf den Lippen der Säuglinge hervorgerufen haben. Es geht um eine Schadenersatzsumme in Höhe von € 100.000,–.

● In diesem Fall ist die zu bildende Rückstellung auch steuerlich zulässig, da ein konkreter Umstand vorliegt.

Rückstellungen im Zusammenhang mit Garantieverpflichtungen und Verpflichtungen aus dem Produkthaftpflichtgesetz sind steuerlich **nur für konkret eingetretene Verpflichtungen zulässig.**

Buchungen im Zusammenhang mit diesen Rückstellungen

Wir verwenden zur Ver-deutlichung für jede Rück-stellungsart (konkret und pauschal) sowie für die Zu-weisung zu diesen Rück-stellungen verschiedene Konten.

● **Buchungen im Zusammenhang mit pauschalen Rückstellungen für Garantien oder Produkthaftung**
Bei pauschalen Rückstellungen wird die Höhe der Rückstellung den jeweiligen Erfordernissen angepasst, d.h., es wird

○ die vorhandene Rückstellung per 1. 1. mit der
○ erforderlichen Rückstellung per 31. 12.

verglichen und nur die Anpassung gebucht.

Erforderliche Rückstellung per 31. 12. > Rückstellung per 1. 1.

(7) Zuweisung zur Rückstellung für Produkthaftung / (3) Rückstellung für Produkthaftung

bzw.

(7) Zuweisung zur Rückstellung für Garantien / (3) Garantierückstellung

Erforderliche Rückstellung per 31. 12.< Rückstellung per 1. 1.

(3) Rückstellung für Produkthaftung / (4) Erträge aus der Auflösung sonstiger Rückstellungen

bzw.

(3) Garantierückstellung / (4) Erträge aus der Auflösung sonstiger Rückstellungen

● **Buchungen im Zusammenhang mit einer Rückstellung für einen konkreten Sachver-halt (Schadensfall)**
Bei der Bildung

(7) Zuweisung zur Rückstellung für Schadenersatz / (3) Rückstellung für Schadenersatz

oder

(7) Zuweisung zur Rückstellung für Garantieleistungen / (3) Rückstellung für Garantieleistungen

Bei Zahlung des tatsächlichen Schadenersatzes

(7) Sonstige Schadensfälle / (2) Zahlungsmittelkonto oder (3) Verbindlichkeiten

oder

(7) Aufwand aus Garantieleistungen ╱ (2) Zahlungsmittelkonto
oder (3) Verbindlichkeiten

Auflösung nach erfolgter Schadenersatzzahlung am 31. 12.:

Tatsächliche Schadenersatzzahlung > als gebildete Rückstellung

(3) Rückstellung für Schadenersatz / (7) Sonstige Schadensfälle

(7) Aufwand aus Vorperioden / (7) Sonstige Schadensfälle

oder

(3) Rückstellung für Garantieleistungen / (7) Aufwand aus Garantieleistungen

(7) Aufwand aus Vorperioden / (7) Aufwand aus Garantieleistungen

Erläuterungsbeispiel

Sie haben im Vorjahr eine Rückstellung für einen konkreten Schadenersatzfall in Höhe von € 30.000,– gebildet.

Am 15. 5. haben Sie den Prozess verloren und wurden zu € 50.000,– Schadenersatz verurteilt.

Die Buchungen am 31. 12. lauten daher
(3) Rückstellung für Schadenersatz / (7) Sonstige Schadensfälle 30.000,–
(7) Aufwand aus Vorperioden / (7) Sonstige Schadensfälle 20.000,–

Durch die Umbuchung vom Konto „Sonstige Schadensfälle" auf das Konto „Aufwand aus Vorperioden" wird dokumentiert, dass dieser Aufwand seine Ursache nicht im Abschlussjahr hat.

Tatsächliche Schadenersatzzahlung < als gebildete Rückstellung

(3) Rückstellung für Schadenersatz / (7) Sonstige Schadensfälle

und

(3) Rückstellung für Schadenersatz ╱ (4) Erträge aus der Auflösung sonstiger
Rückstellungen

oder

(3) Rückstellung für Garantieleistungen / (7) Aufwand aus Garantieleistungen

und

(3) Rückstellung für Garantieleistungen / (4) Erträge aus der Auflösung sonstiger RSt

Übungen

Ü 4.4: Buchungen im Zusammenhang mit Rückstellungen für Produkthaftung und Schadenersatz

Ihre Aufgabe:

Stellen Sie die Berechnungen und Buchungen für das Erläuterungsbeispiel von Seite 85 dar.

Tatbestand 1:

Ihr Unternehmen bildet jährlich aufgrund der Schadenersatzverpflichtungen gemäß Produkthaftpflichtgesetz eine Rückstellung in Höhe von 0,5 % des Umsatzes an Fertigerzeugnissen. In diesem Geschäftsjahr wurden Fertigerzeugnisse im Gesamtwert von € 1,870.000,– verkauft. Aus dem Vorjahr ist eine Rückstellung für Produkthaftung in Höhe von € 17.220,– vorhanden.

Tatbestand 2:

Sie wurden im Laufe dieses Jahres verklagt, weil Ihre erzeugten Babybeißringe angeblich Bläschen im Mund und auf den Lippen der Säuglinge hervorgerufen haben. Es geht um eine Schadenersatzsumme in Höhe von € 100.000,–. Sie bilden dafür eine entsprechende Rückstellung Folgejahr:

Es konnte bewiesen werden, dass die von Ihnen erzeugten Beißringe keine Bläschen bei Säuglingen verursachen. Die Klage wurde abgewiesen. Die Rückstellung ist daher entsprechend aufzulösen.

Ü 4.5: Buchungen im Zusammenhang mit Garantierückstellungen und Garantieverpflichtungen

Aufgrund von Erfahrungswerten wird im Zusammenhang mit erbrachten Garantieleistungen mit Verpflichtungen in der Höhe von 1,7 % dieser Leistungen für das nächste Jahr gerechnet. Im abgelaufenen Geschäftsjahr wurden Elektrowaren mit Garantieverpflichtung in der Höhe von € 6.350.000,– verkauft.

Bis zum Bilanzstichtag sind verkaufte Elektrogeräte im Wert von € 75.000,– beanstandet worden. Im Zusammenhang mit diesen Mängelrügen werden die zu erbringenden Garantieleistungen voraussichtlich € 50.000,– betragen.

Aus dem Vorjahr ist eine Garantierückstellung für die pauschalen Verpflichtungen in Höhe von € 56.500,– vorhanden.

Aufgabe 1:

Geben Sie alle erforderlichen Buchungen in diesem Zusammenhang per 31.12. in Form von Buchungssätzen an.

Aufgabe 2:

Ermitteln Sie die erforderliche steuerliche MWR aufgrund dieser Tatbestände.

Ü 4.6: Fortsetzung von Ü 4.5 – Auflösung einer Einzelrückstellung; Änderung einer Pauschal-RSt

Tatsächlich fallen im Folgejahr Garantiearbeiten in Summe von € 56.000,– an.

Insgesamt wurden Elektrowaren in Summe von € 5.765.000,– verkauft. Es gab keine Mängelrügen, aufgrund derer wir zu Garantieleistungen verpflichtet wären.

Aufgabe 1:

Geben Sie alle erforderlichen Buchungen in diesem Zusammenhang per 31.12. in Form von Buchungssätzen an.

Aufgabe 2:

Ermitteln Sie die erforderliche steuerliche MWR aufgrund dieser Tatbestände.

Rückstellungen für Rechts- und Beratungsaufwand

Darunter fallen Rückstellungen für erbrachte Leistungen von Anwälten und Steuerberatern sowie Abschlussprüfern. Diese Leistungen haben gemeinsam, dass sie für das Abschlussjahr erbracht wurden, die Abrechnung dafür aber erst im Folgejahr eintrifft und daher die genaue Höhe und der Zeitpunkt der Zahlung nur geschätzt werden kann.

Solche Rückstellungen sind sowohl unternehmens- als auch steuerrechtlich zulässig (konkreter Einzelfall).

Übung

Diese Buchungen sind Ihnen bereits aus dem II. Jahrgang bekannt.

Ü 4.7: Bildung einer Rückstellung für Steuerberatungsleistungen

Während die laufenden Buchungen von eigenen Kräften durchgeführt werden, erstellt unser Steuerberater den Jahresabschluss und die Steuererklärungen. Für das abgelaufene Jahr haben wir dafür eine Honorarnote in Höhe von € 3.300,– + 20 % USt erhalten.

Wir rechnen für dieses Abschlussjahr mit einer leichten Erhöhung auf € 3.500,– + 20 % USt.

Aufgabe 1:

Geben Sie den Buchungssatz für die Bildung dieser Rückstellung an.

Tatsächlich erhalten wir am 15. 6. des Folgejahres die Honorarnote für diese Leistungen in Höhe von € 3.400,– + 20 % USt und überweisen sofort.

Aufgabe 2:

Geben Sie die Buchungen für den Erhalt und die Überweisung der Honorarnote sowie für die entsprechende Auflösung der dafür vorgesorgten Rückstellung am 31. 12. an.

Rückstellungen für Verluste aus schwebenden Ein- und Verkaufsgeschäften

Schwebende Geschäfte sind verpflichtende Verträge, die bisher nicht bzw. nicht zur Gänze erfüllt wurden. Grundsätzlich sind schwebende Geschäfte nicht in der Bilanz zu erfassen. Droht jedoch aus einem schwebenden Geschäft ein Verlust, so ist dafür eine Rückstellung zu bilden.

Bei **Einkaufsgeschäften** drohen Verluste insbesondere dann, wenn der Marktpreis nach Vertragsabschluss sinkt, jedoch ein höherer Fixpreis vereinbart wurde oder wenn sich der Kauf als Fehlinvestition herausstellt.

Erläuterungsbeispiele

● Abschluss eines Kaufvertrages über den Kauf von Rohstoffen zu einem Fixpreis von € 150,– je Sack, Lieferung im März des kommenden Jahres. Am Bilanzstichtag sinkt der Wert dieser Rohstoffe auf € 130,– pro Sack.

→ Hier droht ein Verlust in Höhe von € 20,– pro Sack.

● Aufgrund einer unverbindlichen Anfrage eines Kunden können Sie die gewünschte Ware im November zum Preis von € 100.000,–, Lieferung im März des kommenden Jahres, bestellen. Noch vor dem Bilanzstichtag teilt Ihnen der Kunde mit, dass er an dieser Ware nicht mehr interessiert ist. Für Sie bedeutet das, dass die Ware, zu deren Abnahme Sie verpflichtet sind, um maximal die Hälfte verkaufen können.

→ Hier droht ein Verlust in Höhe von € 50.000,–

Bei **Verkaufsgeschäften** drohen Verluste dann, wenn die Erzeugung teurer kommt (z. B. aufgrund gestiegener Rohstoffpreise) als der zu erzielende Erlös und/oder wenn aufgrund verzögerter Anlieferungen sich auch die eigene Produktion verzögert und dadurch Strafen oder extrem hohe Produktionskosten durch Überstunden anfallen, die im Preis nicht gedeckt sind.

● Sie schließen ein Verkaufsgeschäft für eine von Ihnen erzeugte Ware zum Preis von € 160,– ab. Einen Teil der benötigten Rohstoffe haben Sie eingelagert, für die weiteren Rohstoffkäufe müssen Sie jedoch einen Kaufpreis von € 80,– (Preis am Bilanzstichtag) annehmen. An eigenen Kosten fallen zusätzlich bis zur Fertigstellung € 100,– an.

→ Hier droht ein Verlust von € 20,– pro Stück (Herstellungskosten € 180,–, Verkaufspreis € 160,–).

● Sie übernehmen im Abschlussjahr einen Auftrag zur Fertigung einer Spezialmaschine zum Fixpreis von € 100.000,–. Aufgrund gestiegener Personalkosten und einem Produktionsengpass werden sich Ihre Aufwendungen für die Produktion in Summe auf € 90.000,– belaufen. Da es höchstwahrscheinlich auch zu einer Lieferverzögerung kommen wird, müssen Sie damit rechnen, das vereinbarte Pönale in Höhe von € 15.000,– zahlen zu müssen.

→ Hier droht ein Verlust in Höhe von € 5.000,– (eigener Aufwand 105.000,–; Erlös 100.000,–)

Durch die Bildung einer Rückstellung wird der Aufwand jenem Jahr zugewiesen, in dem er entstanden ist (Abschluss der Verträge).

Nach UGB § 198 (8) sind Rückstellungen „[...] für drohende Verluste aus schwebenden Geschäften zu bilden [...]"

Nach EStG § 9 (1) können Rückstellungen gebildet werden für „4 [...] drohende Verluste aus schwebenden Geschäften". Steuerlich gilt jedoch wieder der Hinweis, dass dies nur aufgrund konkreter Sachverhalte und nicht pauschal erfolgen darf.

Buchungen im Zusammenhang mit der Bildung dieser Rückstellung

(7) Drohende Verluste aus schwebenden Geschäften / (3) RSt für drohende Verluste aus schwebenden Geschäften

Buchungen im Zusammenhang mit dem ursächlichen Geschäft

● Einkaufsgeschäft zum Fixpreis

(5) Rohstoffverbrauch / (3) Verbindlichkeiten aus Lieferungen und Leistungen
(2) Vorsteuer

Die Rückstellung wird am 31.12. erfolgserhöhend aufgelöst, damit steht dieser Erlös der Abwertung der Rohstoffe gegenüber.

● Verkaufsgeschäft mit Pönale-Zahlung

(2) Lieferforderungen / (4) Umsatzerlöse
(3) Umsatzsteuer

und

(7) Pönale / (2) Zahlungsmittel

Die Rückstellung wird am 31.12. erfolgserhöhend aufgelöst und damit steht dieser Erlös dem Aufwand aus der Pönalezahlung gegenüber.

Rückstellungen für drohende Verluste aus schwebenden Geschäften sind nur dann zu bilden, wenn keine Abschreibung eines Aktivpostens vorgenommen werden kann.

Wurden im Zusammenhang mit schwebenden Geschäften bereits Rohstoffe eingelagert oder ein Teil der Erzeugnisse erstellt, so sind die Positionen Rohstoffe bzw. Fertigerzeugnisse entsprechend zu bewerten.

Übung

Ü 4.8: Rückstellung für drohende Verluste aus schwebenden Geschäften

Wir haben heuer einen Auftrag über die Lieferung von 2.000 Stück Bohrmaschinen zum fixen Verkaufspreis von € 110,– abgeschlossen. Die Lieferung soll im März des Folgejahres erfolgen.

1.500 Bohrmaschinen liegen schon für diesen Auftrag auf Lager.
Für die restlichen noch zu produzierenden Bohrmaschinen wurden fertig bezogene Teile zu einem Fixpreis von € 20,– pro Stück bestellt. Am 31.12. stellt sich jedoch heraus, dass diese Teile einen Einkaufspreis von € 18,– haben.

Für die auf Lager liegenden Bohrmaschinen liegen folgende Kalkulationsgrundlagen vor:

Fertigungsmaterial	€ 37.500,–
Fertigungslöhne	€ 58.500,–
MGK-Zuschlag	15 %
FGK-Zuschlag	80 %
VW-GK	18 %
Vt-GK	10 %

Ihre Aufgaben:

- Ermitteln Sie die Selbstkosten für die noch zu produzierende Ware.
- Ermitteln Sie den Vergleichswert für die auf Lager liegende Ware.
- Ermitteln Sie den Verlust aus dem Einkaufsgeschäft.
- Geben Sie alle erforderlichen Buchungen im Zusammenhang mit diesem Auftrag am 31.12. dieses Jahres an. Per 1.1. waren keine Fertigerzeugnisse auf Lager.

Rückstellungen für Aufwände aus unterlassener Instandhaltung

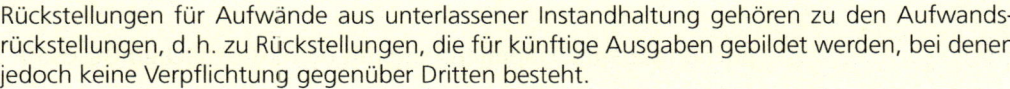

Rückstellungen für Aufwände aus unterlassener Instandhaltung gehören zu den Aufwandsrückstellungen, d.h. zu Rückstellungen, die für künftige Ausgaben gebildet werden, bei denen jedoch keine Verpflichtung gegenüber Dritten besteht.

Laut § 198 (8) Z 2 UGB sind Aufwandsrückstellungen, so weit sie den Grundsätzen ordnungsmäßiger Buchführung entsprechen, zu bilden.

Im § 9 EStG sind alle steuerlich anerkannten Rückstellungen taxativ aufgezählt. Aufwandsrückstellungen sind nicht dabei, d.h., Aufwandsrückstellung sind steuerlich nicht zulässig. Ihre unternehmensrechtliche Bildung führt daher auf jeden Fall zu einer steuerlichen MWR.

Die Bildung von Aufwandsrückstellungen ist sowohl in der Literatur als auch in der Praxis umstritten. Generell ist die Bildung solcher Rückstellungen dann sinnvoll und entsprechen den GoB, wenn Reparaturpläne oder Serviceanweisungen des Herstellers vorhanden sind.

Erläuterungsbeispiel

Im Abstand von fünf Jahren muss eine Fertigungsstraße generalüberholt werden. Die Kosten belaufen sich auf ca. € 100.000,–.

Würde man keine Rückstellung bilden, würde jedes fünfte Jahr aufwandsmäßig wesentlich stärker belastet. Bildet man hingegen eine Rückstellung, verteilt sich dieser Aufwand ziemlich gleichmäßig auf die fünf Jahre.

In den Jahren 1–4 würde daher gebucht werden:

(7) Aufwand für Generalüberholung / (3) Aufwandsrückstellung 20.000,–

Im fünften Jahr wird generalüberholt, die Rechnung lautet auf € 110.000,– + 20 % USt und wird zunächst als Aufwand verbucht. Diesem Aufwand von 110.000,– wird jedoch der Ertrag aus der Auflösung der Rückstellung gegenübergestellt, so dass das fünfte Jahr tatsächlich nur mit einem Aufwand von € 30.000,– belastet ist.

Steuerrechtlich kommt es in den Jahren 1–4 zu einer steuerlichen Hinzurechnung von + 20.000,–

Im Jahr des bezahlten Aufwandes für diese Reparatur kommt es hingegen zu einer Verminderung in Höhe des Ertrages der aufgelösten Rückstellung, d.h. zu einem Minus von € 80.000,–.

Ü 4.9: Aufwandsrückstellung

Die Heizanlage muss lt. Hersteller alle drei Jahre komplett entleert und gereinigt werden. Lt. Hersteller kostet eine solche Wartung € 30.000,–. Tatsächlich werden für die Wartung im dritten Jahr € 27.000,– + 20 % USt verrechnet und sofort überwiesen.

Ihre Aufgaben:

● Bilden Sie unternehmensrechtlich eine Aufwandsrückstellung und geben Sie dafür den Buchungssatz im ersten Jahr an. Geben Sie ferner die Auswirkung in der MWR (+/– und Betrag) an.

● Geben Sie den Buchungssatz für die Überweisung der Wartungskosten im dritten Jahr an.

● Lösen Sie die gebildete Aufwandsrückstellung auf und überlegen Sie das Vorgehen im Rahmen der MWR.

Sonstige Rückstellungen – Zusammenfassung

Steuerrechtlich keinesfalls gebildet werden dürfen:

● pauschale Rückstellungen, d. h. ohne konkreten Anlass, wie z. B. 1 % der Fertigerzeugniserlöse als Rückstellung für Produkthaftung

● Aufwandsrückstellungen

Ferner ist steuerlich zu beachten, dass Rückstellungen, die für einen längeren Zeitraum als 12 Monate gebildet werden, mit 3,5 % p. a. fix abgezinst werden müssen. Unternehmensrechtlich ist ein marktüblicher Zinssatz zu wählen.

Steuerrechtlich kann es gegenüber unternehmensrechtlich gebildeten Rückstellungen generell zu einer MWR kommen, wenn unterschiedliche Berechnungsmethoden bei der Ermittlung der Höhe der erforderlichen Rückstellung angewendet werden.

Hinsichtlich der Buchungstechnik ist zu unterscheiden zwischen Pauschalrückstellungen, deren Höhe nur den Erfordernissen am Bilanzstichtag angepasst wird, und Einzelrückstellungen, die als solche einzeln gebildet und auch einzeln wieder aufgelöst werden.

Buchungen bei Pauschalrückstellungen

Es wird die erforderliche Höhe ermittelt und die Rückstellung entsprechend angepasst.

Ist die erforderliche Rückstellung zum Bilanzstichtag höher, ist die Differenz zuzuweisen.

● Der Betrag der Zuweisung ist mittels MWR zum steuerpflichtigen Ergebnis hinzuzurechnen.

Ist die erforderliche Rückstellung zum Bilanzstichtag niedriger, ist die Differenz aufzulösen.

● Der Ertrag aus der Auflösung dieser Rückstellung vermindert das steuerpflichtige Ergebnis.

Buchungen bei Einzelrückstellungen

Die Bildung erfolgt generell durch die Buchung

(6) oder (7) Zuweisung zur Rückstellung / (3) Rückstellung zu (für) …

für jeden einzelnen Tatbestand.

Der tatsächliche Aufwand wird zunächst unabhängig von der gebildeten Rückstellung im Folgejahr (in einem der darauf folgenden Jahre) verbucht.

Am Bilanzstichtag können im Zusammenhang mit den Einzelrückstellungen folgende Buchungen erforderlich werden:

(3) Rückstellung (für) … / (6) oder (7) jeweiliges Aufwandskonto

(3) Rückstellung (für) … / (4) Erträge aus der Auflösung von Rückstellungen für …

Auflösung von Rückstellungen und ihre Erfolgsauswirkung

Abschließend möchten wir noch auf Kapitel 7 „Steuerliche Mehr-Weniger-Rechnung" verweisen. In diesem Kapitel werden Sie all Ihr Wissen über Rückstellungen im Unternehmens- und im Steuerrecht benötigen.

Üben

Ü 4.10: Drei Gruppen von Rückstellungen D

Nennen Sie die drei Gruppen von Rückstellungen, erläutern Sie diese und geben Sie für jede Gruppe ein Beispiel.

Ü 4.11: Rückstellungen – Personal D

Beschreiben Sie, welche Rückstellungen es im Zusammenhang mit dem Personal geben kann. Erklären Sie diese kurz und geben Sie den jeweils markanten Unterschied zwischen Unternehmens- und Steuerrecht an.

Ü 4.12: Einzel- und Pauschalrückstellungen C

Nennen Sie die buchungstechnischen Unterschiede zwischen Einzel- und Pauschalrückstellungen.

Ü 4.13: Rückstellung für nicht konsumierte Urlaube C

Erläutern Sie kurz, wie eine Rückstellung für nicht konsumierte Urlaube berechnet wird.

Ü 4.14: Einkaufs- und Verkaufsgeschäfte B

Erläutern Sie, warum es zu drohenden Verlusten bei Einkaufs- und Verkaufsgeschäften kommen kann.

Ü 4.15: Einzelrückstellung C

Was passiert, wenn eine Einzelrückstellung zu hoch bzw. zu niedrig gebildet wurde? Erläutern Sie das buchungstechnische Vorgehen.

Ü 4.16: Urlaubsansprüche C

Zum Bilanzstichtag liegen Ihnen folgende Informationen über die Urlaubsansprüche der Mitarbeiter vor. Für alle Mitarbeiter gilt die 5-Tage-Woche sowie ein Urlaubsanspruch von 25 Werktagen:

Karin Pauer, Bruttogehalt pro Monat € 2.200,00, Resturlaub aus dem Vorjahr 5 Tage, heuer konsumierter Urlaub 20 Tage

Fritz Burger, Bruttogehalt pro Monat € 2.500,00, Resturlaub aus dem Vorjahr 10 Tage, heuer konsumierter Urlaub 40 Tage.

Kurt Müllner, Bruttogehalt pro Monat 1.700,00, kein Resturlaub aus dem Vorjahr, heuer konsumiert 20 Tage.

Ermitteln Sie aufgrund obiger Angaben, ob eine Rückstellung für nicht konsumierte Urlaube gebildet werden muss bzw. ob ein Vorgriff einen aktiven Rechnungsabgrenzungsposten erfordert. Geben Sie alle notwendigen Buchungen zum Bilanzstichtag an.

Ü 4.17: Rückstellung für Rechts- und Beratungsaufwand [C]

Aus dem Vorjahr steht noch eine Rückstellung für Rechts- und Beratungsaufwand für die Erstellung des Jahresabschlusses in Höhe von € 4.600,00 zu Buche. Die Honorarnote des Steuerberaters über € 4.000,00 zuzüglich 20 % USt traf am 15.06. des laufenden Jahres bei uns ein und wurde auf dem entsprechenden Aufwandskonto verbucht.

Für die Erstellung des heurigen Jahresabschlusses rechnen wir mit einem Honorar in Höhe von € 4.200,00 zuzüglich 20 % USt.

Stellen Sie alle im Zusammenhang mit obigem Sachverhalt notwendigen Buchungen zum 31.12. in Form von Buchungssätzen dar.

 **Sichern**

SbX ID: 0410

Rückstellungen im Unternehmens- und Steuerrecht

Rückstellungsart	Unternehmensrecht (UGB)	Steuerrecht (EStG)
Rückstellung für Anwartschaften auf Abfertigungen	§ 198 (8), § 211 (2)	§ 9 und § 14
	Unterschied hinsichtlich der Höhe und Berechnungsart	
Rückstellung für laufende Pensionen und Anwartschaften auf Pensionen	§ 198 (8), § 211 (2)	§ 9 und § 14 (7)
	Unterschiede vor allem hinsichtlich des Rechnungszinssatzes	
Rückstellung für Steuern	§ 198 (8)	§ 9
	betrifft nur Kapitalgesellschaften und wird beim Jahresabschluss von Kapitalgesellschaften behandelt	
Sonstige Rückstellungen ↓ die wichtigsten davon sind .		
● Rückstellung für Jubiläumsgelder	Möglichkeit zur Bildung sowohl für Firmen- als auch Dienstjubiläen	Bildung nur für Dienstjubiläen möglich → § 9 (4) und § 14 (12)
	Unterschiede im Grund, Unterschiede in der Höhe	
● Rückstellung für nicht konsumierte Urlaube	gleiche Bestimmungen	
● Rückstellungen für Garantien und Gewährleistung bzw. für Produkthaftung	keine besonderen Bestimmungen im UGB	Verbot von Pauschalrückstellungen § 9 (3)
● Rückstellungen für Rechts- und Beratungskosten	gleiche Bestimmungen	
● Rückstellungen für Verluste aus schwebenden Ein- und Verkaufsgeschäften	gleiche Bestimmungen	
● Rückstellungen für Aufwände aus unterlassener Instandhaltung	keine besondere Regelung im UGB	lt. EStG verboten – vgl. § 9 keine ungewisse Verbindlichkeit

4 Rückstellungen

 Lernen   Üben  Sichern  Wissen

ID: 0410

Im SbX finden Sie eine Bildschirmpräsentation mit den Grafiken dieser Lerneinheit.

Wissen

W 4.1: Rückstellungen laut UGB D

Erläutern Sie, ob laut UGB unbedingt Rückstellungen gebildet werden müssen.

W 4.2: Dienst- und Firmenjubiläen C

Nennen Sie die Unterschiede zwischen Dienst- und Firmenjubiläen. Für welche darf eine Rückstellung auch steuerrechtlich gebildet werden?

W 4.3: Pauschalrückstellung C

Geben Sie ein typisches Beispiel für eine Pauschalrückstellung.

W 4.4: Buchung auf Rückstellungskonten B

Zu welchem Zeitpunkt im Jahr wird auf den Rückstellungskonten gebucht?

Ein kurzer Kompetenz-Check, bevor's weitergeht!

Kompetenz-Check

	☺	😐	☹
Ich kann erklären, wie Rückstellungen zu bilden sind.			
Ich kann erklären, wie Rückstellungen verwendet bzw. aufgelöst werden.			
Ich kann die steuerliche Behandlung von Rückstellungen darstellen.			

Accounting

5 EIGENKAPITAL

Worum geht's in diesem Kapitel?

Wir haben bisher von der Passivseite der Bilanz nur das Fremdkapital (Rückstellungen – vgl. Kapitel 4, Verbindlichkeiten und passive Rechnungsabgrenzungsposten – vgl. Kapitel 3) betrachtet.

Wie Sie bereits wissen, ist das Eigenkapital der Saldo (die Differenz) zwischen Vermögen und Schulden. Es ist das Ergebnis von Einlagen, Entnahmen und nicht entnommenen Gewinnen sowie Verlusten. Bei Einzelunternehmen wurde das Eigenkapital bisher auf einem Konto dargestellt. Bei Personen- und Kapitalgesellschaften ist diese Darstellung nicht mehr ausreichend.

Wenn Sie dieses Kapitel bearbeitet haben,

- kennen Sie die Unterschiede im Ausweis des Eigenkapitals von Einzelunternehmen, Personen- und Kapitalgesellschaften,
- kennen Sie Kapital- und Gewinnrücklagen (inklusive der unversteuerten Rücklagen) sowie den Unterschied zwischen diesen,
- können Sie Kapital- und Gewinnrücklagen dotieren und auflösen.

In diesem Kapitel erwerben Sie Kompetenzen zu folgender Bildungs- und Lehraufgabe:
„Die Schülerinnen und Schüler können Kenntnisse des Unternehmens- und Steuerrechts sowie anderer rechtlicher Bestimmungen selbstständig vertiefen und anwenden."

In diesem Kapitel finden Sie Übungsaufgaben, praxisbezogene Fallbeispiele und Aufgaben zur Lernkontrolle zur Überprüfung Ihrer Kompetenzen auf den Handlungsebenen A Wiedergeben, B Verstehen, C Anwenden und D Analysieren und Interpretieren.

 **Lernen**

Vorweg wird auf der Passivseite der Bilanz das Eigenkapital ausgewiesen. Das Eigenkapital trägt verschiedene Bezeichnungen und kann sich aus unterschiedlichen Positionen zusammensetzen, abhängig von der Rechtsform des Unternehmens.

Bei der weiteren Behandlung des Eigenkapitals wollen wir uns der für Kapitalgesellschaften in § 224 (3) UGB vorgesehenen Gliederung anschließen:

A. Eigenkapital
   I. Nennkapital (Grund-, Stammkapital)
   II. Kapitalrücklagen
       1. gebundene
       2. nicht gebundene
   III. Gewinnrücklagen
       1. gesetzliche Rücklage
       2. satzungsmäßige Rücklagen
       3. andere Rücklagen (freie Rücklagen)
   IV. Bilanzgewinn (Bilanzverlust), davon Gewinnvortrag/Verlustvortrag

1 Das Eigenkapital im engeren Sinn

Das **Eigenkapital** ist das von dem/den Eigentümer/n (Gesellschaftern) dem Unternehmen zugeführte bzw. in ihm belassene Kapital. Es kann durch Gewinne vermehrt bzw. durch Verluste aufgebraucht werden.

Sie kennen es als Reinvermögen, als Saldo aus Vermögen und Schulden, zu einem bestimmten Stichtag. Es ist insgesamt eine variable Größe, jeweils abhängig vom Umfang und der Bewertung des Vermögens und der Schulden, verändert durch Gewinne und Verluste. Von diesem Eigenkapital zu unterscheiden ist jedoch der tatsächliche Wert des Unternehmens.

Je nach Rechtsform ist das Eigenkapital unterschiedlich ausgewiesen und gegliedert. Auch die Erfolgsverteilung bzw. der Erfolgsausweis ist von der Rechtsform abhängig.

Von einem negativen Eigenkapital spricht man, wenn die Verluste größer sind als alle Posten, die zum Eigenkapital zählen, zusammen. Damit sind die Schulden größer als das Vermögen – das Unternehmen ist buchmäßig überschuldet.

Das Eigenkapital im Einzelunternehmen

Beim Eigenkapital des Einzelunternehmens tritt der Saldocharakter klar hervor. Es ist variabel und wird durch Privatentnahmen bzw. Privateinlagen, durch Gewinne oder Verluste verändert.

Während des Jahres werden auf dem Kapitalkonto keine Buchungen vorgenommen. Privatentnahmen bzw. Privateinlagen werden auf einem Unterkonto geführt. Der Saldo des Privatkontos bzw. der ermittelte Gewinn oder Verlust verändern beim Jahresabschluss das Eigenkapital.

Ein negatives Eigenkapital wird auf der Passivseite als „negatives Eigenkapital" ausgewiesen.

Erläuterungsbeispiel

BILANZ zum 31.12.20..			
Aktiva		**Passiva**	
Anlagevermögen	210.000,–	Eigenkapital	– 39.400,–
Umlaufvermögen	45.600,–	Verbindlichkeiten	295.000,–
	255.600,–		255.600,–

Auf die weitere Darstellung können wir verzichten, Sie kennen Privat- und Kapitalkonten aus Ihren bisher durchgeführten Jahresabschlüssen.

Das Eigenkapital in Personengesellschaften

Das UGB unterscheidet nur noch zwischen Offener Gesellschaft (OG) mit ihren unbeschränkt haftenden Gesellschaftern und der Kommanditgesellschaft (KG), in der zumindest einer der Gesellschafter als unbeschränkt haftend auszuweisen ist.

In der Praxis (und speziell durch die Änderungen im UGB) werden auch für die unbeschränkt haftenden Gesellschafter fixe (starre) Kapitalkonten geführt. Fixe Kapitalkonten zeigen klar die Beteiligungsverhältnisse. Auf sie beziehen sich die Gewinnverteilung, die Aufteilung der steuerlichen MWR und die Aufteilung beim Ausscheiden aus der Gesellschaft bzw. bei der Beendigung der Gesellschaft.

Ein negatives Eigenkapital wird auch hier auf der Passivseite als „negatives Eigenkapital" ausgewiesen.

Offene Gesellschaft (OG)

Für jeden Gesellschafter werden ein **fixes und ein variables Kapitalkonto** geführt.

Auf den variablen Kapitalkonten werden sämtliche Veränderungen des Eigenkapitals gebucht. Darüber hinaus kann für jeden Gesellschafter ein Privatkonto als Unterkonto zum variablen Kapitalkonto geführt werden.

Kommanditgesellschaft (KG)

Das **Kapital des/der Komplementärs/e** besteht aus einem

- fixen und einem
- variablen Kapitalkonto.

Diese beiden Kapitalkonten entsprechen jenen der Gesellschafter einer OG. Selbstverständlich kann zum variablen Kapitalkonto noch ein Privatkonto als Unterkonto geführt werden.

Über das **Kapital der Kommanditisten** (beschränkt haftende Gesellschafter) können folgende Positionen Hinweise geben:

- **Bedungene Einlage**

  Das ist der Kapitalbetrag, den der Kommanditist in die Gesellschaft eingebracht hat bzw. einzubringen hat und mit dem er haftet (z. B. € 100.000,–).

  Beachten Sie:

  Im Firmenbuch könnte eine höhere Haftungseinlage eingetragen sein (z. B. € 120.000,–). Die hier aufscheinende Differenz (z. B. € 20.000,–) kommt nur im Fall einer Insolvenz zum Tragen.

- **Ausstehende Einlage**

  Wurde noch nicht die volle bedungene Einlage geleistet, so wird jener Teil, der fehlt, in der Klasse 9 als Korrekturposten zur bedungenen Einlage ausgewiesen.

  Anders stellt sich der Sachverhalt dar, wenn die KG diese fehlende Einlage bereits eingefordert hat. In einem solchen Fall wird dieser Betrag als Forderung ausgewiesen (vgl. Punkt „4 sonstige Forderungen und Vermögensgegenstände", hier Kapitel 3, Seite 49).

- **Gewinnverrechnung Kommanditist**

  Gewinnanteile der Kommanditisten stellen eine Verbindlichkeit der Gesellschaft gegenüber den Kommanditisten dar. Auf diesen Gewinnanteil ist prinzipiell die Entnahme eines Kommanditisten beschränkt. Eine Zuweisung auf das Gewinnverrechnungskonto erfolgt erst, wenn die Verlustverrechnungskonten ausgeglichen und die bedungene Einlage aufgefüllt ist.

- **Verlustverrechnung Kommanditist**

  Die dem Kommanditisten zugewiesenen Verlustanteile werden auf einem Konto in der Klasse 9 als Korrekturkonto zu seiner Einlage ausgewiesen. Der Kommanditist haftet für Verluste bis zur Höhe seiner bedungenen nicht einbezahlten Einlage. Es kann jedoch darüber hinaus zu einer weiteren Verlustzuweisung kommen, für die der Kommanditist nicht haftet. Solche Verlustzuweisungen werden in der Regel auf einem eigenen Konto ausgewiesen.

Das Eigenkapital in Kapitalgesellschaften

Zu den Kapitalgesellschaften zählen die

- Aktiengesellschaft und die
- Gesellschaft mit beschränkter Haftung.

Querverweis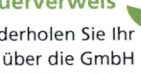

Wiederholen Sie Ihr Wissen über die GmbH aus dem BW-Unterricht!

Die Gesellschaft mit beschränkter Haftung (GmbH)

Das Nennkapital der Gesellschaft mit beschränkter Haftung wird als **Stammkapital** bezeichnet. Dieses Stammkapital wird durch die **Stammeinlagen** der Gesellschafter aufgebracht.

Mindesteinlage jedes Gesellschafters: € 70,–.

Mindesthöhe des Stammkapitals: € 35.000,–, wobei mindestens die Hälfte dieses Betrages durch Bareinlagen aufgebracht werden muss.

Hinsichtlich ausstehender Einlagen gelten bei der GmbH die gleichen Regeln wie für Kommanditisten. Ausstehende Einlagen, die noch nicht eingefordert wurden, werden in Klasse 9 als Korrekturkonten zur Einlage ausgewiesen. Bereits eingeforderte ausstehende Einlagen hingegen werden als sonstige Forderung in Klasse 2 (vgl. Kap. 3.2.1, Seit€ 54) ausgewiesen.

Vom 1.7.2013 bis 28.2.2014 betrug die Mindesthöhe des Stammkapitals € 10.000,–. Neugründungen sind weiterhin mit einer „gründungsprivilegierten" Stammeinlage von € 10.000,–, wobei auch hier nur die Hälfte einbezahlt werden muss, möglich. Dieses Gründungsprivileg endet nach 10 Jahren, d.h. dass die Mindesteinzahlung nach spätestens 10 Jahren auf € 17.500,– aufgestockt werden muss.

Querverweis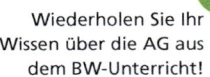

Wiederholen Sie Ihr Wissen über die AG aus dem BW-Unterricht!

Die Aktiengesellschaft (AG)

Das in Aktien zerlegte Nennkapital einer Aktiengesellschaft wird als **Grundkapital** bezeichnet. Das in der Bilanz aufscheinende Grundkapital setzt sich zusammen aus den **Nennwerten aller ausgegebenen Aktien** (Gründung + Kapitalerhöhungen).

Mindestnennbetrag pro Aktie: € 1,–

Mindesthöhe des Grundkapitals: € 70.000,–.

Bei der Gründung werden die Aktien von den Gründern übernommen. Eine öffentliche Zeichnung von Aktien erfolgt in der Regel erst bei einer Kapitalerhöhung oder durch Umgründung eines bereits bestehenden, bekannten Unternehmens in eine AG.

Beachten Sie:

Die Ausgabe der Aktien erfolgt stets über pari, d.h. über dem Nennwert. Mit diesem Aufgeld („Agio") sollen die Gründungs- bzw. Ausgabekosten ausgeglichen werden. Der Mehrbetrag fließt in eine gebundene Kapitalrücklage.

Das Eigenkapital einer stillen Gesellschaft

Sie wissen bereits:

Als stiller Gesellschafter tritt jemand auf, der „sich am Unternehmen, das ein anderer betreibt, mit einer Vermögenseinlage beteiligt [...]" (§ 179 (1) UGB).

Ein stiller Gesellschafter kann an einem Einzelunternehmen, einer Personen- oder einer Kapitalgesellschaft beteiligt sein. Diese Beteiligung scheint nach außen nicht auf, die stille Gesellschaft ist eine reine Innengesellschaft.

Obwohl die Einlage des echten stillen Gesellschafters (keine Beteiligung am Vermögen) Verbindlichkeitscharakter hat, wird sie in vielen Kontenplänen in **Klasse 9** ausgewiesen. Gliederungsschemata von Softwareanbietern ordnen die Einlage des echten stillen Gesellschafters eher den Verbindlichkeiten zu. Die Einlage des atypischen stillen Gesellschafters (Beteiligung am Vermögen) hat dagegen sicher Eigenkapitalcharakter.

Gewinnanteile werden als Verbindlichkeit in Klasse 3 ausgewiesen. Der Gewinnanteil des echten stillen Gesellschafters hat Betriebsausgabencharakter und wird aufwandswirksam gebucht.

Das Konto **„Einlage stiller Gesellschafter"** kann daher noch zu den Kapitalkonten in allen anderen Rechtsformen dazukommen.

2 Kapital- und Gewinnrücklagen

Rücklagen sind Teile des Eigenkapitals, die nicht auf einem Kapitalkonto aufscheinen.

Man unterscheidet zwischen

- Rücklagen, die aus zusätzlichen Einlagen der Gesellschafter stammen (Kapitalrücklagen), und
- Rücklagen, die aus dem (versteuerten) Gewinn gebildet werden (Gewinnrücklagen).

Kapital- und Gewinnrücklagen

ÜBERSICHT ÜBER RÜCKLAGEN

KAPITALRÜCKLAGEN	GEWINNRÜCKLAGEN
Außenfinanzierung	Innenfinanzierung
wird von den Gesellschaftern zugeführt, z. B. Agio bei Ausgabe neuer Aktien, nachträgliche Zuschüsse	wird aus den versteuerten Gewinnen gebildet – stellt Gewinnverwendung dar
Bildung erfolgsneutral	**Bildung** erfolgsmindernd
(2) Zahlungsmittel / (9) Kapitalrücklage	(8) Zuweisung RL / (9) Rücklage
Auflösung entweder erfolgsneutral (Rückzahlung)	**Auflösung** erfolgserhöhend
(9) Kapitalrücklage / (2) Zahlungsmittel	
oder erfolgserhöhend	
(9) Kapitalrücklage / (8) Erträge aus der Auflösung von Kapitalrücklagen	(9) Gewinnrücklage / (8) Erträge aus der Auflösung von Gewinnrücklagen
Achtung: Diese Auflösung erfolgt steuerneutral (MWR).	Achtung: Sowohl Zuweisung als auch Auflösung erfolgt steuerneutral (MWR).
Arten ○ gebundene Kapitalrücklage → nur bei Verlusten auflösbar ○ freie Kapitalrücklagen → freie Verwendungsmöglichkeit	**Arten** ○ gesetzliche Rücklage → nur bei Verlusten auflösbar ○ satzungsmäßige Rücklage → nur entsprechend den Bestimmungen der Satzung auflösbar ○ freie Gewinnrücklagen → freie Verwendungsmöglichkeit

Kapitalrücklagen

Kapitalrücklagen sind dadurch gekennzeichnet, dass Kapital von außen zugeführt wird (Außenfinanzierung). Die Zuführung ist daher erfolgsneutral und kann mit einer Privateinlage eines Einzelunternehmers verglichen werden.

(2) Zahlungsmittel / (9) Kapitalrücklage

Rechtliche Regelungen: § 229 (2) UGB, § 130 Aktiengesetz, §§ 72 ff GmbH-Gesetz.

Querverweis Informationen über die Größenklassen von Kapitalgesellschaften finden Sie in Band IV der RW-Lehrbücher bzw. hier in Kapitel 8.

Es sind zwei Arten zu unterscheiden:

- **Gebundene Kapitelrücklagen**

    Diese Rücklagenart gibt es nur in Aktiengesellschaften und in großen GmbH. In eine gebundene Kapitalrücklage sind einzustellen:

    ○ das Agio, d. h. jener Betrag, der bei der Ausgabe von Aktien den Nennwert übersteigt;

Erläuterungsbeispiel

Nennbetrag pro Aktie 100,–; ausgegeben werden diese Aktien jedoch zu 120,–. Der Betrag von 20,– stellt ein Agio dar und ist in eine gebundene Kapitelrücklage einzustellen.

○ der Betrag, der bei der Ausgabe von Schuldverschreibungen für Wandel- und Options-
rechte zum Erwerb von Anteilen erzielt wird;

○ der Betrag, der von den Gesellschaftern bezahlt wird, um bestimmte Vorzüge für ihre Anteile zu erhalten, z. B. ein stärkeres Stimmrecht;

○ der Betrag, der bei vereinfachter Kapitalherabsetzung den Verlust übersteigt.

Erläuterungsbeispiel

Nennwert pro Aktie 60; ausgegeben wurden 100 000 Aktien. Rücklagen sind keine vorhanden. Der Verlust beträgt € 1.350.000,–; es soll daher der Nennwert der Aktien auf 45 herabge-
setzt werden.

Grundkapital	€ 6.000.000,–
Verlust	€ 1.350.000,–
vermindertes Grundkapital	€ 4.650.000,–
Kapitalherabsetzung auf	€ 4.500.000,–
Zuführung zur gebunden Kapitalrücklage €	150.000,–

Gebundene Kapitalrücklagen dürfen nur zur Abdeckung von Verlusten herangezogen werden. Die Auflösung führt zwar zu einer erfolgswirksamen Buchung, diese ist jedoch nicht
steuerwirksam, d. h., der Betrag ist in der MWR mit Minus zu berücksichtigen.

Erläuterungsbeispiel

Aufgrund eines erwirtschafteten Verlustes werden € 200.000,– der Kapitalrücklage aufgelöst.
Die unternehmensrechtliche Buchung bewirkt einen Ausgleich des Verlustes, bei der Ermittlung des steuerpflichtigen Jahresergebnisses ist dieser Betrag jedoch abzuziehen.

(9) Kapitalrücklage / (8) (steuerfreie) Erträge aus der Auflösung der Kapitalrücklage

● **Freie Kapitalrücklagen**

Freie Kapitalrücklagen können für verschiedene Zwecke verwendet werden. Auch die Rückzahlung an die Gesellschafter ist möglich. Die Auflösung erfolgt jedenfalls über den Bilanzgewinn, die Ausschüttung ist steuerfrei, d. h., es wird keine KESt einbehalten. Voraussetzung für
die Steuerfreiheit ist, dass für steuerliche Zwecke ein Evidenzkonto geführt wird, aus welchem Ein- und Auszahlung betreffend die Gesellschafter hervorgehen.

(9) Kapitalrücklage / (8) Erträge aus der Auflösung freie Kapitalrücklage

Kapitalrücklagen findet man ausschließlich in Kapitalgesellschaften.

Übung

Ü 5.1: Bildung und Verwendung einer gebundenen Kapitalrücklage

Die BioBauAG erhöht 2016 ihr Grundkapital durch Ausgaben von 10 000 Stück Aktien. Nennwert pro Aktie 100, Ausgabepreis 150,–.

2017 erleidet die AG einen Verlust (€ 300.000,–), für dessen Abdeckung u. a. diese gebundene
Kapitalrücklage verwendet werden soll.

Ihre Aufgaben:

● Ermitteln Sie jenen Wert, den Sie 2016 in die gebundene Kapitalrücklage einstellen können.
Stellen Sie die Kapitalzufuhr in Form eines zusammengesetzten Buchungssatzes dar. Die
Mittel sind dem Bankkonto zugeflossen.

● Geben Sie jenen Buchungssatz an, der bei der verlustabdeckenden Auflösung dieser Rücklage im Jahr 2019 erforderlich ist. Wie wirkt sich diese Buchung auf das steuerliche Jahresergebnis aus?

Geben Sie an, ob sich diese Buchung erfolgsneutral, erfolgserhöhend oder erfolgsmindernd
auswirkt.

Gewinnrücklagen

Gewinnrücklagen werden aus dem erwirtschafteten Gewinn gebildet, sie stellen **Innen-finanzierung** dar. Das heißt, nicht der gesamte Gewinn wird an die Gesellschafter ausgeschüttet, sondern ein Teil dieses Gewinnes wird in der Gesellschaft behalten (der einbehaltene Gewinn wird thesauriert!).

Gewinnrücklagen werden vom versteuerten Gewinn gebildet.

> **§ 229 (3) UGB:**
> „Als Gewinnrücklagen dürfen nur Beträge ausgewiesen werden, die im Geschäftsjahr oder in einem früheren Geschäftsjahr aus dem Jahresüberschuss nach Berücksichtigung der Veränderung unversteuerter Rücklagen gebildet worden sind."

Der Jahresüberschuss ergibt sich nach Berücksichtigung der Körperschaftsteuer – vgl. die staffelförmige Darstellung der G+V. Bilden Personengesellschaften eine Gewinnrücklage, bedeutet dies, dass die Zuführung steuerrechtlich nicht als Aufwand anerkannt ist (Hinzurechnung in der MWR).

Man unterscheidet drei Arten von Gewinnrücklagen:

● **Gesetzliche Rücklage**

Geregelt in § 130 (3) AktG bzw. § 23 GmbHG

Eine gesetzliche Rücklage müssen Aktiengesellschaften und große GmbH bilden.

Gesetzliche Rücklagen dürfen nur – wie die gebundenen Kapitalrücklagen – zur Abdeckung von Verlusten verwendet werden.

Es müssen 5 % des Jahresüberschusses abzüglich eines Verlustvortrages und der Zuführung zu einer unversteuerten Rücklage zuzüglich der Auflösung unversteuerter Rücklagen so lange der gesetzlichen Rücklage zugeführt werden, bis 10 % des Nennkapitals (Grund- bzw. Stammkapitals) unter Berücksichtigung der gebundenen Kapitalrücklage erreicht sind.

Erläuterungsbeispiel

In der Bilanz sind per 1. 1. ausgewiesen:

gebundene Kapitalrücklage	€ 200.000,–
gesetzliche Rücklage	€ 54.600,–
Rücklagen zur Verlustabdeckung	€ 254.600,–

Nennkapital insgesamt € 3.000.000,–

10 % davon	€ 300.000,–
Fehlbetrag in der gesetzlichen Rücklage	€ 46.000,–

Annahme:
Jahresüberschuss € 458.000,–
Zuweisung zur unversteuerten Rücklage € 48.000,–
Auflösung einer unversteuerten Rücklage € 120.000,–

Ergibt als Bemessungsgrundlage für den Betrag der Zuweisung zur gesetzlichen Rücklage:

Jahresüberschuss	€ 458.000,–	
– Zuführung zur unversteuerten RL	€ 48.000,–	
+ Auflösung unversteuerte RL	€ 120.000,–	
Zuführung zur gesetzlichen Rücklage	€ 530.000,–	5 % = 26.500,–

Da dieser Betrag kleiner ist als der Fehlbetrag in der gesetzlichen Rücklage, sind € 26.500,– der gesetzlichen Rücklage zuzuführen.

Buchung:

(8) Dotierung gesetzliche Rücklage / (9) gesetzliche Rücklage

- ● Satzungsmäßige (vertragliche) Rücklagen

  Dies sind Rücklagen, zu deren Bildung die Gesellschaft durch den Gesellschaftsvertrag bzw. die Satzung verpflichtet ist. Sie können gebunden (für einen bestimmten Zweck) oder ungebunden sein. Eine Zweckwidmung könnte z. B. zur Substanzerhaltung oder Wachstumssicherung erfolgen.

  Vertragliche Rücklagen sind vor allem für jene GmbH von Bedeutung, die nicht zur Bildung einer gesetzlichen Rücklage verpflichtet sind, also kleine und mittlere GmbH.

- ● Freie Gewinnrücklagen

  Ihre Bildung liegt im Ermessen des Vorstandes einer AG oder der Generalversammlung einer GmbH.

  Die Auflösung solcher Rücklagen unterliegt keinen Beschränkungen.

Übung

Ü 5.2: Bildung von Gewinnrücklagen

Die Bitterlich AG hat ein Grundkapital von € 2.400.000,–, zerlegt in 100 000 Aktien.

gebundene Kapitalrücklage per 1. 1.	€ 38.620,–
gesetzliche Rücklagen per 1. 1.	€ 124.648,–
satzungsmäßige Rücklage per 1. 1.	€ 80.440,–
Verlustvortrag	€ 4.590,–
Jahresüberschuss	€ 98.730,–

In diesem Jahr gab es keine Zuweisung oder Auflösung von unversteuerten Rücklagen.

Auszug aus der Satzung:

> Vom Jahresüberschuss sind nach Zuweisung zur gesetzlichen Rücklage so lange 10 % einer Rücklage zuzuweisen, bis 15 % des Grundkapitals erreicht sind. Sowohl der Betrag der Zuweisung zur gesetzlichen als auch jener zur satzungsmäßigen Rücklage ist auf Ganze zu runden.
>
> Der verbleibende Bilanzgewinn kann unter Berücksichtigung eines Gewinn-/Verlustvortrages ausgeschüttet werden. Ist der Restgewinn so gering, dass nicht einmal € 0,50 pro Aktie an Dividende ausgezahlt werden kann, ist der Restgewinn als Gewinnvortrag auszuweisen. Die Dividende ist jeweils um 10 Cent anzuheben. Ein verbleibender Restbetrag ist als Gewinnvortrag anzusetzen.

Ihre Aufgaben:

- ● Ermitteln Sie den Betrag, welcher der gesetzlichen Rücklage zuzuweisen ist, und geben Sie den Buchungssatz für diese Zuweisung an.
- ● Ermitteln Sie den Betrag, welcher der satzungsmäßigen Rücklage zugewiesen werden kann. Stellen Sie diese Zuweisung in Form eines Buchungssatzes dar.
- ● Ermitteln Sie den auszuschüttenden Gewinn gesamt bzw. pro Aktie und als Restgröße einen Gewinnvortrag. Mit der Verbuchung dieser Größen werden wir uns in einem der nächsten Teilkapitel beschäftigen.

Exkurs: Rücklage für eigene Anteile, Anteile an herrschenden oder mit Mehrheit beteiligten Unternehmen

Weist eine Kapitalgesellschaft im Vermögen eigene Anteile, Anteile an herrschenden oder mit Mehrheit beteiligten Unternehmen aus (Mutterunternhmen), so ist „in gleicher Höhe auf der Passivseite eine Rücklage gesondert auszuweisen. Diese Rücklage darf durch Umwidmung frei verfügbarer Kapital- und Gewinnrücklagen gebildet werden, soweit diese einen Verlustvortrag übersteigen. Sie ist insoweit aufzulösen, als diese Anteile aus dem Vermögen ausgeschieden werden oder für sie ein niedrigerer Betrag angesetzt wird." (§ 225 (5) UGB).

Ein Rückkauf bedeutet eine Verminderung des Eigenkapitals und damit des Haftungskapitals und unter Umständen eine Beeinträchtigung der Gläubigerinteressen. Aus diesem Grund sieht der Gesetzgeber die Bildung dieser Rücklage vor, die so lange nicht ausgeschüttet werden darf, solange sie den Passivposten für auf der Vermögensseite ausgewiesene eigene Anteile, Anteile an herrschenden oder mit Mehrheit beteiligten Unternehmen darstellt.

3 Bilanzgewinn / Bilanzverlust

Der **Bilanzgewinn / Bilanzverlust** ist die Differenz zwischen Aufwänden und Erträgen nach Bildung (Auflösung) der Rücklagen.

Einzelunternehmen

Bei Einzelunternehmen wird der Bilanzgewinn / Bilanzverlust sofort auf dem Kapitalkonto ausgewiesen, d. h., er erhöht (Gewinn) bzw. vermindert (Verlust) das Eigenkapital. Diese Buchung haben Sie selbst schon oft vorgenommen.

Personengesellschaften

Unbeschränkt haftende Gesellschafter einer Personengesellschaft erhalten ihren Gewinnanteil ebenfalls direkt auf ihr (variables) Kapitalkonto gebucht.

(9) G+V / (9) (variables) Kapitalkonto Gesellschafter bzw. Komplementär

Auch beschränkt haftenden und stillen Gesellschaftern wird ihr Gewinnanteil sofort gutgeschrieben. Sie erinnern sich: Dieser Gewinnanteil stellt jedoch eine Verbindlichkeit der Gesellschaft gegenüber diesen Gesellschaftern dar und ist daher in Klasse 3 auszuweisen.

(9) G+V / (9) G+V / (3) Gewinnverrechnung Kommanditist bzw. stiller Gesellschafter ables) Kapitalkonto Gesellschafter bzw. Komplementär

Verlustanteile von beschränkt haftenden Gesellschaftern werden zu Lasten ihrer Einlage in Klasse 9 ausgewiesen.

(9) Verlustverrechnung Kommanditist / (9) G+V

Kapitalgesellschaften

Bei Kapitalgesellschaften kann die Position „Bilanzgewinn" bzw. „Bilanzverlust" aus zwei Teilen bestehen:
- Jahresgewinn / Jahresverlust des Abschlussjahres
- Gewinn- bzw. Verlustvortrag

Ein Verlustvortrag ergibt sich aus Verlusten der Vergangenheit, zu deren Deckung keine Rücklagen aufgelöst wurden. Ein Gewinnvortrag ist in den meisten Fällen ein Restbetrag, nämlich die Differenz zwischen dem (runden) ausgeschütteten Gewinn und dem ausschüttbaren Bilanzgewinn (vgl. Ü 36).

Dieser getrennte Ausweis erfolgt auch in der G+V (vgl. Gliederung der staffelförmigen G+V lt. § 231 (2) oder (3) UGB – hier Kapitel 6).

Hinweis: Für manche Gewinnanteile besteht eine Ausschüttungssperre. Diese Tatbestände sind in § 235 UGB aufgelistet. Aus dem Bilanzgewinn sind daher solche Gewinnteile herauszurechnen – nur der verbleibende Rest darf an die Gesellschafter ausgeschüttet werden.

Bis zur General- bzw. Hauptversammlung, in der die Gewinnverwendung beschlossen wird, wird der Bilanzgewinn als eigener Posten in der Klasse 9 ausgewiesen. Die Buchung erfolgt durch

(9) G+V / (9) Bilanzgewinn

Erst wenn die Ausschüttung beschlossen ist, wird der Bilanzgewinn als Verbindlichkeit ausgewiesen. Jener Teil, der als Restgewinn übrig bleibt, wird als Gewinnvortrag ausgewiesen.

(9) Bilanzgewinn / (3) Dividendenverbindlichkeiten bzw. Verbindlichkeiten Gewinnanteile

> In der Praxis werden besonders bei kleinen GmbH oft keine Rücklagen gebildet, nicht ausgeschüttete Gewinne verbleiben somit im Gewinnvortrag.

Beachten Sie:

An die Gesellschafter werden nur 75 % ausbezahlt. Die Gesellschaft ist verpflichtet, 25 % KESt einzubehalten und an das Betriebsfinanzamt abzuführen (sieben Tage nach Beschlussfassung).

Bei Zahlung ist daher zu buchen:

(3) Dividendenverbindlichkeiten bzw.	(2) Zahlungsmittelkonto (75 %) bzw.
(3) Verbindlichkeiten Gewinnanteile (GmbH)	(3) Einbehaltene KESt (25 %)

Ein Bilanzverlust, der nicht durch die Auflösung von Rücklagen glattgestellt wird (werden kann), erfordert die Buchung:

(9) Bilanzverlust / (9) G+V

Übung

Ü 5.3: – Fortsetzung von Ü 5.2
Ihre Aufgaben:
- Stellen Sie die Buchung des Bilanzgewinnes per 31. 12. dar.
- Gehen Sie von der Annahme aus, dass der Beschluss der Hauptversammlung zur Dividendenausschüttung am 14. 6. erfolgt, und geben Sie die entsprechende Buchung an.
- Gehen Sie von der Annahme aus, dass die Auszahlung der Dividende am 10. 7. erfolgt, und geben Sie die entsprechende Buchung an.

Üben

Ü 5.4: Negatives Eigenkapital D
Erläutern Sie, wann man von einem negativen Eigenkapital spricht. Wo wird es in der Bilanz ausgewiesen?

Ü 5.5: Fixes und variables Kapitalkonto C
Begründen Sie, warum für die unbeschränkt haftenden Gesellschafter einer OG bzw. einer KG jeweils ein fixes und ein variables Kapitalkonto geführt werden.

Ü 5.6: Ausstehende Einlage – Eingeforderte Einlage C
Wann wird für einen Kommanditisten das Konto „Ausstehende Einlage" und wann das Konto „Eingeforderte Einlage" geführt? In welchen Kontenklassen sind diese Konten zu finden?

Ü 5.7: Gewinnverrechnungskonto C
Unter welchen Voraussetzungen wird der Gewinnanteil des Kommanditisten auf sein Gewinnverrechnungskonto gutgeschrieben?

Ü 5.8: Stiller Gesellschafter D
Erklären Sie, was die Aussage: „Die stille Gesellschaft ist eine reine Innengesellschaft" bedeutet.

Ü 5.9: Kapital- und Gewinnrücklagen C
Charakterisieren Sie allgemein den Unterschied zwischen Kapital- und Gewinnrücklagen.

Ü 5.10: Gebundene Kapitalrücklage C
Wann kommt es zur Bildung einer gebundenen Kapitalrücklage? Für welche Zwecke dürfen gebundene Kapitalrücklagen verwendet werden?

Ü 5.11: Freie Kapitalrücklage D

Wenn eine freie Kapitalrücklage an die Gesellschafter ausgeschüttet wird, unterliegt diese Ausschüttung bei den Gesellschaftern nicht der KESt. Begründen Sie diese Aussage.

Ü 5.12: Bilanzgewinn – Bilanzverlust C

Während bei Einzelunternehmen und Personengesellschaften mit dem Jahresabschluss auch der Gewinn den Kapital- bzw. Gewinnverrechnungskonten gutgeschrieben wird, wird bei Kapitalgesellschaften der Bilanzgewinn bzw. Bilanzverlust zunächst auf einem eigenen Konto ausgewiesen. Erläutern Sie, warum dieser Unterschied besteht.

 **Sichern**

Darstellung des Eigenkapitals nach Rechtsform

KG	OG
Komplementärkapital Fixes Kapitalkonto Komplementär Variables Kapitalkonto Komplementär **Kommanditkapital** Bedungene Einlage - ausstehende Einlage Kommanditist - Verlustverrechnung Kommanditist	Fixes Kapitalkonto Gesellschafter A Variables Kapitalkonto Gesellschafter A Fixes Kapitalkonto Gesellschafter B Variables Kapitalkonto Gesellschafter B
Bei mehreren Gesellschaftern gibt es jeweils mehrere Komplementärkapitalien bzw. Kommanditkapitalien.	

In der OG und beim Komplementärkapital wird auf dem fixen Konto die vertraglich vereinbarte Einlage erfasst. Die variablen Kapitalkonten werden durch Gewinne und Privateinlagen erhöht und durch Verluste und Privatentnahmen reduziert.

Beim Kommanditisten werden Gewinne als Verbindlichkeit in der Klasse 3 ausgewiesen.

GmbH	AG
Stammkapital **Kapitalrücklagen** Gebundene Kapitalrücklage Freie Kapitalrücklage **Gewinnrücklagen** Gebundene Gewinnrücklage Vertragliche Gewinnrücklage Freie Gewinnrücklage Bilanzgewinn (davon Gewinnvortrag)	Grundkapital **Kapitalrücklagen** Gebundene Kapitalrücklage Freie Kapitalrücklage **Gewinnrücklagen** Gebundene Gewinnrücklage Satzungsmäßige Gewinnrücklage Freie Gewinnrücklage Bilanzgewinn (davon Gewinnvortrag)

Kapitalrücklagen stellen Außenfinanzierung dar, werden also von den Gesellschaftern zusätzlich zum Stamm- oder Grundkapital in die Gesellschaft einbezahlt.

Gewinnrücklagen stellen Innenfinanzierung dar. Sie werden aus Gewinnen dotiert, die nicht zur Ausschüttung bestimmt sind.

Der **Bilanzgewinn** stellt den an die Gesellschafter ausschüttbaren Betrag dar.

 **Wissen**

SbX   ID: 0510

 A B C D E

W 5.1: Position Eigenkapital A

Erklären Sie, woraus die Position Eigenkapital im § 224 UGB besteht.

W 5.2: Einlage eines stillen Gesellschafters C

In welchen Kontenklassen kann die Einlage eines stillen Gesellschafters geführt werden?

W 5.3: Kapital A

Erläutern Sie, wie man das Kapital bei Aktiengesellschaften, wie bei der Gesellschaft mit beschränkter Haftung bezeichnet. Geben Sie die jeweilige Mindesthöhe an, sowohl vom Kapital als auch vom einzelnen Anteil.

W 5.4: Gewinnrücklagen A

Nennen Sie die drei möglichen Arten der Gewinnrücklagen.

W 5.5: Bildung der gesetzlichen Rücklage A

Wie lauten die Bestimmungen für die Bildung der gesetzlichen Rücklage – wie für ihre Auflösung?

W 5.6: Gesetzliche Rücklage C

Erläutern Sie: Sind alle Kapitalgesellschaften zur Bildung einer gesetzlichen Rücklage verpflichtet?

W 5.7: Verlust- oder Gewinnvortrag D

Begründen Sie, wieso es bei Kapitelgesellschaften zu einem Verlust- oder Gewinnvortrag kommen kann.

W 5.8: Gewinnausschüttung C

Der Bilanzgewinn per 1. 1 der Knall GmbH beträgt € 160.000,00. Am 16.06. beschließen die Gesellschafter eine Ausschüttung in Höhe von € 100.000,00. Die Auszahlung erfolgt am 21.6.2016.

Stellen Sie alle mit diesem Sachverhalt erforderlichen Buchungen in Form von Buchungssätzen dar.

W 5.9: Kapitalerhöhung C

Am 31. 3. wird eine bereits beschlossene Kapitalerhöhung der Kräuter AG durchgeführt:

Ausgabe 10.000 neuer Aktien im Nominalwert von € 10,00 pro Aktie. Agio 20 % vom Nominale. Der Gesamtbetrag (Nominale und Agio) geht am 15.4. auf dem Konto der Gesellschaft ein.

Stellen Sie alle mit diesem Sachverhalt erforderlichen Buchungen in Form von Buchungssätzen dar.

SbX
W 5.10 finden Sie unter der ID: 0510.

Ein kurzer Kompetenz-Check, bevor's weitergeht!

Kompetenz-Check

	☺	😐	☹
Ich kann die Darstellung des Eigenkapitals von Personengesellschaften erklären.			
Ich kann die Darstellung des Eigenkapitals von Kapitalgesellschaften erklären.			

6 GEWINN-UND-VERLUST-RECHNUNG

Worum geht's in diesem Kapitel?

Für alle Unternehmen, die eine doppelte Buchhaltung führen, gilt hinsichtlich der Rechnungslegung das Dritte Buch des UGB.

> **§ 200 UGB:**
>
> „In der Gewinn-und-Verlust-Rechnung sind die Erträge und Aufwendungen unter Bedachtnahme auf die Grundsätze des § 195 aufzugliedern. Der Jahresüberschuss (Jahresfehlbetrag) und der Bilanzgewinn (Bilanzverlust) sind gesondert auszuweisen."

§ 195 UGB stellt die Anforderung nach

- Klarheit und Übersichtlichkeit, um
- ein möglichst getreues Bild der […] Ertragslage des Unternehmens zu vermitteln.

Wenn Sie dieses Kapitel bearbeitet haben,

- kennen Sie den Unterschied zwischen Gesamt- und Umsatzkostenverfahren,
- können Sie eine GuV nach dem Gesamtkostenverfahren gem § 231 (2) UGB erstellen.

In diesem Kapitel erwerben Sie Kompetenzen zu folgender Bildungs- und Lehraufgabe:

„Die Schülerinnen und Schüler können die formalen Vorschriften für die Bilanz und die staffelförmige Gewinn- und Verlustrechnung anwenden."

In diesem Kapitel finden Sie Übungsaufgaben, praxisbezogene Fallbeispiele und Aufgaben zur Lernkontrolle zur Überprüfung Ihrer Kompetenzen auf den Handlungsebenen A Wiedergeben, B Verstehen, C Anwenden und D Analysieren und Interpretieren.

 # Lernen

SbX   ID: 0610

1 Wiederholung Kreislaufschema von der Eröffnung zu Schlüsselbilanz

Sie wissen bereits:
Der periodenreine
Ausweis wird durch
Rechnungsabgrenzungen
und Rückstellungen
ermöglicht.

**Verbindung der
G+V-Rechnung mit
der Bilanz**

Während die Bilanz eine Momentaufnahme zu einem bestimmten Stichtag ist, zeigt die G+V-Rechnung alle Aufwendungen und Erträge des Geschäftsjahres und damit den Erfolg (Gewinn oder Verlust) dieses Geschäftsjahres. Um diesen Jahreserfolg auch richtig darzustellen, bedarf es eines periodenreinen Ausweises der Aufwendungen und Erträge.

Die G+V-Rechnung ist über das Eigenkapitalkonto mit der Bilanz verbunden:

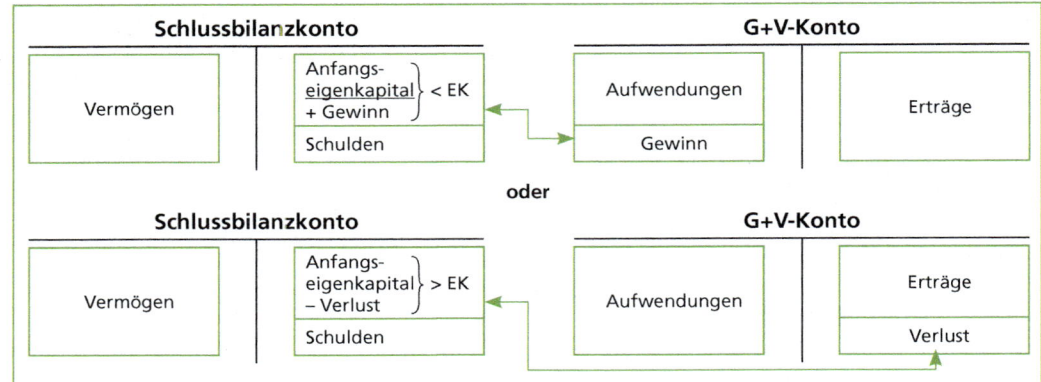

2 Die G+V von Einzelunternehmen und Personengesellschaften

Für diese Rechtsformen genügt eine Darstellung der Erfolgsrechnung in Kontenform mit klarer Gliederung nach Aufwands- und Ertragsgruppen. Der österreichische Einheitskontenrahmen entspricht diesem Erfordernis – mit seinen Kontenklassen 4–8 und der darin enthaltenen Gruppierung (Kontengruppen).

G+V in Kontenform

Aufwendungen	Erträge
Betriebsaufwendungen KI 5: Materialaufwendungen KI 6: Personalaufwendungen KI 7: sonstige betriebl. Aufwendungen **Finanzaufwendungen** KI 8	**Betriebliche Erträge** KI 4 **Finanzerträge** KI 8

Der Unterschied zwischen Jahresüberschuss und Bilanzgewinn liegt in der Zuweisung und Auflösung von Rücklagen. Da Rücklagen in Einzelunternehmen und bei Personengesellschaften kaum von Bedeutung sind, ist der Jahresüberschuss in diesen Unternehmen meistens mit dem Bilanzgewinn gleichzusetzen.

In der Praxis erfolgt die Erstellung der G+V fast ausschließlich in Staffelform, da die Software oft keine andere Möglichkeit bietet.

Während das Jahresergebnis bei der Darstellung in Kontenform in einer Größe ausgewiesen wird, hat die staffelförmige Darstellung den Vorteil der Berechnung von Zwischenergebnissen und verbessert damit die Aussagekraft der Erfolgsrechnung.

Die wesentlichen Stufen bei der staffelförmigen Darstellung auf Basis obiger kontenförmiger Darstellung sind:

**Stufen der staffel-
förmigen G+V
(ohne Steuern
und Rücklagen)**

betriebliche Erträge (Klasse 4)		
– betriebliche Aufwendungen (Klasse 5–7)	Betriebsergebnis	EGT
Betriebsergebnis	+/–Finanzergebnis	+/– a. o. Ergebnis
Finanzerträge (Klasse 8)	EGT	**Gewinn / Verlust**
– Finanzaufwendungen (Klasse 8)		
Finanzergebnis		

Im **Betriebsergebnis** werden alle Erträge und Aufwendungen gegenübergestellt, die unmittelbar mit der eigentlichen Leistungserstellung im Zusammenhang stehen. Diese Erträge und Aufwendungen sind abhängig von der Unternehmenstätigkeit:

Beispiel

- In Handelsbetrieben sind es Erträge und Aufwendungen im Zusammenhang mit Ein- und Verkauf von Handelswaren.

- In Erzeugungsbetrieben sind es Erträge und Aufwendungen im Zusammenhang mit der Produktion und dem Verkauf der erzeugten Produkte.

- In Dienstleistungsunternehmen sind es Aufwendungen, die zu der Erstellung der betreffenden Dienstleistungen erforderlich sind, und deren Verkaufserlöse.

Das **Finanzergebnis** umfasst alle Erträge und Aufwendungen, die zwar auch zur regelmäßigen gewöhnlichen Geschäftätigkeit zählen, aber Finanzierungsgeschäfte betreffen und daher als betriebsferner einzustufen sind. Beispiele dafür wären Zinsaufwendungen im Zusammenhang mit dem Betriebskredit, Zinserträge für Wertpapiere, die im Umlaufvermögen des Unternehmens ausgewiesen sind. Das Finanzergebnis ist bei sehr vielen Unternehmen negativ, da die Aufwendungen im Zusammenhang mit Finanzierungsgeschäften meistens größer als die Erträge sind.

Betriebsergebnis und Finanzergebnis zusammen ergeben das **Ergebnis der gewöhnlichen Geschäftätigkeit (EGT)**. Diese Größe ist besonders wichtig für die Berechnung vieler Kennzahlen und damit Unternehmensvergleiche. In den meisten Einzelunternehmen und Personengesellschaften ist das EGT gleichzusetzen mit dem Gewinn oder Verlust. Außerordentliche Erträge bzw. außerordentliche Aufwendungen kommen kaum vor.

3 Die G+V von Kapitalgesellschaften
Für diese Rechtsform bestehen wesentlich strengere Gliederungsvorschriften (§ 231 UGB).

Bei der Darstellung in Staffelform kann nach dem Gesamtkosten- oder nach dem Umsatzkostenverfahren vorgegangen werden.

Der Unterschied zwischen Gesamtkosten- und Umsatzkostenverfahren liegt in der Ermittlung des Betriebsergebnisses. Beide Ermittlungsverfahren führen jedoch zum gleichen Betriebsergebnis. Die weitere Darstellung ist in beiden Verfahren gleich, d. h., die Ermittlungen der weiteren Zwischenergebnisse und damit des Bilanzgewinnes bzw. Bilanzverlustes sind ident.

Wenn Sie die Abbildung (Seite 110) betrachten, sehen Sie es selbst: Der wesentliche Unterschied zwischen Gesamtkosten- und Umsatzkostenverfahren liegt in der Berücksichtigung von Bestandsänderungen unfertiger und fertiger Erzeugnisse und der Berücksichtigung der aktivierten Eigenleistungen. Während das Gesamtkostenverfahren Bestandsänderungen und aktivierte Eigenleistungen offen ausweist, werden die Aufwendungen (Herstellungskosten) für Bestandsänderungen und aktivierte Eigenleistung vor Erstellung der Gewinn- u. Verlustrechnung auf die entsprechenden Bestandskonten (z. B. unfertige und fertige Erzeugnisse) umgebucht.

Wiederholung:
Korrekturbuchungen im
Zusammenhang mit unfer-
tigen und fertigen Erzeug-
nissen und selbsterstellten
Anlagen

Sie erinnern sich:

Sowohl bei Bestandserhöhungen von unfertigen und fertigen Erzeugnissen als auch bei der Aktivierung selbst erstellter Anlagen wurden die dafür anfallenden Herstellungskosten (Aufwendungen) durch eine Ertragsbuchung in der G+V neutralisiert (Buchung am Konto Bestandsveränderungen bzw. am Konto Aktivierte Eigenleistungen im Haben). Bei Lagerabbau von unfertigen und fertigen Erzeugnissen werden hingegen die dem Abbau entsprechenden zusätzlichen
Aufwendungen in der G+V dazugerechnet (Buchung am Konto Bestandsveränderungen im
Soll). Aktiviert werden dürfen weder Vertriebs- noch Verwaltungskosten.

Während das Gesamtkostenverfahren mit Aufwands-(Kosten-)arten rechnet, geht das Umsatzkostenverfahren nach Kostenstellen vor. Das Umsatzkostenverfahren stellt den Schnittpunkt
vom externen zum internen Rechnungswesen dar.

**Gegenüberstellung
Gesamtkosten- und
Umsatzkosten-
verfahren**

Gesamtkostenverfahren	Umsatzkostenverfahren	
Umsatzerlöse	Umsatzerlöse	
+/– Bestandsveränderungen an unfertigen und fertigen Erzeugnissen	– Herstellungskosten der zur Erzielung der Umsatzerlöse erbrachten Leistungen	
+ andere aktivierte Eigenleistungen	= Bruttoergebnis vom Umsatz	
+ sonstiger betriebl. Ertrag	= Rohgewinn	Kosten-stellen
– Materialaufwand	+ sonstiger betriebl. Ertrag	
– Personalaufwand	– Vertriebskosten	
– Abschreibungen	– allgemeine Verwaltungskosten	
– sonstiger betriebl. Aufwand	– sonstiger betriebl. Aufwand	

Aufwands-arten (Gesamtkostenverfahren)

= **Betriebsergebnis**
+/– Finanzergebnis
= Ergebnis vor Steuern
+/– Steuern vom Einkommen und vom Ertrag
= Jahresüberschuss/Jahresfehlbetrag
+/– Auflösung / Zuweisung zu Rücklagen
= Bilanzgewinn/Bilanzverlust

Erläuterungsbeispiel

Im heurigen Jahr wurden 10 000 Stück Elektromotoren produziert, davon wurden 8000 Stück zum Preis von € 800,– netto verkauft.

Die gesamten betrieblichen Aufwendungen lassen sich den Kostenstellen wie folgt zuordnen:

(internes Rechnungswesen) ⟶ **Aufwandarten** ↓ (externes Rechnungswesen)				
Materialaufwand	550.000			
Fertigungsmaterial	500.000	500.000		
sonstiger Materialaufwand (GK)	50.000	30.000	20.000	
Personalaufwand	3.540.000			
Fertigungslöhne	1.500.000		1.500.000	
sonstiger Personalaufwand (GK)	2.040.000	40.000	1.100.000	600.000	300.000
Abschreibungen (GK)	440.000	10.000	280.000	100.000	50.000
Sonstiger betriebl. Aufwand (GK)	770.000	20.000	400.000	200.000	150.000
Gesamtaufwand	5.300.000	600.000	3.300.000	900.000	500.000
davon Gemeinkosten		100.000	1.800.000		
Gemeinkostenzuschlag		20 %	120 %		

Berechnung des Betriebsergebnisses

nach dem Gesamtkostenverfahren			nach dem Umsatzkostenverfahren		
Umsatzerlöse 8000 Stk. à 800,– 6.400.000,–			Umsatzerlöse 8000 Stk. à 800,– 6.400.000,–		
+	Bestandsveränderungen 2000 Stück à 390,– *)	780.000,–	–	Herstellungskosten für 8000 Stück à 390,–	3.120.000,–
		7.180.000,–	=	Bruttoergebnis vom Umsatz	3.280.000,–
–	Materialaufwand	550.000,–	–	Verwaltungsgemeinkosten	900.000,–
–	Personalaufwand	3.540.000,–	–	Vertriebsgemeinkosten	500.000,–
–	Abschreibungen	440.000,–	=	**Betriebsergebnis**	**1.880.000,–**
–	sonstiger betriebl. Aufwand	770.000,–			
=	**Betriebsergebnis**	**1.880.000,–**			

*) Material- und Fertigungsaufwand für 10 000 Stück in Summe 3.900.000,– – vgl. BAB

Das Umsatzkostenverfahren wird in Österreich nur von einem Teil der großen, internationalen Produktionsbetriebe angewendet. Der Großteil der österreichischen Unternehmen erstellt die G+V nach dem Gesamtkostenverfahren. Wir wollen uns daher in Folge nur mehr mit diesem beschäftigen und die Gliederung nach § 231 (2) UGB darstellen.

Vorweg wird in § 231 (1) betont, dass es sich hierbei um eine Mindestgliederung handelt:

„[…] In ihr sind unbeschadet einer weiteren Gliederung die nachstehend bezeichneten Posten in der angegebenen Reihenfolge gesondert auszuweisen, […]"

Detailgliederungen der staffelförmigen G+V nach Gesamt-kostenverfahren

Gliederung lt. § 231 (2) – Gesamtkostenverfahren	Kommentar
1. Umsatzerlöse	unternehmenstypische Erlöse gekürzt um Retourwaren, Rabatte und Skonti
2. Veränderungen des Bestands an fertigen und unfertigen Erzeugnissen sowie an noch nicht abgerechneten Leistungen	
3. andere aktivierte Eigenleistungen	

4.	sonstige betriebliche Erträge, wobei Gesellschaften die nicht klein sind, folgende Aufwendungen gesondert aufgliedern müssen:	
a)	Erträge aus dem Abgang vom und der Zuschreibung zum Anlagevermögen mit Ausnahme der Finanzanlagen	Zuschreibung beim Wegfall der Gründe für die vorgenommene außerplanmäßige Abschreibung Gewinne aus Anlagenabgang
b)	Erträge aus der Auflösung von Rückstellungen	außer ● Personalrückstellungen mit Ausnahme einer echten Auflösung wegen Ausscheidens ● Steuerrückstellungen
c)	übrige	z.B. Erträge aus der Verminderung von Wertberichtigungen, Erträge aus Schadenersatzleistungen
5.	Aufwendungen für Material und sonstige bezogene Herstellungsleistungen	Roh-, Hilfs- und Betriebsstoffverbrauch, Handelswarenverbrauch, Verbrauch von Reparaturmaterial, Verpackungsmaterial, Reinigungsmaterial, Energie für die Fertigung, Materialbearbeitung und -veredelung durch Dritte – abzüglich zuordenbarer Skonti und üblicher Abschreibungen
a)	Materialaufwand	
b)	Aufwendungen für bezogene Leistungen	
6.	Personalaufwand	
a)	Löhne und Gehälter, wobei Gesellschaften die nicht klein sind, Löhne und Gehälter getrennt voneinander ausweisen müssen	Bruttoentgelte einschließlich Sonderzahlungen und sonstige Vergütungen in Form von Geld- und Sachleistungen
b)	soziale Aufwendungen, Davon Aufwendunge für Altersversorgung, wobei Gesellschaften, die nicht klein sind, folgende Beträge zusätzlich gesondert ausweisen müssen	Auszahlung von Abfertigungen, Zuführung abzüglich Verwendung der Rückstellung, laufende Pensionszahlungen, Zuführung abzüglich Verwendung der Rückstellung, alle Dienstgeberbeiträge
aa)	Aufwendungen für Abfertigungen und Leistungen an betriebliche Mitarbeitervorsorgekassen	
bb)	Aufwendungen für gesetzlich vorgeschriebene Sozialabgaben sowie vom Entgelt abhängige Abgaben und Pflichtbeiträge	
7.	Abschreibungen	
a)	auf immaterielle Gegenstände des Anlagevermögens und Sachanlagen sowie auf aktivierte Aufwendungen für das Ingangsetzen und Erweitern eines Betriebes	planmäßige und außerplanmäßige Abschreibungen lt. Anlagenverzeichnis – nicht jedoch Abschreibungen aufgrund steuerlicher Sonderbestimmungen → Z 26 Verrechnung mit Zuschreibungen verboten
b)	auf Gegenstände des Umlaufvermögens, soweit diese die im Unternehmen üblichen Abschreibungen überschreiten	Abschreibungen sind unüblich, wenn sie den Durchschnitt der vergangenen Jahre überschreiten. Abschreibungen auf Wertpapiere des Umlaufvermögens gehören unter Z 14a
8.	sonstige betriebliche Aufwendungen, wobei Gesellschaften, die nicht klein sind, Steuern, soweit sie nicht unter Z 18 fallen, gesondert ausweisen müssen	alle Aufwendungen der Klasse 7, die nicht in eine der vorher genannten Kategorien fallen, gesondert auszuweisende Steuern wären z.B. Grundsteuer, Kfz-Steuer, alle Verkehrs- und Verbrauchssteuern, Gebühren nach dem Gebührengesetz
9.	**Zwischensumme auf Z 1 bis 8**	**Betriebsergebnis**
10.	Erträge aus Beteiligungen, davon aus verbundenen Unternehmen	Gewinnausschüttung aus Beteiligungen an Personen- und Kapitalgesellschaften
11.	Erträge aus anderen Wertpapieren und Ausleihungen des Finanzanlagevermögens, davon aus verbundenen Unternehmen	Zinserträge aus festverzinslichen Wertpapieren des Anlagevermögens und Dividendenerträge, wenn keine Beteiligung vorliegt

Daher werden übliche Abwertungen und üblicher Schwund in Klasse 5 verbucht.

Hinweis auf das Konto „Abschreibung von Vorräten" in Klasse 7

12. sonstige Zinsen und ähnliche Erträge, davon aus verbundenen Unternehmen	Zinsen aus Bankguthaben, aus Wertpapieren des Umlaufvermögens NICHT: von Lieferanten gewährte Skonti
13. Erträge aus dem Abgang von und der Zuschreibung zu Finanzanlagen und Wertpapieren des Umlaufvermögens	Veräußerungserlös > Buchwert Zuschreibung beim Wegfall der Gründe für die vorgenommene außerplanmäßige Abschreibung
14. Aufwendungen aus Finanzanlagen und aus Wertpapieren des Umlaufvermögens, davon haben Gesellschaften, die nicht klein sind, gesondert auszuweisen:	
a) Abschreibungen	
b) Aufwendungen aus verbundenen Unternehmen	Dazu zählen u. a. Verlustanteile von Personengesellschaften.
15. Zinsen und ähnliche Aufwendungen, davon betreffend verbundene Unternehmen	Zinsen für Bankkredite, für Lieferantenkredite, Überziehungsprovision
16. Zwischensumme aus Z 10–15	**Finanzergebnis**
17. Ergebnis vor Steuern (Zwischensumme aus Z 9 und Z 16)	Betriebsergebnis +/– Finanzergebnis
18. Steuern vom Einkommen und vom Ertrag	Körperschaftsteuer (Vorauszahlungen, Nachzahlungen, Veränderungen der RSt), eventuell Kapitalertragsteuer
19. Ergebnis nach Steuern	
20. sonstige Steuern, soweit nicht unter den Posten 1 bis 19 enthalten	z. B.: ausländische Steuern
21. Jahresüberschuss/Jahresfehlbetrag	
22. Auflösung von Kapitalrücklagen	
23. Auflösung von Gewinnrücklagen	
24. Zuweisung zur Gewinnrücklage	
25. Gewinnvortrag/Verlustvortrag aus dem Vorjahr	
29. Bilanzgewinn/Bilanzverlust	

Wie Sie sehen, existieren einige Erleichterungen in der Unterteilung der Aufwendungen für kleine Kapitalgesellschaften. Die Einteilung in Größenklassen finden Sie in Kapitel 8 auf Seite 164. Alle größenabhängigen Erleichterungen könnten in Anspruch genommen werden. Eine detailliertere Gliederung als in § 231 gefordert, darf natürlich immer angewandt warden.

Übungen

ID: 0610

Ü 6.1: Vergleich mit Kontenplan

Sie finden die Gliederung nach § 231 (2) UGB nochmals im SbX unter der ID: 0610. Schreiben Sie zu den einzelnen Kategorien die Kontonummern bzw. Kontengruppen des Kontenplanes (basierend auf dem österreichischen Einheitskontenrahmen, den Sie im Unterricht verwenden).

Ü 6.2: Erstellen einer staffelförmigen G+V

Gegeben ist folgender Auszug aus der Erfolgsbilanz einer Kapitalgesellschaft:

KNr.	Kontenbezeichnung	SOLL	HABEN
4000	Umsatzerlöse		24.850.600,–
4400	Erlösberichtigungen	236.580,–	
4410	Kundenskonti	72.860,–	
4500	Bestandsveränderungen		120.500,–
4630	Erträge aus dem Abgang von Anlagevermögen		84.300,–
4700	Erträge aus der Auflösung von Rückstellungen		60.000,–
4880	Übrige betriebliche Erträge		146.500,–
5100	Rohstoffverbrauch	4.650.410,–	
5200	Verbrauch an Fertig- und Einbauteilen	1.870.690,–	
5300	Hilfsstoffverbrauch	870.690,–	
5400	Betriebsstoffverbrauch	458.780,–	
6000	Löhne	4.896.960,–	
6200	Gehälter	3.264.640,–	
6410	betriebliche Mitarbeitervorsorge	122.420,–	
6500	gesetzlicher Sozialaufwand	1.713.940,–	
6600	DB, DZ	408.080,–	
6620	Kommunalsteuer	244.850,–	
7001	planmäßige Abschreibungen von Anlagegütern	2.580.450,–	
7100	Grundsteuer	5.540,–	
7180	Stempel- und Rechtsgebühren	5.400,–	
7200	Instandhaltung durch Dritte	690.700,–	
7700	Versicherungsaufwand	80.400,–	
7850	sonstiger betrieblicher Aufwand	1.280.400,–	
8000	Erträge aus Beteiligungen		680.500,–
8100	Zinserträge aus Bankguthaben		4.850,–
8080	Zinserträge für Wertpapiere des Finanzanlagevermögens		20.500,–
8130	Verzugszinsenerträge		5.700,–
8231	Verluste aus dem Abgang von Wertpapieren des Umlaufvermögens	10.500,–	
8250	Abschreibungen auf Beteiligungen	110.400,–	
8280	Zinsaufwand für Bankkredite	15.600,–	
8300	Verzugszinsenaufwand	4.500,–	
8340	Abschreibung Disagio	2.000,–	
8500	Körperschaftsteuer	80.400,–	

Zusatzinformationen: Von den Erträgen aus Beteiligungen stammen € 80.450,– von verbundenen Unternehmen.

Aufgabe:

Ordnen Sie die Salden der gegebenen Erfolgskonten den richtigen Posten in der G+V-Gliederung zu! Errechnen Sie die Summen der G+V-Positionen und tragen Sie diese in die unten angeführte G+V-Gliederung ein! Errechnen Sie danach den Bilanzgewinn!

1. Umsatzerlöse	
2. Bestandsveränderungen	
3. andere aktivierte Eigenleistungen	
4. sonstige betriebliche Erträge:	
a) Erträge aus dem Abgang von Anlagen	
b) Erträge aus der Auflösung von Rückstellungen	
c) übrige	
5. Aufwendungen für Material und sonstige bezogene Herstellungsleistungen	
a) Materialaufwand	
b) Aufwendungen für bezogene Leistungen	

6. Personalaufwand	
a) Löhne und Gehälter	
Löhne	
Gehälter	
b) soziale Aufwendungen	
aa) Mitarbeitervorsorge	
bb) Aufwendungen für gesetzlich vorgeschriebene Sozialabgaben sowie vom Entgelt abhängige Abgaben und Pflichtbeiträge	
7. Abschreibungen	
8. sonstige betriebliche Aufwendungen:	
a) Steuern, soweit sie nicht unter Z 21 fallen	
9. Zwischensumme aus Z 1 bis 8	
10. Erträge aus Beteiligungen, davon aus verbundenen Unternehmen	
11. Erträge aus anderen Wertpapieren und Ausleihungen des Finanzanlagevermögens, davon aus verbundenen Unternehmen	
12. sonstige Zinsen und ähnliche Erträge, davon aus verbundenen Unternehmen	
13. Erträge aus dem Abgang von und der Zuschreibung zu Finanzanlagen und Wertpapieren des Umlaufvermögens	
14. Aufwendungen aus Finanzanlagen und aus Wertpapieren des Umlaufvermögens, davon sind gesondert auszuweisen:	
a) Abschreibungen	
b) Aufwendungen aus verbundenen Unternehmen	
15. Zinsen und ähnliche Aufwendungen, davon betreffend verbundene Unternehmen	
16. Zwischensumme aus Z 10 bis15	
17. Ergebnis vor Steuern	
18. Steuern vom Einkommen und vom Ertrag	
19. Ergebnis nach Steuern = Jahresüberschuss / -fehlbetrag	
20. Auflösung von Kapitalrücklagen	
21. Auflösung von Gewinnrücklagen	
22. Zuweisung zu Gewinnrücklagen	
23. Gewinnvortrag/Verlustvortrag aus dem Vorjahr	
24. Bilanzgewinn/Bilanzverlust	

Übung

SbX

ID: 0610

Ü 6.3: Erstellen einer staffelförmigen G+V

Ihre Aufgabe:

Die folgenden Aufwands- und Ertragskonten wurden statt nach Kontonummern nach ihren Anfangsbuchstaben geordnet. Sie sollen daraus eine staffelförmige G+V-Rechnung erstellen mit Angabe des

● Betriebserfolgs,
● Finanzerfolgs,
● EGT,
● Jahresüberschusses sowie des
● Bilanzgewinns.

Tipp: Suchen Sie zunächst zu jeder Position die Kontonummer, dann wird die Reihung wesentlich einfacher. Kennzeichnen Sie Erträge mit +, das hilft ebenfalls bei der Erstellung.

Einen Raster für diese Aufgabe finden Sie im SbX unter der ID: 0620.

Abschreibung Forderungen	1.600
Abschreibung geringwertige Wirtschaftsgüter	260
Abschreibung Sachanlagen	21.400
Abschreibung Vorräte („normale Höhe")	1.210
Abschreibungen auf Wertpapiere des Umlaufvermögens	210
Betriebliche Mitarbeitervorsorge	480
Büromaterial	560
Dienstgeberbeitrag zum Familienlastenausgleichsfonds	2.436
Erlösberichtigungen	1.450
Erträge aus dem Abgang von Anlagen	400
Erträge aus der Auflösung von Rückstellungen	1.200
Gehälter	46.395
Gesetzlicher Sozialaufwand	11.627
Grundsteuer	230
Handelswarenerlöse 20 %	521.872
Handelswarenverbrauch	204.110
Instandhaltung durch Dritte	2.500
Kommunalsteuer	1.624
Körperschaftsteuer	8.127
Kundenskonti (Skontoaufwand)	872
Lkw-Betriebsaufwand	3.110
Nichtleistungsgehälter	6.730
Rechts- und Steuerberatungsaufwand	4.200
Steuerpflichtige Erträge Auflösung Rücklagen	3.000
Telefon- und Portogebühren	1.860
Verzugszinsenaufwand	124
Zinsaufwand für Bankkredite	3.420
Zinserträge Wertpapiere Umlaufvermögen	240
Zuschlag zum Dienstgeberbeitrag	276
Zuweisung zur freien Rücklage	2.000
Zuweisung zur Wertberichtigung	980

Üben

Ü 6.4: Gewinn-und-Verlust-Rechnung D

Erörtern Sie den Zweck der G+V-Rechnung.

Ü 6.5: Jahresüberschuss – Bilanzgewinn D

Wieso kann man sagen, dass bei Einzelunternehmen und den meisten Personengesellschaften der Jahresüberschuss dem Bilanzgewinn gleichzusetzen ist?

Ü 6.6: Ergebnis vor Steuern – Betriebsergebnis D

In vielen Fällen ist das Ergebnis vor Steuern kleiner als das Betriebsergebnis. Nehmen Sie dazu Stellung und begründen Sie diese Aussage.

Sichern

Gewinn-und-
Verlust-Rechnung
(GuV)

In der **Gewinn-und-Verlust-Rechnung** werden die Aufwendungen und Erträge (Erlöse) eines Jahres zur Ermittlung des Gewinnes gegenübergestellt.

Für Einzelunternehmen und Personengesellschaften wäre eine Darstellung in Kontenform grundsätzlich ausreichend. In der Praxis wird jedoch auch hier auf die Gliederungsvorschriften für Kapitalgesellschaften zurückgegriffen.

Der Aufbau der GuV für Kapitalgesellschaften wird im § 231 UGB geregelt, wobei zwei Schemen zur Verfügung stehen:

● Umsatzkostenverfahren
● Gesamtkostenverfahren

Wissen

W 6.1: Umsatzkostenverfahren – Gesamtkostenverfahren C

In welchem Bereich unterscheiden sich das Umsatzkosten- und das Gesamtkostenverfahren? Erläutern Sie diesen Unterschied.

W 6.2: Umsatzkostenverfahren – Gesamtkostenverfahren C

Welches der beiden Verfahren stellt die Aufwands-(Kosten)artenrechnung, welches die Kostenstellenrechnung in den Vordergrund?

W 6.3: Staffelförmige G+V C

Denken Sie an die Grobgliederung der staffelförmigen G+V in Betriebsergebnis, Finanzergebnis, Jahresüberschuss und Bilanzgewinn und ordnen Sie die folgenden Aufwände und Erträge vor der jeweiligen Summe ein.

	Betriebs-ergebnis	Finanz-ergebnis	Jahres-überschuss	Bilanz-gewinn
Zinsaufwand für Darlehen				

 Lernen Üben  Sichern  Wissen

	Betriebs-ergebnis	Finanz-ergebnis	Jahres-überschuss	Bilanz-gewinn
planmäßige Abschreibung				
Körperschaftsteuer-VZ				
Dotation gesetzliche Rücklage				
Zuschreibung zu Wertpapieren des Anlagevermögens				
Aufwendungen betriebliche Mitarbeitervorsorge				
Teilauflösung einer Bewertungsreserve zu GWG				

Ein kurzer Kompetenz-Check, bevor's weitergeht!

Kompetenz-Check

	☺	☺	☹
Ich kann den Unterschied zwischen Gesamt- und Umsatzkostenverfahren erklären.			
Ich kann eine Gewinn-und-Verlust-Rechnung nach dem Gesamtkostenverfahren darstellen.			

7 VOM UNTERNEHMENS-RECHTLICHEN ZUM STEUERLICHEN JAHRES-ERGEBNIS – MWR

Worum geht's in diesem Kapitel?

Alle eingetragenen Unternehmen, die eine doppelte Buchhaltung führen, müssen ihren Gewinn nach den unternehmensrechtlichen Bestimmungen ermitteln. Dabei stehen Gläubigerschutz und Vorsichtsprinzip im Vordergrund.

Für die Ermittlung des steuerrechtlichen Ergebnisses steht jedoch die Gleichmäßigkeit der Besteuerung im Vordergrund.

Wir haben daher bereits in den bisherigen Kapiteln Tatbestände kennengelernt, die unternehmensrechtlich und steuerrechtlich unterschiedlich behandelt werden (können/müssen). Zur Erinnerung ein Beispiel: Das Steuerrecht erlaubt weder pauschale Rückstellungen noch eine pauschale Wertberichtigung von Forderungen. Im Sinne des Gläubigerschutzes und des Vorsichtsprinzips im Unternehmensrecht sind solche Rückstellungen und Wertberichtigungen notwendig.

Aus obigem Beispiel geht bereits hervor, dass es sowohl im Unternehmens- als auch im Steuerrecht Kann-Bestimmungen (Wahlrecht) und Muss-Bestimmungen (zwingend) gibt. Wir haben auch immer wieder auf das Maßgeblichkeitsprinzip (Maßgeblichkeit der Unternehmensbilanz für die Steuerbilanz) hingewiesen; Sie haben aber auch schon das umgekehrte Maßgeblichkeitsprinzip kennengelernt.

Wenn Sie dieses Kapitel bearbeitet haben,

- kennen Sie die unterschiedlichen Zielsetzungen des Unternehmens- und Steuerrechts,
- wissen Sie, wie mithilfe der Mehr-Weniger-Rechnung aus dem unternehmensrechtlichen Ergebnis das steuerrechtliche Ergebnis ermittelt wird,
- kennen Sie die derzeit gültigen Freibeträge und Prämien.

In diesem Kapitel erwerben Sie Kompetenzen zu folgender Bildungs- und Lehraufgabe:
„Die Schülerinnen und Schüler können Kenntnisse des Unternehmens- und Steuerrechts sowie anderer rechtlicher Bestimmungen selbstständig vertiefen und anwenden."

In diesem Kapitel finden Sie Übungsaufgaben, praxisbezogene Fallbeispiele und Aufgaben zur Lernkontrolle zur Überprüfung Ihrer Kompetenzen auf den Handlungsebenen A Wiedergeben, B Verstehen, C Anwenden und D Analysieren und Interpretieren.

Lernen

Aufgrund der teils abweichenden Vorschriften im Steuer- bzw. Unternehmensrecht kann es zu folgenden Konstellationen kommen:

Maßgeblichkeit der Unternehmensbilanz für die Steuerbilanz und umgekehrt

unternehmensrechtliche Vorschrift	steuerrechtliche Vorschrift	Maßgeblichkeit
MUSS Beispiel: Abschreibung des derivativen Firmenwertes Verlässliche Schätzung Oder 10 Jahre.	**MUSS** Beispiel: Abschreibung des derivativen Firmenwertes muss auf 15 Jahre erfolgen.	Beide Muss-Bestimmungen stehen für sich. → **MWR**
MUSS Beispiel: strenges Niederstwertprinzip im Umlaufvermögen	**KANN** Beispiel: Bei der Bewertung des Umlaufvermögens kann auf den niedrigeren Teilwert abgewertet werden.	**Maßgeblichkeit der Unternehmensbilanz für die Steuerbilanz**
KANN Beispiel: Sofortabschreibung geringwertiger Vermögensgüter	**KANN** Beispiel: Sofortabschreibung geringwertiger Vermögensgüter	Nur wenn der betreffende Ansatz bereites in der Unternehmensbilanz erfolgt, wird er steuerrechtlich anerkannt – **umgekehrte Maßgeblichkeit.**
KANN Beispiel: Abschreibung Pkw – entsprechend der Nutzung	**MUSS** Beispiel: Abschreibung Pkw – zwingend auf 8 Jahre	**2 Möglichkeiten:** <ul><li>**steuerrechtlicher Ansatz** wird **in der Unternehmensbilanz** gewählt</li><li>unternehmensrechtlich **anderer Ansatz → MWR**</li></ul>

Für sehr viele Unternehmen ist daher der unternehmensrechtliche Jahreserfolg nicht ident mit dem steuerrechtlichen. Dieser wird jedoch aus dem unternehmensrechtlichen abgeleitet:

Vom unternehmens- zum steuerrechtlichen Gewinn

		Beispiele:
unternehmensrechtlicher Gewinn		
+ Hinzurechnungen	= Aufwand im Unternehmensrecht, der steuerrechtlich nicht oder nur geringer anerkannt wird	Zuweisung zur Pauschal-WB
	= Ertrag im Unternehmensrecht, der steuerrechtlich höher anzusetzen ist	Auflösung einer steuerlich nicht anerkannten Rückstellung
– Kürzungen	= Aufwand im Unternehmensrecht, der steuerlich höher anzusetzen ist	Geldbeschaffungskosten ab dem 2. Jahr
	= Ertrag im Unternehmensrecht, der steuerrechtlich nicht oder niedriger anzusetzen ist	endbesteuerte Zinserträge

= steuerrechtlicher Gewinn

1 MWR aufgrund unterschiedlicher Ansätze
Die wesentlichsten Bilanz- bzw. Erfolgspositionen, bei denen es zu einer steuerlichen MWR kommen könnte

Zur leichteren Orientierung beim Nachschlagen wurde bei dieser Zusammenfassung der Bilanz- und Erfolgspositionen, bei denen es zu einer steuerlichen MWR kommen kann, die Reihenfolge nach den Kontenklassen des Österreichischen Einheitskontenrahmens gewählt. Es wird bei jedem Tatbestand sowohl auf die unternehmensrechtliche als auch auf die steuerrechtliche Bestimmung verwiesen.

Manche Positionen kennen Sie bereits – in diesen Fällen verweisen wir auch auf das betreffende Kapitel und die Seite. Zu manchen Positionen haben wir unterhalb der Tabelle ein Erläuterungsbeispiel angeführt. In solchen Fällen haben wir in der Tabelle einen entsprechenden Hinweis angebracht (Erläuterungsbeispiel).

Bilanz-, Aufwands- oder Ertragsposition	MWR	§ im UGB	§ im EStG
Derivativer Geschäfts- oder Firmenwert ● in der Unternehmensbilanz kürzer abgeschrieben vgl. Kapitel 3, Seite 27	+/–	203 (5)	8 (3)
Bewertung von abnutzbarem Anlagevermögen – Unterschied zwischen unternehmensrechtlicher und steuerrechtlicher Abschreibung ● unternehmensrechtlich > steuerrechtlich ● unternehmensrechtlich < steuerrechtlich Beachten Sie: ● Diese Unterschiede können sich auf die Abschreibungsdauer, aber auch auf die Art der Abschreibung beziehen vgl. Kapitel 3, Seite 33 ff.	+/– –/+	204 (1)	7 (1) 8 (1)
Pkw – Luxustangente ❶ AW inkl. NoVA + USt > € 40.000,– → Abschreibung nur von max. 40.000,– auf 8 Jahre Beachten Sie: ● Bestimmte Aufwendungen sind an diese Obergrenze anzupassen – siehe Pkw-Betriebsaufwand. ● Die Höhe der Privatnutzung ändert sich damit steuerrechtlich ebenfalls – siehe Privatnutzung Pkw.	+	204 (1)	8 (6) RZ 4771 RZ 4773 RZ 4774
Pauschale Wertberichtigung von Forderungen ● Zuweisung ● Auflösung vgl. Kapitel 3, Seite 58 ff.	+ –	206	6 Zi lit a
Abfertigungsrückstellung Hier gibt es in den meisten Fällen Unterschiede in der Berechnung und damit der Höhe der Dotation bzw. Auflösung. Dotation ● unternehmensrechtlich > steuerrechtlich ● unternehmensrechtlich < steuerrechtlich Auflösung gegen Ertragskonto ● unternehmensrechtlich > steuerrechtlich ● unternehmensrechtlich < steuerrechtlich vgl. Kapitel 4, Seite 78 ff.	 – + + –	198 (8) 211 (2)	14
Pensions- und Jubiläumsgeldrückstellung Verwendung unterschiedlicher Rechnungszinssätze führt ebenfalls zu unterschiedlicher Ansatzhöhe und damit unterschiedlichem Aufwand bzw. Ertrag.	Informationen dienen nur der Vervollständigung – keine weiteren Hinweise		
Pauschale Rückstellungen ● Zuweisung ● Auflösung vgl. Kapitel 4, Seite 91 ff.	+ –	198 (8)	9 (3)

Bilanz-, Aufwands- oder Ertragsposition	MWR	§ im UGB	§ im EStG
Rückstellungen, Laufzeit von mehr als 12 Monaten steuerlich mit 3,5 % p. a. abzuzinsen, unternehmensrechtlich mit marktüblichem Zinssatz vgl. Kapitel 4, Seite 91 → Erläuterungsbeispiel 1	+	198 (8)	9 (5)
Aufwandrückstellungen ● Zuweisung ● Auflösung vgl. Kapitel 4, Seite 90	+ −	198 (8)	9
Privatnutzung Pkw Aufwendungen unternehmensrechtlich höher als steuerrechtlich anerkannt, führen zu einem höheren Eigenverbrauch; umgekehrt (unternehmensrechtlich keine Abschreibung mehr) zu einem niedrigeren Eigenverbrauch.	−/+		
Pkw-Betriebsaufwand Bei Überschreitung der Obergrenze des AW von € 40.000,– sind jene Betriebskosten anteilsmäßig zu kürzen, die durch einen höheren Fahrzeugwert bedingt sind. → Erläuterungsbeispiel 2 (zusammen mit Luxustangente und Privatnutzung)	+		RZ 4781
Aufsichtsratvergütung steuerlich nur zur Hälfte anerkannt	+		KStG 12 (7)
Gehaltsteile die € 500.000,00 jährlich übersteigen Steuerlich nicht abzugsfähig	+		
Geldbeschaffungskosten (Aufnahme eines Darlehens) Unternehmensrechtlich immer als Aufwand anzusetzen, steuerrechtlich: gesamt bis € 900,– → Aufwand gesamt höher als € 900,– → über die Laufzeit verteilt anzusetzen (im ersten und damit letzten Jahr monatsgenau) vgl. Kapitel 3, Seite 67	1. Jahr + danach −		6 Zi 3
Depotgebühr im Zusammenhang mit endbesteuerten Zinserträgen unternehmensrechtlich Aufwand, steuerrechtlich nicht	+		20 (2)
Spenden unternehmensrechtlich anerkannt, steuerrechtlich nur wenn für begünstigte Spendenempfänger ● und nicht mehr als 10 % des Jahresgewinnes Alle anderen Spenden, daher → Erläuterungsbeispiel 3	+		Rz 1330ff
Geschäftsessen, wenn eindeutig betrieblich veranlasst (Geschäftsanbahnung, Geschäftsabschluss)→ steuerlich nur zur Hälfte des Nettobetrages anerkannt. Voller Vorsteuerabzug – umsatzsteuerlich könnte es zu einem Eigenverbrauch kommen. → Erläuterungsbeispiel 4	+		20 (1) Zi 3
Weitere Abzugsverbote lt. § 20 EStG z. B. Zeitungen, bestimmte Zeitschriften und Bücher	+		20
Anspruchszinsen auf Steuerschulden sind steuerlich nicht absetzbar.	+		Rz 4852
Zinserträge ● bei Einzelunternehmen und Personengesellschaften durch die KESt endbesteuert → Erläuterungsbeispiel 5 (gemeinsam mit Depotgebühr) ● bei Kapitalgesellschaften auf die KSt anrechenbar, Kapitalgesellschaften geben jedoch meistens eine Befreiungserklärung ab und erhalten die Zinsen brutto	− keine MWR		97
Körperschaftsteuer Sowohl die Vorauszahlungen als auch die Abschlusszahlungen sind steuerrechtlich nicht absetzbar.	+		

Liste der begünstigten Spendenempfänger www.bmf.gv.at

**Erläuterungsbeispiele
Beispiel 1**

Rückstellungen, Laufzeit von mehr als 12 Monaten

Ihr Installationsunternehmen wurde wegen Schlampigkeit bei der Wartung der Therme eines Kunden geklagt. Es kam zu einem Wohnungsbrand, dessen Ursache die defekte Therme war. Vorsorglich treffen Sie für den Fall, dass man Ihnen eine schlechte Wartung, die zu diesem Brand geführt hat, nachweisen kann, eine Rückstellung in Höhe von € 60.000,–. Sie nehmen an, dass dieser Prozess schnell entschieden sein wird. Im Jahr der Bildung der Rückstellung berücksichtigen Sie daher keine steuerliche Hinzurechnung.

Am Bilanzstichtag des Folgejahres ist der Prozess wider Erwarten noch nicht entschieden. Die Rückstellung bleibt daher aufrecht. Eine nachträgliche Kürzung ist nicht erforderlich, da die Annahme, dass solche Prozesse innerhalb von 12 Monaten entschieden werden, der Praxis entspricht.

Beispiel 2

Pkw, höherer Anschaffungswert, überhöhte Betriebskosten, Privatnutzung

Generelle Anmerkung zu überhöhten Betriebskosten findet man in den Einkommensteuer-richtlinien, Rz 4781. Darin wird eindeutig darauf hingewiesen, dass eine Kaskoversicherung entsprechend zu kürzen ist.

Anschaffungswert des Pkw 48.000,– inkl. NoVA + USt

Annahme 1: unternehmens- und steuerrechtlich wird dieser Pkw auf 8 Jahre abgeschrieben.
unternehmensrechtliche Abschreibung 48.000,– / 8 = € 6.000,–
steuerrechtliche Abschreibung 40.000,– / 8 = € 5.000,–
MWR + € 1.000,–

Annahme 2: unternehmensrechtlich wird der Pkw auf 5 Jahre abgeschrieben
unternehmensrechtliche Abschreibung 48.000,– / 5 = € 9.600,–
steuerrechtliche Abschreibung 40.000,– / 8 = € 5.000,–
MWR + € 4.600,–

In den Jahren 6–8 erfolgt die Abschreibung nur mehr steuerrechtlich, daher – 5.000,–

Annahme 3: Fortsetzung von Annahme 2 – der Pkw wird zu 20 % privat genutzt; Betriebskosten in Summe 4.400,– (alle in voller Höhe auch steuerlich anerkannt)

unternehmensrechtliche Abschreibung	€ 9.600,–	
+ Betriebskosten	€ 4.400,–	
Pkw-Aufwand in Summe	€ 14.000,– davon 20 % = €	2.800,–

steuerrechtliche Abschreibung	€ 5.000,–	
+ Betriebskosten	€ 4.400,–	
Pkw-Aufwand in Summe	€ 9.400,– davon 20 % = €	1.880,–
	MWR – €	920,–

In den Jahren 6–8 ist folgende Berechnung anzustellen (Annahme, die Betriebskosten verändern sich nicht):
unternehmensrechtlicher Aufwand € 4.400,– davon 20 % = € 880,–
steuerrechtlicher Aufwand € 9.400,– davon 20 % = € 1.880,–
MWR + € 1.000,–

Annahme 4: Fortsetzung von Annahme 2 – von den Betriebskosten sind € 1.400,– überhöht (Vollkaskoversicherung)

unternehmensrechtlicher Pkw-Betriebsaufwand		€ 4.400,00
steuerrechtlicher Pkw-Betriebsaufwand		
voll anerkannt	€ 3.000,00	
umzurechnen: 1.400 / 48.000 × 40.000 =	€ 1.166,67	€ 4.166,67
	MWR + €	233,33

Annahme 5: Kombination von Annahme 3 + 4, d.h. überhöhte Betriebskosten, Privatnutzung

steuerrechtliche Abschreibung	€ 5.000,00	
steuerrechtlicher Pkw-Betriebsaufwand	€ 4.166,67	
	€ 9.166,67 davon 20 % €	1.833,33
unternehmensrechtliche Privatnutzung		€ 2.800,00
	MWR – €	966,69

Beispiel 3

Spenden

Eine Liste bzw. eine Suchmaske der begünstigten Spendenempfänger finden Sie auf der Homepage des bmf unter www.bmf.gv.at.

Ein Unternehmen hat 2014 folgende Spenden geleistet:

– Bundesdenkmalamt	€ 30.000,–	(steuerlich absetzbar)
– Wirtschaftsuniversität	€ 10.000,–	(steuerlich absetzbar)
– Musikkapelle	€ 1.000,–	(steuerlich nicht absetzbar)
– Elternverein Ihrer Schule	€ 5.000,–	(steuerlich nicht absetzbar)

Variante 1: Jahresgewinn	€ 245.600,–
Variante 2: Jahresgewinn	€ 556.320,–

Variante 1:

Berechnung:	sachlich steuerlich absetzbare Spenden	€ 40.000,–
	davon auch betraglich absetzbar	€ 24.560,– (10 % des Jahresgewinnes)
Daher:	unternehmensrechtlich in Summe verbuchte Spenden	€ 46.000,–
	steuerrechtlch anerkannte Spenden	€ 24.560,–
	MWR +	€ 22.440,–

Variante 2:

Berechnung:	sachlich steuerlich absetzbare Spenden	€ 40.000,–
	davon auch betraglich absetzbar	€ 40.000,– (10 % des Jahresgewinnes sind € 55.632,–)
Daher:	unternehmensrechtlich in Summe verbuchte Spenden	€ 46.000,–
	steuerrechtlich anerkannte Spenden	€ 40.000,–
	MWR +	€ 6.000,–

Beispiel 4

Geschäftsessen

Bei der Verbuchung von Restaurantbelegen (RW, Band V) wird bereits hinsichtlich steuerlicher MWR vorgesorgt, indem die Hälfte des jeweiligen Nettobetrages auf einem Konto „Bewirtung nicht abzugsfähig" verbucht wird. Dieser Betrag ist steuerlich hinzuzurechnen.

In der Klasse 7 sind folgende Beträge im Zusammenhang mit Geschäftsanbahnung und -abschluss ausgewiesen:

Bewirtung, steuerlich anerkannt, 10 %	€ 836,60
Bewirtung, steuerlich anerkannt, 20 %	€ 682,40
Bewirtung, steuerlich nicht anerkannt	€ 1.519,00
MWR +	€ 1.519,00

Beispiel 5

Endbesteuerte Zinserträge und Spesen in diesem Zusammenhang

In der Saldenbilanz der Hofinger Maschinenbau KG sind folgende Zinserträge ausgewiesen:

Zinserträge aus Bankguthaben	€ 14,56
Zinserträge aus Gläubigerpapieren Umlaufvermögen	€ 775,00

Unter der Position sonstiger Aufwand ist die Depotgebühr für die Gläubigerpapiere, für die dieser Zinsertrag eingebucht wurde, mit € 50,– ausgewiesen.

MWR	€ – 789,56	(endbesteuerte Zinserträge)
	€ + 50,00	(Aufwand in diesem Zusammenhang)

Übung

Ü 7.1: MWR – Ermittlung des steuerpflichtigen Jahresergebnisses

Der unternehmensrechtliche Gewinn der Sommer OG zum 31.12.2016 beträgt € 168.760,– .

Für die Ermittlung des steuerpflichtigen Gewinnes sind folgende Tatbestände zu berücksichtigen:

- Am 1.9.2013 wurde ein Darlehen in Höhe von € 80.000,–, Laufzeit 8 Jahre, aufgenommen. Im Jahr der Darlehensaufnahme fielen Geldbeschaffungskosten in Höhe von € 2.440,– an.

- Die Saldenliste weist folgende Zinserträge aus:
  - aus Bankguthaben   € 32,02
  - aus Gläubigerpapieren des Anlagevermögens   € 618,75

- An Depotgebühr für diese Wertpapiere wurden € 45,– bezahlt und als Aufwand verbucht.

- Bereits im Vorjahr wurde eine Rückstellung für einen Schadenersatzprozess in Höhe von € 40.000,– gebildet und voll als Aufwand geltend gemacht. Es erging noch immer kein Urteil, so dass die Rückstellung weiter auszuweisen ist. Man konnte davon ausgehen, dass der Prozess innerhalb von 12 Monaten entschieden ist.

- Der Firmen-Pkw wird wegen der hohen km-Belastung auf 5 Jahre abgeschrieben. AW € 32.000,–, Datum der Inbetriebnahme 4.10.2011.

- Da rund 40 % der Forderungen gegenüber Privatkunden bestehen, wird immer eine Pauschal-Wertberichtigung gebildet. Das Ausmaß der erforderlichen Wertberichtigung hat sich heuer um € 1.416,– verringert.

- Die Spenden in einer Gesamthöhe von € 6.300,– setzen sich zusammen aus einer Großspende an die Wirtschaftsuniversität Wien in Höhe von € 5.000,– sowie diverse Kleinspenden an kleinere Organisationen (nicht absetzbar). Der Jahresgewinn beträgt sich auf € 48.610,–.

Ihre Aufgabe:

Ermitteln Sie den steuerpflichtigen Gewinn.

2 Freibeträge und Prämien
Steuerliche Förderung für Bildung und Forschung

> **Freibeträge** vermindern die Steuerbemessungsgrundlage – ihre **Wirkung** ist damit **progressiv**, **Prämien** hingegen werden direkt dem Abgabenkonto gutgeschrieben – ihre **Wirkung** ist daher für **alle Steuerzahler gleich.**

In einigen Fällen kann zwischen einem Freibetrag und einer Prämie gewählt werden (vgl. später). Bei Verlusten ist auf jeden Fall eine Prämie zu beantragen. Je höher der Gewinn und damit die Besteuerung von Einzelunternehmen und Personengesellschaften, desto wirkungsvoller ist hingegen der Freibetrag. Da Kapitalgesellschaften einem KSt-Satz von 25 % unterliegen, ist für sie in allen Fällen die Prämie günstiger als der Freibetrag (25 % von 25 % Freibetrag = 6,25 %; 25 % von 20 % Freibetrag = 5 % → die Prämien betragen 8 bzw. 6 % – vgl. die nachfolgenden Ausführungen).

Forschungsprämie

> Für **eigenbetriebliche Forschung** und **Auftragsforschung** kann eine **Prämie in Höhe von 12 %** (bis 2015: 10 %) der begünstigten Aufwendungen geltend gemacht werden.

Begünstigte Forschungsaufwendungen (-ausgaben)

1. eigenbetriebliche Forschung und experimentelle Entwicklung, „[...] die systematisch und unter Einsatz wissenschaftlicher Methoden durchgeführt wird. Zielsetzung muss sein, den Stand des Wissens zu vermehren sowie neue Anwendungen dieses Wissens zu erarbeiten"

(§ 108 c EStG). Die Forschung muss in einem inländischen Betrieb oder einer inländischen Betriebsstätte erfolgen. Eine genauere Regelung soll durch Verordnung getroffen werden.

2. Auftragsforschung für in Auftrag gegebene Forschungen und experimentelle Entwicklung im Sinne des Pkt. 1. wenn

- die Forschung von einem inländischen Betrieb oder einer inländischen Betriebsstätte in Auftrag gegeben wird,
- nur Einrichtungen von Unternehmen beauftragt werden, die mit Forschungsaufgaben und experimenteller Entwicklung befasst sind und deren Sitz in einem EU/EWR-Mitgliedstaat liegt,
- der Auftragnehmer nicht unter beherrschendem Einfluss des Auftraggebers steht oder Mitglied einer Unternehmensgruppe ist, der auch der Auftraggeber angehört,
- es muss ein entsprechendes Gutachten der Forschungsförderung GmbH (FFG) vorliegen.

Die Forschungsprämie kann nur für Aufwendungen in Höhe von maximal € 1.000.000,00 pro Kalenderjahr geltend gemacht werden (maximale Prämie daher € 120.000,00).

Voraussetzung für die Inanspruchnahme ist, dass der Auftraggeber bis zum Ablauf des Wirtschaftsjahres dem Auftraggeber mitteilt, bis zu welchem Ausmaß an Aufwendungen (Ausgaben) er die Prämie in Anspruch nimmt. Der Auftragnehmer kann für diese Aufwendungen keine eigenbetriebliche Forschungsprämie geltend machen.

Um die Prämie in Anspruch nehmen zu können, muss ein entsprechendes Formular ausgefüllt und an die Finanzbehörde bis zur Rechtskraft des jeweiligen Einkommen- bzw. Körperschaftsteuerbescheides übermittelt werden.

Bildungsfreibetrag – Bildungsprämie

Der **Bildungsfreibetrag** von derzeit **20 %** hat zum Ziel, innerbetriebliche und externe Aus- und Fortbildung von Dienstnehmern zu fördern, wenn die Kosten vom Dienstgeber übernommen werden.

Bildungsfreibetrag und Bildungsprämie können nur noch bis 2015 geltend gemacht werden.

Der Bildungsfreibetrag gliedert sich daher in einen

- Bildungsfreibetrag für externe Aus- und Fortbildungsmaßnahmen gem. § 4 (4) Zi 8 EStG und
- in einen Bildungsfreibetrag für interne Aus- und Fortbildungsmaßnahmen gem. § 4 (4) Zi 10 EStG.

Bildungsfreibetrag für externe Aus- und Fortbildungsmaßnahmen

Betriebsausgabe gem. § 4 (4), Zi 8 ist ein Bildungsfreibetrag von höchstens 20 % der Aufwendungen, die dem Arbeitgeber von einer von ihm verschiedenen Aus- und Fortbildungseinrichtung in Rechnung gestellt werden. Der Freibetrag steht insoweit zu, als die Aufwendungen unmittelbar Aus- und Fortbildungsmaßnahmen betreffen, die im betrieblichen Interesse für Arbeitnehmer getätigt werden.

Aus- und Fortbildungseinrichtungen sind

a) Bildungseinrichtungen von Körperschaften des öffentlichen Rechts,

b) Einrichtungen, deren Geschäftsgegenstand in einem wesentlichen Umfang in der Erbringung von Dienstleistungen auf dem Gebiet der beruflichen Aus- und Fortbildung besteht. Diese Dienstleistungen müssen nach ihrer tatsächlichen Geschäftsführung einem unbestimmten Personenkreis angeboten werden."

Die Bildungsaufwendungen müssen Arbeitnehmer betreffen, die Einkünfte aus nichtselbständiger Arbeit beziehen. Für alle anderen Personen (z. B. Personen, die im Werkvertrag beschäftigt werden) steht kein Bildungsfreibetrag zu.

Der Bildungsfreibetrag umfasst die unmittelbar in Zusammenhang mit Aus- und Fortbildung stehenden Aufwendungen, wie

- Kurs- und Lehrgangsgebühren inkl. Pausenverpflegung (nicht jedoch Unterbringungs- und Verpflegungskosten),
- Honorare für Vortragende,
- Kosten für Fachbücher, Skripten und sonstige Lehrbehelfe,

● Kosten der Miete für externe Schulungsräume,

● Kosten der Anmietung der Ausrüstung (z. B. Videoanlage).

Trägt der Arbeitnehmer einen Teil dieser Kosten, so vermindert dieser Teil die Bemessungsgrundlage des Bildungsfreibetrages bzw. kommt es zu einer Hinzurechnung, wenn die Übernahme der Kosten nachträglich erfolgt.

Erläuterungsbeispiel

Ihr Unternehmen finanziert dem Bilanzbuchhalter ein Seminar im Dezember in Salzburg, in dem neueste rechtlichen Regelungen und ihre Auswirkung auf Buchhaltung und Bilanzerstellung mit praktischen Beispielen vorgestellt werden. Dauer des Seminars: 3 Tage.

Seminarkosten einschl. Pausenverpflegung	€ 3.000,00
Skriptum	€ 100,00
Fachbuch	€ 150,00
Nächtigungskosten	€ 210,00
Tagesgeld	€ 79,20
Fahrtkosten	€ 174,80
Aufwandsumme, beim Dienstgeber verbucht	€ 3.714,00

Geltend gemacht werden können 20 % von 3.250,– , d.s. € 650,–.

Im Dienstvertrag des Bilanzbuchhalters ist festgelegt, dass vom Dienstgeber übernommene Seminarkosten einschl. Unterlagen (jedoch ohne Reise- und Aufenthaltskosten) dann zur Hälfte zurückzuzahlen sind, wenn der Dienstnehmer nach Abschluss der betreffenden Aus- und Fortbildungsmaßnahme innerhalb von 12 Monaten von sich aus kündigt.

Die Kündigung des Bilanzbuchhalters erfolgt mit Ende Mai. Daher hat er die Hälfte von 3.250,– zurückzuzahlen, das sind € 1.625,–. 20 % von diesem Betrag, das sind € 325,–, sind nachzuversteuern.

Bildungsfreibetrag für interne Aus- und Fortbildungsmaßnahmen

Betriebsausgabe gem. § 4 (4), Zi 8 ist ein Bildungsfreibetrag von höchstens 20 % der Aufwendungen des Steuerpflichtigen in innerbetriebliche Aus- und Fortbildungseinrichtungen.

Auch hier gilt:

● Aufwendungen müssen unmittelbar Aus- und Fortbildungsmaßnahmen betreffen und

● sie müssen im betrieblichen Interesse für den Arbeitnehmer getätigt werden.

Als innerbetriebliche Aus- und Fortbildungseinrichtungen gelten betriebliche Einrichtungen, die ihre Maßnahmen Dritten gegenüber nicht anbieten.

Die Höhe der Aufwendungen je Aus- und Fortbildungsmaßnahme ist beschränkt auf € 2.000,– pro Kalendertag. Für Aus- und Fortbildungsmaßnahmen mit einer Dauer bis zu 4 Stunden beträgt der Höchstsatz € 1.000,–. Dem Höchstbetrag sind die tatsächlichen Aufwendungen gegenüberzustellen. Der jeweils niedrigere Wert stellt die Basis für die Berechnung des Bildungsfreibetrages dar.

Erläuterungsbeispiel

Es wurden folgende Kurse veranstaltet:

Kurs	Dauer	Honorar/Tag	Tageswert	Bildungsfreibetrag
I	5 Tage à 3 Stunden	1.100,–	1.000,–	20 % von 5.000,– = € 1.000,–
II	3 Tage à 6 Stunden	1.500,–	2.000,–	20 % von 4.500,– = € 900,–
III	2 Tage à 8 Stunden	3.000,–	2.000,–	20 % von 4.000,– = € 800,–
Bildungsfreibetrag in Summe				= € 2.700,–

Diese Verminderung der Steuerbemessungsgrundlage ist außerbilanziell in der MWR zu berücksichtigen, d.h., 20 % der relevanten Aufwendungen für Aus- und Fortbildung mindern den steuerrechtlichen Gewinn.

Formale Voraussetzung für die Inanspruchnahme ist der Ausweis in der dafür an der ESt-Erklärung vorgesehenen Stelle.

Eine **Bildungsprämie in Höhe von 6 %** kann **statt des Freibetrages von 20 %** für Aufwendungen, die dem Arbeitgeber von einer von ihm verschiedenen Aus- und Fortbildungseinrichtung in Rechnung gestellt werden (externe Bildungsaufwendungen), beantragt werden (§ 108c EStG). Es ist auch eine Kombination möglich – von einem Teil der Aufwendungen kann ein Freibetrag, von einem anderen Teil eine Prämie in Anspruch genommen werden. Nicht möglich ist es, für dieselben Aufwendungen beide Steuervorteile zu beanspruchen.

Das Formular zur Beantragung einer Bildungsprämie finden Sie auf www.bmf.gv.at unter Formulare.

Um die Prämie in Anspruch nehmen zu können, muss der Steuererklärung ein entsprechendes Verzeichnis (amtlicher Vordruck) beigelegt werden. Sie kann erst nach Ablauf des entsprechenden Wirtschaftsjahres geltend gemacht werden.

Die Bildungsprämie ist in der Buchhaltung zu berücksichtigen. Sie ist unter Punkt 4c der G+V „sonstige betriebliche Erträge – übrige" zu erfassen. Da dieser Ertrag nicht ertragsteuerpflichtig ist, ist er in der MWR wieder abzuziehen.

Gewinnfreibetrag

Im Kapitel Einnahmen-Ausgaben-Rechnung in RW-Band IV wird dieser Freibetrag näher behandelt.

Natürliche Personen (auch Beteiligte an Personengesellschaften) können, unabhängig von der Gewinnermittlungsart, einen Gewinnfreibetrag bei der Ermittlung ihres Einkommens abziehen.

Der Gewinnfreibetrag beträgt:

- Für Veranlagungen 2010 bis 2012: 13 % vom Gewinn, maximal € 100.000,00
- Ab Veranlagung 2013 gilt folgende Staffelung:
  - Für die ersten € 175.000,00   13 %
  - Für die nächsten € 175.000,00   7 %
  - Für die nächsten € 230.000,00   4,5 %

  Maximal also € 45.350,00 pro Jahr.

- Der Freibetrag setzt sich zusammen aus
  - Grundfreibetrag, der bis zu einem Gewinn von € 30.000,00 zusteht, maximal daher € 3.900,00 (13 % von € 30.000,00). Für den Grundfreibetrag sind keine Investitionen notwendig.
  - Investitionsbedingtem Gewinnfreibetrag. Für Gewinne über € 30.000,00 sind entsprechende Investitionen nachzuweisen, wobei die oben dargestellte Staffelung gilt.

- erforderliche Investitionen bei Gewinnen über € 30.000,00:
  - neue abnutzbare körperliche Anlagegegenstände mit einer Nutzungsdauer von mindestens vier Jahren (nicht begünstigt sind Pkw und Kombi)
  - Anschaffung bestimmter Wertpapiere (Wohnbauanleihen, die vier Jahre im Betriebsvermögen gehalten werden müssen)

Übung

Ü 7.2: MWR – Ermittlung des steuerpflichtigen Jahresergebnisses unter Einbeziehung von Freibeträgen

Die Katz & Co Tierfuttererzeugung erreichte 2016 einen unternehmensrechtlichen Gewinn in Höhe von € 267.920,–. Für die Ermittlung des steuerpflichtigen Gewinnes sind folgende Tatbestände zu berücksichtigen:

● Der Komplementär des Unternehmens, Herr Mag. Tiger, verwendet den Firmen-Pkw auch für Privatfahrten. Lt. Aufzeichnungen wurden 14800 km zurückgelegt, davon 20 % privat.

AW: € 42.000,– ; Datum der Inbetriebnahme 14.10.2014, Abschreibung auch unternehmensrechtlich auf 8 Jahre, Pkw-Betriebsaufwand € 2.976,– – kein erhöhter Betriebsaufwand. *1595,20 → (9) Privat/(4) Eigenverbr.*

● Der Darlehensvertrag ist am 31.3. ausgelaufen. Bei der Aufnahme des Darlehens am 1.4.2011 fielen Geldbeschaffungskosten in Höhe von € 3.600,– an.

● Es konnten in diesem Geschäftsjahr zwei neue Großkunden gewonnen werden. Die für Besprechungen erforderlichen Geschäftsessen beliefen sich netto auf insgesamt € 1.816,–.

● Katz & Co haben keine Wertpapiere, an Zinsen für das Bankguthaben wurden insgesamt € 142,56 gutgeschrieben.

Ihre Aufgaben:

● Ermitteln Sie das steuerpflichtige Jahresergebnis.

● Ermitteln Sie den Gewinnfreibetrag. Es wurden insgesamt € 35.000,– an begünstigten Investitionen getätigt.

Bei den nachfolgenden Jahresabschlüssen werden Sie jeweils die Aufgabe erhalten, nicht nur das unternehmensrechtliche, sondern auch das steuerrechtliche Jahresergebnis zu ermitteln.

Üben

Ü 7.3: Unternehmensrechtliches und steuerrechtliches Jahresergebnis D

Erläutern Sie allgemein, wieso das unternehmensrechtliche Jahresergebnis in den meisten Fällen nicht mit dem steuerrechtlichen übereinstimmt.

Ü 7.4: Mehr-weniger-Rechnung C

Wann kann bzw. wann muss es zu einer MWR kommen?

Ü 7.5: MWR – Firmen-Pkw C

Wodurch kann es zu einer steuerlichen MWR im Zusammenhang mit dem Firmen-Pkw kommen?

Ü 7.6: MWR – Aufnahme eines Darlehens C

Wieso führt in den meisten Fällen die Aufnahme eines Darlehens zu einer MWR?

Ü 7.7: Zinserträge C

Welche Zinserträge sind bei der Ermittlung des steuerpflichtigen Gewinns wann abzuziehen? Was ist dabei noch zu beachten?

Ü 7.8: Ermittlung des steuerpflichtigen Gewinns D

Warum sind weder pauschale Rückstellungen noch pauschale Wertberichtigungen steuerlich anerkannt? Wie ist in beiden Fällen bei der Ermittlung des steuerpflichtigen Gewinns vorzugehen?

Ü 7.9: Langzeitrückstellungen D

Welche Bestimmung gibt es für Langzeitrückstellungen im Steuerrecht? Wie ist dabei vorzugehen?

 # Sichern

steuerliche Mehr-Weniger-Rechnung

Mithilfe der **steuerlichen Mehr-Weniger-Rechnung** wird, ausgehend vom unternehmensrechtlichen (buchhalterischen) Ergebnis, auf das zu versteuernde Einkommen (steuerliches Ergebnis) umgerechnet.

vom unternehmens-zum steuerrecht-lichen Gewinn

unternehmensrechtlicher Gewinn		Beispiele:
+ Hinzurechnungen	= Aufwand im Unternehmensrecht, der steuerrechtlich nicht oder nur geringer anerkannt wird	Zuweisung zur Pauschal-WB
	= Ertrag im Unternehmensrecht, der steuerrechtlich höher anzusetzen ist	Auflösung einer steuerlich nicht anerkannten Rückstellung
– Kürzungen	= Aufwand im Unternehmensrecht, der steuerlich höher anzusetzen ist	Geldbeschaffungskosten ab dem 2. Jahr
	= Ertrag im Unternehmensrecht, der steuerrechtlich nicht oder niedriger anzusetzen ist	endbesteuerte Zinserträge

= steuerrechtlicher Gewinn

SbX
ID: 0710

Im SbX finden Sie eine Bildschirmpräsentation mit den Grafiken dieses Kapitels.

 # Wissen

W 7.1: Maßgeblichkeit der Unternehmensbilanz für die Steuerbilanz C

Was bedeutet „Maßgeblichkeit der Unternehmensbilanz für die Steuerbilanz"? Nennen Sie dazu auch ein Beispiel.

W 7.2: „Umgekehrte Maßgeblichkeit" C

Was bedeutet „umgekehrte Maßgeblichkeit" – erläutern Sie dieses Prinzip anhand eines Beispiels.

W 7.3: Aufwände und Erträge

Unternehmensrechtlicher Gewinn

    Differenz bei Aufwänden, die im Unternehmensrecht höher angesetzt wurden
    Differenz bei Aufwänden, die im Unternehmensrecht niedriger angesetzt wurden
    Aufwände, die steuerrechtlich überhaupt nicht anerkannt sind
    Erträge, die steuerrechtlich nicht relevant sind
    Differenz bei Erträgen, die im Unternehmensrecht höher angesetzt wurden
    Differenz bei Erträgen, die im Unternehmensrecht niedriger angesetzt wurden.

= steuerrechtlicher Gewinn

W 7.4: Spenden B

Worauf ist hinsichtlich Anerkennung von Spenden zu achten?

W 7.5: Freibeträge und Prämien B

Worin liegt der grundsätzliche Unterschied zwischen Freibeträgen und Prämien?

W 7.6: Freibeträge und Prämien bei Kapitalgesellschaften `D`

Warum ist es für Kapitalgesellschaften sinnvoller, die Prämie zu beantragen als den Freibetrag?

W 7.7: Aufwendungen für Aus- und Fortbildung der Mitarbeiter `A`

Es gibt zwei Bereiche im Zusammenhang mit den Aufwendungen für Aus- und Fortbildung der Mitarbeiter. Nennen Sie diese beiden Bereiche.

Ein kurzer Kompetenz-Check, bevor's weitergeht!

Kompetenz-Check

	☺	☺	☹
Ich kann die unterschiedlichen Zielsetzungen des Unternehmens- und Steuerrechts darstellen.			
Ich kann mithilfe der Mehr-Weniger-Rechnung aus dem unternehmens- rechtlichen Ergebnis das steuerrechtliche ableiten.			
Ich kann die steuerlichen Prämien und Freibeträge erläutern.			

7 Mehr-Weniger-Rechnung

8
JAHRESABSCHLÜSSE

Worum geht's in diesem Kapitel?

Die rechtlichen Grundlagen im Zusammenhang mit der Erstellung des Jahresabschlusses wurden in den vorhergehenden Kapiteln erläutert.

Sie selbst haben schon eine Reihe von Jahresabschlüssen von Einzelunternehmen erstellt – wir wollen daher eingangs nochmals einzelne mögliche Schritte auflisten, die im Zusammenhang mit der Erstellung des Jahresabschlusses anfallen (können).

Wenn Sie dieses Kapitel bearbeitet haben,

- kennen Sie die Arbeiten im Zusammenhang mit der Erstellung des Jahresabschlusses,
- kennen Sie die Erfordernisse für den Abschluss von Personengesellschaften,
- kennen Sie die Erfordernisse für den Abschluss von Kapitalgesellschaften.

In diesem Kapitel erwerben Sie Kompetenzen zu folgender Bildungs- und Lehraufgabe:

„Die Schülerinnen und Schüler können einen Jahresabschluss in Hinblick auf ein möglichst getreues Bild der Vermögens-, Finanz- und Ertragslage des Unternehmens erstellen (Anschaffungs- und Herstellungskosten, Gebäude im Betriebsvermögen, Pkw im Betriebsvermögen, Rückstellung für nicht konsumierte Urlaube, Rückstellung für Produkthaftung, sonstige langfristige Rückstellungen, KSt-Rückstellung)."

In diesem Kapitel finden Sie Übungsaufgaben, praxisbezogene Fallbeispiele und Aufgaben zur Lernkontrolle zur Überprüfung Ihrer Kompetenzen auf den Handlungsebenen **A** **Wiedergeben,** **B** Verstehen, **C** Anwenden und **D** Analysieren und Interpretieren.

Dieses Kapitel umfasst folgende Lerneinheiten:

1 Jahresabschlüsse von Einzelunternehmen

2 Jahresabschlüsse von Personengesellschaften

3 Jahresabschlüsse von Kapitalgesellschaften

Kapiteleinleitung

Mögliche Schritte die im Zusammenhang mit der Erstellung des Jahresabschlusses anfallen (können).

- Arbeiten, die bei allen Jahresabschlüssen in unterschiedlichem Ausmaß anfallen:
  - Ausdruck der Saldenliste nach Beendigung der Verbuchung aller laufenden Geschäftsfälle
  - eventuell Durchführen der Stichtagsinventur
  - Erstellung der Um- und Nachbuchungen (Buchungsliste) im Zusammenhang mit
    - der Bewertung der Vermögensgüter und Schulden
    - der Abgrenzung der Aufwendungen und Erträge
    - eventuellen sonstigen Korrekturen der bereits verbuchten Geschäftsfälle
  - vorläufige Ermittlung des unternehmensrechtlichen Jahresergebnisses
  - eventuelle Korrekturen von Ansätzen aufgrund von Bewertungsspielräumen und des Jahresergebnisses

- Weitere Arbeiten im Einzelunternehmen:
  - endgültige Ermittlung des unternehmensrechtlichen Jahresergebnisses – Fertigstellung von Bilanz und G+V
  - Berechnung des steuerrechtlichen Jahresergebnisses
  - Ausfüllen der Einkommensteuererklärung mit allen erforderlichen Beilagen
  - Ausfüllen der Umsatzsteuererklärung

- Weitere Arbeiten in den Personengesellschaften
  - Berechnung des unternehmensrechtlichen Jahresergebnisses
  - Gewinn- (Verlust-)verteilung aufgrund des unternehmensrechtlichen Jahresergebnisses und entsprechende Verbuchung
  - Fertigstellung von Bilanz und G+V
  - Berechnung des steuerpflichtigen Jahresergebnisses
  - Gewinn-/Verlustzuordnung aufgrund des steuerpflichtigen Jahresergebnisses
  - Ausfüllen der USt-Erklärung für die Gesellschaft
  - Ausfüllen der Erklärung zur Feststellung der Einkünfte von Personengesellschaften (Feststellungserklärung)
  - Ausfüllen der ESt-Erklärungen für die einzelnen Gesellschafter (Mitunternehmer)

- Weitere Arbeiten in der Kapitalgesellschaft
  - Berechnung des steuerpflichtigen Jahresergebnisses
  - Berechnung einer KSt-Rückstellung oder Überzahlung
  - Berechnungen im Zusammenhang mit den erforderlichen Gewinnrücklagen (gesetzliche, satzungsmäßige)
  - Ermittlung des Bilanzgewinnes
  - Fertigstellung des unternehmensrechtlichen Jahresabschlusses. Der Umfang dieses Jahresabschlusses wird auch durch die Größe der Kapitalgesellschaft bestimmt: Anhang, Lagebericht.
  - eventuelle Prüfung des Jahresabschlusses
  - Ausfüllen der KSt-Erklärung für die Gesellschaft
  - Ausfüllen der USt-Erklärung für die Gesellschaft
  - Einreichen des Jahresabschlusses beim Firmenbuch – eventuell Veröffentlichung

Über die verschiedenen Arten der Inventur finden Sie die Informationen in Band Unternehmensrechnung III.

Soweit die technischen Voraussetzungen vorliegen (Internetanschluss), müssen die Steuererklärungen auf elektronischem Weg über FinanzOnline eingereicht werden.

SbX

Sie finden zwei Beispiele einschließlich Angaben für eine erforderliche MWR unter der ID: 0810.

Lerneinheit 1
Jahresabschlüsse von Einzelunternehmen

Da Sie bereits viele Jahresabschlüsse von Einzelunternehmen erstellt haben, gehen wir darauf nicht näher ein.

Lerneinheit 2
Jahresabschlüsse von Personengesellschaften

In dieser Lerneinheit geht es einerseits um die Ermittlung des unternehmensrechtlichen Jahresergebnisses einer OG, KG und stillen Gesellschaft, vor allem aber um die Verteilung dieses Jahresergebnisses und ihre Auswirkung in der Buchhaltung. Ferner wollen wir die weiteren erforderlichen Schritte im Rahmen des Jahresabschlusses dieser Unternehmen näher beleuchten.

Wir haben die stille Gesellschaft diesem Abschnitt zugeordnet, obwohl ein stiller Gesellschafter sowohl an einem Einzelunternehmen als auch an einer Kapitalgesellschaft beteiligt sein kann.

Aufgrund des UGB und um die Beteiligungsverhältnisse deutlicher zum Ausdruck zu bringen, werden in letzter Zeit immer öfter für die unbeschränkt haftenden Gesellschafter starre und variable Kapitalkonten geführt. Starre Kapitalkonten weisen einen unveränderbaren Kapitalstand aus (Beteiligung). Auf den variablen Kapitalkonten werden Gewinn- und Verlustanteile verbucht, ebenso Privatentnahmen oder Privateinlagen. Selbstverständlich kann ein eigenes Privatkonto als Unterkonto zum variablen Kapitalkonto geführt werden. Wir haben auf diese Tatsache bereits im Kapitel 5 hingewiesen.

 # Lernen

1 Offene Gesellschaft – OG

Kennzeichen

Zwei oder mehrere Personen schließen sich zum gemeinsamen Betrieb eines Unternehmens unter gemeinschaftlicher Firma zusammen. Die Gesellschafter haften unbeschränkt und solidarisch.

Unter „gesamthandschaftlicher Verbundenheit" ist die persönliche Einbindung der Gesellschafter in die Geschäftsführung und Vertretung der Gesellschaft zu verstehen (einkommensteuerrechtlich als „Mitunternehmerschaft" bezeichnet).

> **In § 105 UGB** heißt es:
>
> „Eine offene Gesellschaft ist eine unter eigener Firma geführte Gesellschaft, bei der die Gesellschafter gesamthandschaftlich verbunden sind und bei keinem der Gesellschafter die Haftung gegenüber den Gesellschaftsgläubigern beschränkt ist. Die offene Gesellschaft ist rechtsfähig. Sie kann jeden erlaubten Zweck einschließlich freiberuflicher und land- und forstwirtschaftlicher Tätigkeit haben. Ihr gehören mindestens zwei Gesellschafter an."

Zu führende Konten

In der Praxis und vor allem seit Inkrafttreten des UGB werden für die Gesellschafter sowohl starre als auch variable Kapitalkonten geführt.

> **In § 109 UGB** heißt es:
>
> „Soweit die Gesellschafter nichts anderes vereinbart haben, bestimmt sich ihre Beteiligung an der Gesellschaft nach dem Verhältnis des Wertes der vereinbarten Einlagen (Kapitalanteil). Im Zweifel sind die Gesellschafter zu gleichen Teilen beteiligt."

8 Jahresabschlüsse

Das auf den starren Kapitalkonten ausgewiesene Kapital zeigt die Beteiligung und wird nicht geändert. Auf den variablen Kapitalkonten werden die Veränderungen durch Gewinn-/Verlust-zuweisung bzw. Privateinlagen/Privatentnahmen verbucht. Es können zusätzlich zu den variablen Kapitalkonten auch noch Privatkonten geführt werden.

Gewinn-und-Verlust-Verteilung

Die Gewinn-und-Verlust-Rechnung erfolgt entweder nach den Bestimmungen des Gesellschafts-vertrages oder nach den gesetzlichen Vorschriften.

● **Gesetzliche Erfolgsaufteilung** (§ 121 und § 122 UGB – nicht verpflichtend)

> **§ 121 UGB:**
>
> (1) Sind die Gesellschafter zur Leistung von Diensten verpflichtet, so ist ihnen, sofern ihnen für die Dienste nicht eine Beteilung an der Gesellschaft gewährt wird, mangels anderer Vereinbarungen ein den Umständen nach angemessener Betrag des Jahresgewinnes zuzuweisen.
>
> (2) Der diesen Betrag übersteigende Teil des Jahresgewinns oder der Verlust eines Geschäftsjahres wird sodann den Gesellschaftern im Verhältnis ihrer Beteiligung (§ 109 Abs. 1) zugewiesen.
>
> (3) Enthält der Gesellschaftsvertrag eine von Abs. 2 abweichende Bestimmung nur über den Anteil am Gewinn oder über den Anteil am Verlust, so gilt sie im Zweifel für Gewinn und Verlust.

> **§ 122 UGB:**
>
> (1) Jeder Gesellschafter hat Anspruch auf Auszahlung seines Gewinnanteils. Der Anspruch kann jedoch nicht geltend gemacht werden, soweit die Auszahlung zum offenbaren Schaden der Gesellschaft gereicht, die Gesellschafter ein anderes beschließen oder der Gesellschafter vereinbarungswidrig seine Einlage nicht geleistet hat.
>
> (2) Im Übrigen ist ein Gesellschafter nicht befugt, ohne Einwilligung der anderen Gesellschafter Entnahmen zu tätigen.

● **Vertragliche Erfolgsaufteilung**

Um zu einer gerechter Erfolgsaufteilung zu kommen, werden folgende Kriterien bei jedem einzelnen Gesellschafter berücksichtigt:

○ Einlage
○ Mitarbeit
○ Haftung
○ wirtschaftliche Stärke

Da eine Verzinsung der Kapitalanteile nicht mehr vorgesehen ist, wird diese auch in den Gesellschaftsverträgen nicht mehr zu finden sein. Möglich ist die Verzinsung der über den Gewinnanteil hinausgehenden Privatentnahmen.

Geschäftsführende Gesellschafter erhalten eine **Geschäftsführervergütung,** die meistens auch in Verlustjahren ausbezahlt wird.

Buchungen im Zusammenhang mit Gewinnen und Verlusten

Zuweisung eines Gewinns

(9) G+V / (9) Variables Kapitalkonto

Zuweisung eines Verlustes

(9) Variables Kapitalkonto / (9) G+V

Erläuterungsbeispiel

Auszug aus dem Gesellschaftsvertrag:

- Der Gewinn ist im Verhältnis der Beteiligung aufzuteilen (auf Ganze genau).
- Gewinne werden dem variablen Kapitalkonto gutgeschrieben und können ab 1.6. des Folgejahres behoben werden. Höhere Entnahmen sind nicht zugelassen.
- Auf den variablen Kapitalkonten verbleibende Gewinnanteile werden nicht verzinst.
- Sollten noch Verlustanteile auf dem variablen Kapitalkonto vorhanden sein, können Gewinnanteile im Ausmaß des Verlustes nicht behoben werden.

Zu verteilender unternehmensrechtlicher Gewinn im Jahr 2016 € 120.976,–

9000 starres Kapital Burger

Dat.	Text	Soll	Haben
1.1.	9800		180.000
31.12.	9850	180.000	

9010 starres Kapital King

Dat.	Text	Soll	Haben
1.1.	9800		120.000
31.12	9850	120.000	

9001 variables Kapital Burger

Dat.	Text	Soll	Haben
1.1.	9800		34.612
1.8.	2800	25.000	
31.12.	9890		72.586
31.12.	9850	82.198	

9011 variables Kapital King

Dat.	Text	Soll	Haben
1.1.	9800		23.075
1.7.	2800	23.075	
31.12.	9890		48.390
31.12.	9850	48.390	

Der Gewinn von € 120.976,– ist im Verhältnis 180.000,–:120.000,– (Beteiligung lt. starren Kapitalkonten – gekürzt auf 3:2) aufzuteilen:

120.976 / 5 × 3 = € 72.586,00 für Burger
€ 48.390,00 für King
120.976 / 5 × 2 = € 120.976,00 gesamt

Buchungstechnik für Gewinn und Abschluss der Konten

Sie sehen aus diesen Buchungen:

- Der Betrag auf den starren Kapitalkonten geht als „Beteiligung" unverändert in die Schlussbilanz.
- Der Gewinnanteil wird den variablen Kapitalkonten gutgeschrieben.
- Der Saldo der variablen Kapitalkonten wird gegen SBK abgeschlossen.
- Hinweis:
- Wären obige Privatentnahmen von € 25.000,– bzw. € 23.075,– zunächst auf Privatkonten verbucht worden, hätten diese Privatkonten gegen die variablen Kapitalkonten abgeschlossen werden müssen.

Die Gewinnverteilung ist jedoch nochmals zu erstellen, wenn das steuerrechtliche Jahresergebnis nicht mit dem unternehmensrechtlichen übereinstimmt.

Da nicht das Unternehmen, sondern die Mitunternehmer besteuert werden (Einkommensteuer), ist für die Erstellung der Einkommensteuererklärungen von Burger und King der steuerrechtliche Gewinn als Einkommen aus Gewerbebetrieb maßgebend.

Erläuterungsbeispiel Fortsetzung

Steuerliche MWR; Zuordnung des steuerrechtlichen Gewinnes

Gehen wir von folgenden Annahmen aus:

- Die OG hat 2013 ein Darlehen in Höhe von € 100.000,– aufgenommen, für das insgesamt € 1.800,– an Geldbeschaffungskosten angefallen sind. Laufzeit des Darlehens 8 Jahre.
- An Zinserträgen aus Bankguthaben wurden € 34,62 (abzüglich KESt) verbucht. Die OG hat keine Zins- bzw. Dividendenerträge aus Wertpapieren.
- Da die OG viele Privatkunden gegen offene Rechnung beliefert, bildet sie jährlich eine Pauschal-WB von 5 % der offenen Forderungen an Privatkunden. Per 31.12.2016 waren weniger Forderungen gegenüber Privatkunden offen als im Vorjahr, daher wurden € 476,30 der Pauschal-WB aufgelöst.
- Die OG hat nicht absetzbare Spenden in Höhe von € 235,– geleistet.

Daraus ergibt sich als steuerpflichtiger Gewinn:

unternehmensrechtlicher Gewinn	€ 120.976,00
– Jahresbetrag Geldbeschaffungskosten	€ 225,00
– endbesteuerte Zinserträge	€ 34,62
– Erträge aus Auflösung Pauschal-WB	€ 476,30
+ nicht anerkannte Spenden	€ 235,00
= steuerpflichtiger Gewinn	€ 120.475,08

aufgeteilt im Verhältnis der Beteiligungen

Burger	€ 72.285,05	⎫ Angabe in der ESt-Erklärung als
King	€ 48.190,03	⎬ Einkünfte aus Gewerbebetrieb

Übungen

Ü 8.1: Verlustverteilung einer OG – Vornahme der Buchungen

Auszug aus dem Gesellschaftsvertrag:

● Gesellschafter Gans erhält auch in Jahren des Verlustes eine Arbeitsvergütung in Höhe von € 20.000,–.

● Die Privatentnahmen sind, soweit sie über den zugewiesenen Vorjahresgewinn hinausgehen, ab dem Tag der Entnahme mit 6 % (30/360) zu verzinsen. Privatentnahmen, die über den Vorjahresgewinn hinausgehen, können nicht ohne Zustimmung des anderen Gesellschafters getätigt werden.

● Der (Rest-)Gewinn bzw. Verlust ist nach Anteilen zu verteilen.

● Verluste werden dem variablen Kapitalkonto angelastet. Sie sind innerhalb von 10 Monaten durch entsprechende Einlagen abzudecken.

● Konnten Privatentnahmen nicht durch die Gewinnanteile des betreffenden Jahres abgedeckt werden, sind auch solche Entnahmen innerhalb von 10 Monaten durch entsprechende Einlagen zu decken.

Verlust: € 42.600,–

Verlustverteilung:

				Gans		Lehner
Gesamtverlust	–	42.600,00				
Arbeitsvergütung	–	20.000,00	+	20.000,00		
Privatzinsen1)	+	309,70	–	309,70		
Restverlust	–	62.290,30	–	35.594,46	–	26.695,84
Verlustanteil			–	15.904,16	–	26.695,84

Kontrolle2) – 42.600,00

Restverlust verteilt im Verhältnis der starren Kapitalkonten → 2 : 1,5

1) € 12.388,– wurden mehr entnommen, daher ist dieser Betrag ab 1.8. mit 6 % zu verzinsen

2) Bitte unbedingt kontrollieren: Beide Verlustanteile zusammen müssen den Gesamtverlust ergeben. Bei Gans erhöhen die Privatzinsen den Restverlust, die Arbeitsvergütung vermindert ihn.

Ihre Aufgabe:

● Stellen Sie die Verbuchung der Verlustanteile auf den untenstehenden Konten oder in Form von Buchungssätzen dar.

● Schließen Sie die Konten ab oder geben Sie die Abschlussbuchungen dieser Konten in Form von Buchungssätzen an.

● Geben Sie an:

  ○ wer bis wann welchen Betrag in das Unternehmen einzuzahlen hat

  ○ unter welcher Voraussetzung diese Verlustanteile in dieser Höhe in die ESt-Erklärungen von Gans und Lehner aufzunehmen sind.

9000 starres Kapital Gans

Dat.	Text	Soll	Haben
1.1.	9800		200.000

9010 starres Kapital Lehner

Dat.	Text	Soll	Haben
1.1.	9800		150.000

9001 variables Kapital Gans			
Dat.	Text	Soll	Haben
1.1.	9800		24.612
1.4.	2800	12.000	
1.8.	2800	25.000	

9011 variables Kapital Lehner			
Dat.	Text	Soll	Haben
1.1.	9800		18.459
1.7.	2800	18.459	

SbX

Sie finden ein weiteres Beispiel zur Gewinnverteilung einer OG und zur Verlustverteilung einer OG unter der ID: 0820.

Ü 8.2: Jahresabschluss einer OG mit unternehmens- und steuerrechtlicher Gewinnermittlung sowie unternehmensrechtlicher Gewinnverteilung

Die Holler OG mit ihrem Sitz in Wien erstellt Werkzeugmaschinen.

An dieser OG ist Herr Gottfried Holler und Herr DI Alex Wunder beteiligt. Das Beteiligungsverhältnis ersehen Sie aus den starren Kapitalkonten.

Die Saldenbilanz der Holler OG, Wien 23, zeigt zum 31.12.2016 (vor Durchführung des Jahresabschlussarbeiten) folgendes Bild:

KtoNr.	Kontobezeichnung	Soll	Haben
0120	Datenverarbeitungsprogramme	16.500,00	
0192	Kumulierte Abschr. DV-Programme		6.500,00
0200	Unbebaute Grundstücke	70.380,00	
0210	Bebaute Grundstücke	195.000,00	
0300	Gebäude	1.800.000,00	
0390	Kumulierte Abschreibung Gebäude		647.800,00
0400	Maschinen	1.506.000,00	
0490	Kumulierte Abschreibung Maschinen		392.600,00
0640	Lkw	319.000,00	
0660	Geschäftsausstattung	598.000,00	
0694	Kumulierte Abschreibung Lkw		119.150,00
0696	Kumulierte Abschreibung Gesch.Ausstg.		252.000,00
0710	Anlagen in Bau	390.000,00	
1100	Rohstoffvorrat	23.000,00	
1200	Fertig bezogene Teile	6.920,00	
1300	Hilfsstoffvorrat	5.620,00	
2000	Lieferforderungen	696.975,29	
2080	Einzelwertberichtigung zu Inlandsford.		9.000,00
2085	Pauschale Einzel-WB zu Inlandsford.		1.200,00
2090	Pauschalwertberichtigung zu Inlandsford.		14.710,40
2300	Sonstige Forderungen	28.070,00	
2620	Aktien des Umlaufvermögens	9.144,00	
2700	Kassa	19.080,00	
2800	Bank	280.000,00	
2950	Aktiviertes Disagio	10.000,00	
3065	Rückstellung für Produkthaftung		6.238,33
3110	Kurzfristige Vrblktn gegenüber Kreditinstitut		482.781,60
3111	Langfristige Vrblktn gegenüber Kreditinstitut		1.529.060,00
3150	Darlehen		189.000,00

KtoNr.	Kontobezeichnung	Soll	Haben
3300	Verbindlichkeiten aus Lieferungen + Leistungen		69.000,00
3520	Zahllast		68.690,00
3800	Sonstige Verbindlichkeiten		28.752,00
4000	Umsatzerlöse		3.351.200,00
4400	Erlösberichtigungen	56.080,00	
4410	Kundenskonti (Skontoaufwand)	12.050,00	
4600	Erlöse aus dem Abgang von Anlagen		8.000,00
4880	Übrige betriebliche Erträge		67.050.00
5100	Rohstoffverbrauch	42.180,00	
5200	Verbrauch fertig bezogener Teile	356.400,00	
5300	Hilfsstoffverbrauch	38.600,00	
5880	Lieferantenskonti (Skontoertrag)		6.980,00
Kl. 6	Personalaufwand	1.887.130,00	
7200	Instandhaltung durch Dritte	332.328,00	
7330	Lkw-Betriebsaufwand	14.560,00	
7700	Versicherungsaufwand	4.698,00	
7750	Rechts- und Beratungsaufwand	12.090,00	
7790	Spesen des Geldverkehrs	3.800,00	
7850	Sonstiger betrieblicher Aufwand	162.297,00	
8100	Zinserträge aus Bankguthaben		5.039,96
8280	Zinsaufwand für Bankkredite	78.050,00	
9000	Starres Kapital Holler		1.200.000,00
9001	Variables Kapital Holler		47.000,00
9010	Starres Kapital Wunder		300.000,00
9011	Variables Kapital Wunder		48.960,00
9600	Privat Holler	65.000,00	
9610	Privat Wunder	48.960,00	

Abschlussangaben:

1) Unbebaute Grundstücke

Im Oktober des Abschlussjahres wurde ein 980 m² großes, unbebautes Nachbargrundstück erworben, welches in Zukunft als Parkplatz dienen soll. Der Kaufpreis in Höhe von € 68.000,– wurde bereits am Konto 0200 aktiviert. Aktiviert wurde auch die Grunderwerbsteuer in Höhe von 3,5 % des Kaufpreises.

Auf dem Grundstück befand sich ein Abbruchhaus. Die Abbruchkosten in Höhe von € 2.580,– wurden auf dem Konto „7850 sonstiger betrieblicher Aufwand" verbucht. Die Notariatskosten sowie die Eintragungsgebühr in der Gesamthöhe von € 3.418,– wurden auf dem Konto Rechts- und Beratungsaufwand verbucht.

Das Grundstück ist mit seinem richtigen Anschaffungswert zu aktivieren.

2) Gebäude
- Im Vorjahr wurde mit der Errichtung einer Lagerhalle begonnen. Diese wurde im Dezember dieses Jahres in Betrieb genommen. Alle Teilleistungen sowie die Schlussrechnung wurden auf dem Konto 0710 verbucht. Weitere Buchungen sind bisher nicht erfolgt. Die Inbetriebnahme der Lagerhalle fand am 15. 12. statt. Die Nutzungsdauer ist nach § 8 (1) anzusetzen, die Verbuchung der Abschreibung hat indirekt zu erfolgen.
- Im Verwaltungsgebäude wurden zwischen März und Oktober des Abschlussjahres Umbau- und Sanierungsarbeiten durchgeführt. Ein großer Teil des Kellers wurde in ein Archiv umgebaut. Die Büroräume im zweiten Stock wurden neu ausgemalt.

Ausschnitt aus der Rechnung der Baufirma samt Buchung:

Umbaukosten	€ 87.000,–	
Malerarbeiten	€ 22.000,–	
	€ 109.000,–	7200/
+ 20 % USt	€ 21.800,–	3500/
Gesamtbetrag	€ 130.800,–	/2800

Das Verwaltungsgebäude hatte einen Anschaffungswert von € 940.000,–, der Buchwert am 1.1. beträgt € 705.000,–, ND 50 Jahre.

● Die Abschreibung der restlichen Gebäude beträgt € 25.800,–.

3) Maschinen

● Am 15. März des Abschlussjahres wurde eine Maschine durch Brand völlig zerstört. Anschaffungswert: € 124.000,–, Buchwert am 1.1. € 15.500,–, ND 8 Jahre.
Am 15. November erhalten wir von der Versicherung die Zusage für eine Versicherungsleistung in Höhe von € 20.000,– für diese Maschine. Der Betrag ging bis zum Bilanzstichtag noch nicht ein.
Die Maschine ist abzuschreiben, auszuscheiden, die Forderung an die Versicherung ist auszuweisen.

● Als Ersatz für die zerstörte Maschine wurde eine neue um € 156.000,– netto angeschafft und am 20. April in Betrieb genommen. Die Anschaffung wurde bereits ordnungsgemäß verbucht. Diese Maschine ist ebenfalls auf 8 Jahre linear abzuschreiben.

● Die Abschreibung der restlichen Maschinen beträgt € 89.000,–.

4) Lkw
Anlageverzeichnis für Lkw zum 31.12.2014

Nr.	Be- zeich- nung	Liefe- rant	Datum Anschaffg. Inbe- triebn.	Anschaf- fungswert	ND	%	Abschrei- bung	Buch- wert 1.1.	Buch- wert 31.12.
1	MAN	Stei- ner	12.05.12 12.05.12	135.000,–	6	16,6	22.500,–	67.500,–	45.000,–
2	Fiat	Gros	15.06.13 10.04.13	27.000,–	4	25	6.750,–	13.500,–	6.750,–
3	Mer- cedes	Stei- ner	03.08.15 03.08.15	89.000,–	5	20	8.900,–		80.100,–

Lkw 2 wurde am 12.8. des Abschlussjahres um € 8.000,– + 20 % USt verkauft. Der Verkauf wurde ordnungsgemäß verbucht. Weitere Buchungen erfolgten in diesem Zusammenhang noch keine.
Am 15.9. wurde ein neuer Lkw (Nr. 4) um € 68.000,– + 20 % USt gekauft und sofort in Betrieb genommen. Der Kauf wurde bereits verbucht. ND 5 Jahre.
Die Abschreibung aller Lkw ist noch durchzuführen.

5) Abschreibung restliche Anlagegüter

0120	Datenverarbeitungsprogramme	€ 3.500,–
0600	Betriebs- und Geschäftsausstattung	€ 121.000,–

Nutzungsdauer der Büroeinrichtung 10 Jahre.

6) Bewertung von Rohstoffverbrauch und Endbestand
Es liegen folgende Aufzeichnungen vor:

Anfangsbestand	1.000 kg	à € 23,00
1. Zukauf	800 kg	à € 22,50
2. Zukauf	400 kg	à € 24,00
3. Zukauf	600 kg	à € 24,30
Abfassungen	2.100 kg	
Endbestand lt. Inventur	640 kg	

Der Einstandspreis am 31.12. beträgt € 22,50.
Die Bewertung hat nach dem FIFO-Verfahren zu erfolgen.

7) Hilfsstoffe
Der bewertete Endbestand an Hilfsstoffen beträgt € 7.600,–
Über die Entnahmen gab es keine Aufzeichnungen.

8) Fertig bezogene Teile
Die bezogenen Teile werden nach dem Identitätspreisverfahren bewertet.

Folgende Aufzeichnungen liegen vor:
Anfangsbestand   20 Stück   à € 346,–
1. Zukauf   400 Stück à € 357,–
2. Zukauf   600 Stück à € 356,–
Abfassungen: 20 Stück   vom Anfangsbestand
380 Stück   vom 1. Zukauf
580 Stück   vom 2. Zukauf
Endbestand: 18 Stück   vom 1. Zukauf
20 Stück   vom 2. Zukauf

Der Fehlbestand von 2 Stück aus dem 1. Zukauf ergibt sich durch Beschädigungen dieser Teile im Zuge der Umbauarbeiten.
Relevanter Vergleichswert am Bilanzstichtag € 355,–

9) Fertigerzeugnisse
Zum 31.12. des Vorjahres lagen keine Fertigerzeugnisse auf Lager.

Für die zum heurigen Bilanzstichtag auf Lager liegenden Fertigerzeugnisse stehen folgende Daten zur Verfügung:
Fertigungsmaterial   € 6.500,–
Fertigungslöhne   € 9.700,–
MGK   44 %
FGK   160 %
VwVtGK   18 %

10) Disagio – Geldbeschaffungskosten
Am 1. März des Abschlussjahres wurde ein Darlehen von € 200.000,– aufgenommen.

Gebucht wurde die Darlehensaufnahme wie folgt:
2800 Bank   € 189.000,–
7790 Spesen des Geldverkehrs   €   500,–   / 3150 Darlehen € 200.000,–
2950 Aktiviertes Disagio   €   10.000,–   /

Die Rückzahlung erfolgt nach 4 Jahren.

11) Forderungen aus Lieferungen und Leistungen
● Auf dem Konto 2000 Lieferforderungen ist noch die Forderung an unseren Kunden Livington, Miami, in Höhe von USD 20.000,–, eingebucht zum Kurs von 1,3485, enthalten.
● Devisenkurse am Bilanzstichtag 1,3510 / 1,3610
● Alle Inlandsforderungen enthalten 20 % USt
● Die Forderung gegenüber dem Kunden Huber in Höhe von E 36.000,– ist zweifelhaft, Huber hat ein Sanierungsverfahren beantragt. Es ist mit einem Ausfall von 60 % zu rechnen.
● Laut EDV-Liste sind von den restlichen Forderungen folgende Beträge überfällig:

Forderung   Zahlungsverzug
€ 33.120,–   3 Monate
€ 52.560,–   2 Monate
€ 20.880,–   1 Monat

Es soll eine steuerlich zulässige pauschale Einzelwertberichtigung gebildet werden.
● Für die restlichen Forderungen soll unternehmensrechtlich eine Pauschalwertberichtigung in Höhe von 3 % gebildet werden.

12) Aktien
Ein Liquidationsüberschuss wurde im Oktober kurzfristig in Aktien angelegt (vgl. Konto 2620).
Es handelt sich um eine kurzfristige Anlage zu Spekulationszwecken, die Aktien sollen im ersten Halbjahr des nächsten Jahres wieder verkauft werden.
Wert am Bilanzstichtag € 9.600,–

13) Fremdwährungsverbindlichkeiten

In den Lieferverbindlichkeiten ist eine gegenüber der Firma A. Lowen, Oslo, in Höhe von NOK 38.600,–, umgerechnet zum Kurs von 8,0810 enthalten.

Devisenkurs am Bilanzstichtag: 8,0730 / 8,1450

14) Rückstellungen

Es ist eine Rückstellung für Produkthaftung in Höhe von 0,3 % der Umsatzerlöse abzüglich Erlösschmälerungen und Kundenskonti zu bilden.

Dabei ist zu beachten, dass bei Umsatzerlösen in Höhe von E 534.930,– im Produkthaftungsfall auf den Vorlieferanten zurückgegriffen werden kann. In diesen Umsatzerlösen sind keine Erlösschmälerungen enthalten.

Aufgabe 1:

Ermitteln Sie das unternehmensrechtliche Jahresergebnis und bezeichnen Sie es als Gewinn oder Verlust. Verwenden Sie für die übersichtliche Darstellung Ihrer Umbuchungen die Buchungslisten-Vorlage aus dem Anhang. Geben Sie bei jeder Umbuchung die Auswirkung auf das Jahresergebnis an. Nebenrechnungen sind unter Angabe der Umbuchungs-Nummer übersichtlich auf Extrablätter zu erstellen.

Aufgabe 2:

Ermitteln Sie in übersichtlicher Form das steuerpflichtige Jahresergebnis. Berücksichtigen Sie dabei alle Tatbestände, die aufgrund Ihrer Buchungen zu einer MWR führen. Ferner sind nicht absetzbare Kosten für die Bewirtung von Geschäftsfreunden in Höhe von E 2.210,– zu berücksichtigen.

Aufgabe 3: Erfolgsaufteilung (unternehmensrechtliches Jahresergebnis)

Dabei sind folgende Punkte aus dem Gesellschaftsvertrag zu berücksichtigen:

- DI Wunder erhält für sein technisches Know-how eine Arbeitsvergütung (auch in Jahren des Verlustes) in Höhe von € 40.000,–.
- Entnahmen können bis zur Höhe des Vorjahresgewinnes ohne Rückfrage entnommen werden.
  Höhere Entnahmen bedürfen der Zustimmung des Partners. Entnahmen, die über den Vorjahresgewinn hinausgehen, sind mit 6 % p.a. monatsgenau zu verzinsen.
- Der Restgewinn bzw. -verlust ist im Verhältnis der Beteiligungen zu verteilen.

Hinweis:

Die über den letzten Gewinnanteil hinausgehende Privatentnahme von Holler wurde durch Wunder genehmigt. Sie erfolgte am 31.10.

Aufgabe 4:

Geben Sie die Abschlussbuchungen der variablen Kapitalkonten der beiden Gesellschafter in der Buchungliste an.

SbX

Sie finden einen weiteren Jahresabschluss einer OG unter der ID: 0820.
Ein Beispiel zur Verlustverteilung einer OG mit stillem Gesellschafter finden Sie auf Seite 154 (Ü 8.5).

2 Kommanditgesellschaft – KG

Kennzeichen

Der Hauptunterschied der KG zur OG liegt in der Haftung der Gesellschafter.

> In **§ 161 (1) UGB** heißt es:
>
> „Eine Kommanditgesellschaft ist eine unter eigener Firma geführte Gesellschaft, bei der die Haftung gegenüber den Gesellschaftsgläubigern bei einem Teil der Gesellschafter auf einen bestimmten Betrag (Haftsumme) beschränkt ist (Kommanditisten), beim anderen Teil dagegen unbeschränkt ist (Komplementäre)."

8 Jahresabschlüsse

Zu führende Konten

Für den/die Komplementär/e werden Konten wie in der OG geführt.

Für die Kommanditisten werden folgende Konten geführt:

Hinweis: Wir haben diese Konten und ihre Inhalte bereits in Kapitel 5 näher erläutert (vgl. Seite 97).

9100 Kapital Kommanditist (Bedungene Einlage)

9150 Ausstehende Einlage Kommanditist

3730 Gewinnverrechnung Kommanditist

9160 Verlustverrechnung Kommanditist

Gewinn-und-Verlust-Verteilung

● **Gesetzliche Erfolgsaufteilung** (§ 167 UGB – nicht verpflichtend)

> **§ 167 UGB**
> „Soweit der Gesellschaftsvertrag nichts anderes vorsieht, ist den unbeschränkt haftenden Gesellschaftern zunächst ein ihrer Haftung angemessener Betrag des Jahresgewinns zuzuweisen. Im Übrigen ist für den diesen Betrag übersteigenden Teil des Jahresgewinns sowie für den Verlust eines Geschäftsjahres § 121 anzuwenden."

Durch diese Regelung wollte der Gesetzgeber einen Ausgleich der unterschiedlichen Haftungsrisiken ermöglichen. Erst danach ist der Jahresgewinn/-verlust entsprechend der Anteile aufzuteilen. Da nur Komplementäre mit der Geschäftsführung betraut werden dürfen, steht ihnen für diese Dienste ein angemessener Betrag zu – vgl. § 121 UGB.

● **Vertragliche Erfolgsaufteilung**

Da die gesetzliche Erfolgsaufteilung sehr offen ist, ist dieser Punkt zentraler Inhalt des Gesellschaftsvertrages.

Für den geschäftsführenden Gesellschafter wird eine Arbeitsvergütung festgelegt, die unbeschränkte Haftung des/r Komplementärs/e soll abgegolten und der Restgewinn sinnvoll entsprechend der Kapitalanteile zwischen Komplementär(en) und Kommanditist(en) verteilt werden.

Buchungen im Zusammenhang mit Gewinnen und Verlusten

Die Buchungen des Komplementärs sind ident mit jenen der Gesellschafter einer OG.

Mögliche Buchungen im Zusammenhang mit Gewinnen und Verlusten der Kommanditisten:

Zuweisung eines Gewinns bei voll einbezahlter Einlage

(9) G+V / (3) Gewinnverrechnung Kommanditist

Zuweisung eines Gewinns bei nicht voll einbezahlter Einlage

(9) G+V / (9) Ausstehende Einlage Kommanditist

Zuweisung eines Verlustes

(9) Verlustverrechnung Kommanditist / (9) G+V

Erläuterungsbeispiel

Zu verteilender Gewinn: € 68.740,–

Ausschnitt aus dem Gesellschaftsvertrag:

● Der Komplementär Schneider erhält auf jeden Fall, auch in Jahren mit Verlust, eine Arbeitsvergütung in Höhe von € 25.000,–.

● Der Komplementär erhält ferner vorweg vom Restgewinn einen Anteil von einem Drittel als Ausgleich für seine unbeschränkte Haftung.

● Die Privatentnahmen des Komplementärs, die über die ihm zugeteilten Vorjahresgewinne hinausgehen, werden auf jeden Fall mit 5 % p. a. kontokorrentmäßig (30/360) verzinst. Solche Privatentnahmen erfordern die Zustimmung der Gesellschaft.

  Nicht entnommene Gewinnanteile werden nicht verzinst. Sie erhöhen die Möglichkeit für Privatentnahmen in Folgejahren.

● Ein etwaiger Restgewinn wird im Verhältnis der eingebrachten Einlagen verteilt.

● Der Gewinnanteil der Kommanditisten (Steiger und Gründl) wird erst nach vollständig aufgefüllter Einlage ausgeschüttet.

● Alle errechneten Beträge sind für die Verbuchung auf Ganze zu runden.

Gewinnaufteilung:

zu verteilender Gewinn	€ 68.740,–
– Arbeitsvergütung	€ 25.000,–
	€ 43.740,–
– ⅓ Vorweggewinn Komm.	€ 14.580,–
= Restgewinn	€ 29.160,–
aufzuteilen im Verhältnis 8 : 4 : 2	

Beachten Sie bitte: Kommanditist Gründl hat erst E 20.000,– seiner Einlage tatsächlich eingebracht.

Somit erhalten	Schneider		
		€ 25.000,–	
		€ 14.580,–	
		€ 16.663,–	€ 56.243,–
	Steiger		€ 8.331,–
	Gründl		€ 4.166,–
	Kontrolladdition		€ 68.740,– = Gesamtgewinn

9000 starres Kapital Schneider (Kompl.)

Dat.	Text	Soll	Haben
1. 1.	9800		80.000
31. 12.	9850	80.000	

9001 variables Kapital Schneider

Dat.	Text	Soll	Haben
1. 1.	9800		28.236
30. 6.	2800	10.000	
30. 11.	2800	6.000	
31. 12.	9890		56.243
31. 12.	9850	68.479	

9100 Kapital Steiger (Kommanditist)

Dat.	Text	Soll	Haben
1. 1.	9800		40.000
31. 12.	9850	40.000	

9101 Kapital Gründl (Kommanditist)

Dat.	Text	Soll	Haben
1. 1.	9800		40.000
31. 12.	9850	40.000	

3730 Gewinnverrechnung Steiger

Dat.	Text	Soll	Haben
31. 12.	9890		8.331
31. 12.	9850	8.331	

9150 Ausstehende Einlage Gründl

Dat.	Text	Soll	Haben
1. 1.	9800	20.000	
31. 12.	9890		4.166
31. 12.	9850		15.834

Analysiert man diese Gewinnzuteilung, so kann man feststellen, dass

● der Komplementär im Folgejahr privat € 68.479,– entnehmen kann,

● Kommanditist Gründl im nächsten Jahr bei Zuteilung des Gewinns mit einem höheren Anteil rechnen kann, da bereits eine Einlage in Höhe von € 24.166,– vorhanden ist.

● Kommanditist Steiger € 8.331,– als Gewinnanteil entnehmen kann.

Übungen

Ü 8.3: Gewinn-und-Verlust-Verteilung einer KG

An der Ahorner KG, Handel mit Werkzeugen und Gartenartikel, sind folgende Personen beteiligt:

Udo Ahorner als Komplementär

Gertrude Ahorner als Kommanditist

Claudia Ahorner als Kommanditist

Ausschnitt aus dem Gesellschaftsvertrag:

- Der Vollhafter erhält eine Arbeitsvergütung in Höhe von € 30.000,–. Diese Arbeitsvergütung ist auch in Jahren des Verlustes zu berücksichtigen.
- Vom unternehmensrechtlichen Gewinn erhält der Vollhafter zunächst 20 %.
- Die Privatentnahmen des Vollhafters, die über seine zugewiesenen Gewinnanteile hinausgehen, sind mit 6 % p. a. kontokorrentmäßig (monatsgenau) zu verzinsen.
- Der Restgewinn wird zwischen Komplementär und Kommanditisten im Verhältnis 3 : 2 : 2 aufgeteilt.
- Ein Verlust wird unter Berücksichtigung der Arbeitsvergütung und eventueller Zinsen für die Privatentnahmen im Verhältnis 3 : 2 : 2 aufgeteilt.
- Die zu verbuchenden Beträge, d. h., die endgültigen Gewinn- bzw. Verlustanteile sind auf Ganze zu runden.

Variante 1: Gewinn   € 72.729,–

Variante 2: Verlust   € 44.760,–

Auszug aus der Saldenliste

Kontonummer, Kontobezeichnung	Soll	Haben
9000 starres Kapital Udo Ahorner		120.000,00
9001 variables Kapital Udo Ahorner		51.736,00
9100 Kapital Gertrude Ahorner (Komm)		80.000,00
9110 Kapital Claudia Ahorner (Komm)		60.000,00
9150 Ausstehende Einlage Claudia Ahorner	28.167,00	
9600 Privat Udo Ahorner	48.400,00	

Ihre Aufgaben:

- Erstellen Sie in übersichtlicher Form die Gewinn- (Variante 1) bzw. die Verlustverteilung (Variante 2).
- Stellen Sie alle Buchungen im Zusammenhang mit den verteilten Gewinnanteilen in Form von Buchungssätzen dar – Variante 1.
- Stellen Sie alle Buchungen im Zusammenhang mit den verteilten Verlustanteilen in Form von Buchungssätzen dar – Variante 2.
- Die Abschlussbuchungen folgender Konten sind ebenfalls in Form von Buchungssätzen anzugeben:
  ○ variables Kapitel Udo Ahorner (Komplementär) für Variante 1 und 2
  ○ ausstehende Einlage Claudia Ahorner (Kommanditist) für Variante 1
  ○ Gewinn- bzw. Verlustverrechnung Gertrude Ahorner (Kommanditist) für Variante 1 und 2

Ü 8.4: Abschluss einer KG

Die Federspiel KG erzeugt Trachten- und Sportmode der anderen Art.

Franz Federspiel und seine Gattin Birgit sind Komplementäre.
Kurt Schwarz, der Bruder von Birgit Federspiel, ist Kommanditist.

Saldenliste zum 31.12.2015 der Federspiel KG

Kontenklasse, Kontobezeichnung	Soll	Haben
0200 Unbebaute Grundstücke	198.620,00	
0210 Bebaute Grundstücke	205.000,00	
0300 Gebäude	4.180.000,00	
0400 Maschinen	350.500,00	
0620 Büromaschinen, EDV	8.420,00	
0630 Pkw	80.080,00	
0640 Lkw	79.800,00	
0660 B+G-Ausstattung	28.360,00	
0700 Geleistete Anzahlung Sachanlagen	30.000,00	
0920 Festverzinsliche Wertpapiere Anlagevermögen	41.102,50	
1100 Rohstoffvorrat	66.760,00	
1300 Hilfsstoffvorrat	5.617,30	
1340 Verpackungsmaterialvorrat	4.105,50	
1400 Unfertige Erzeugnisse	36.718,10	
1500 Fertige Erzeugnisse	54.853,60	
1600 Handelswaren-Vorrat	12.917,00	
2000 Lieferforderungen Inland	256.740,00	
2080 Einzel-WB zu Inlandsforderungen		8.724,30
2090 Pauschal-WB zu Inlandsforderungen		3.127,60
2100 Lieferforderungen Währungsunion	217.323,56	
2150 Lieferforderungen sonstiges Ausland	24.075,21	
2620 Aktien Umlaufvermögen	29.515,00	
2700, 2800 Kassa, Bank	98.736,36	
3000 Rückstellung für Abfertigungen		76.105,20
3040 Rückstellung für R+B-Aufwand		8.000,00
3065 Rückstellung für Produkthaftung		54.276,20
3110 Bankkredit		225.193,69
3150 Darlehen		2.500.000,00
3300 Lieferverbindlichkeiten		417.724,60
3350 Verrechnungskonto geleistete Anzahlung		36.000,00
3360 Lieferverbindlichkeiten Währungsunion		98.960,70
3370 Lieferverbindlichkeiten sonstiges Ausland		33.395,08
3520 Zahllast		69.293,35
Kl. 3 Sonstige Verbindlichkeiten		140.977,28
4000 HW-Erlöse		318.700,00
4010 Erlöse aus ig. Lieferung		1.151.941,76
4015 Exporterlöse		872.096,94
4100 Fertigerzeugniserlöse		3.948.716,00
4600 Erlöse aus Anlagenverkäufen		2.610,00
4840 FW-Kursgewinn		36,12
5010 Handelswaren-Einsatz	382.440,00	
5100 Rohstoffverbrauch	910.760,00	

8 Jahresabschlüsse

Kontenklasse, Kontobezeichnung	Soll	Haben
5300 Hilfsstoffverbrauch	78.726,00	
Kl. 5 Sonstiger Verbrauch (z. B. Energie)	39.731,60	
Kl. 6 Personalaufwand	2.619.709,52	
7010 Abschreibung Sachanlagen	285.146,00	
7700 Versicherungsaufwand	27.324,00	
7750 Rechts- und Beratungsaufwand	9.260,00	
Kl. 7 sonstiger betrieblicher Aufwand	487.327,60	
8061 Steuerfreie Zinserträge WP AV		702,74
8100 Zinserträge aus Bankguthaben		84,05
8290 Zinsaufwand für Darlehen	73.860,30	
Kl. 8 Sonstiger Aufwand für Fremdkapital	81.338,46	
9000 starres Kapital Franz Federspiel		400.000,00
9001 variables Kapital Franz Federspiel		14.278,00
9010 starres Kapital Birgit Federspiel		300.000,00
9011 variables Kapital Birgit Federspiel		4.824,00
9100 Kapital Kurt Schwarz		200.000,00

Ihre Aufgaben:

● Ermitteln Sie aufgrund der nachfolgenden Tatbestände die erforderlichen Umbuchungen. Tragen Sie die Umbuchungen in die Buchungsliste ein (Kopiervorlage im Anhang) und geben Sie deren Auswirkung auf den Jahreserfolg (+/–/0) an. Generell sind alle Ansätze derart zu wählen, dass der Gewinn so gering wie möglich ausfällt.

● Kurs- und Preisschwankungen sind als nicht dauerhaft anzusehen.

● Nebenrechnungen sind auf einem Extrablatt mit der Angabe der Nummer des betreffenden Tatbestandes in übersichtlicher und nachvollziehbarer Form darzustellen. Die Abschreibungen sind im jeweiligen Raster einzutragen.

● Ermitteln Sie das unternehmensrechtliche Jahresergebnis und bezeichnen Sie es als Gewinn oder Verlust.

● Ermitteln Sie das steuerpflichtige Jahresergebnis unter Berücksichtigung zusätzlicher Angaben und Ihrer Umbuchungen.

● Verteilen Sie das steuerpflichtige Jahresergebnis entsprechend dem Gesellschaftsvertrag und geben Sie an, warum nicht nur das unternehmensrechtliche, sondern auch das steuerpflichtige Jahresergebnis zu verteilen ist.

Allgemeine Hinweise zu den Anlagen

Die Anlagen, die voll abgeschrieben sind, jedoch noch im Anlageverzeichnis aufscheinen, sind hier nicht aufgelistet.

Die Abschreibung erfolgt auf Null, d. h., es wird kein Erinnerungs-Euro ausgewiesen.

GWG wurden im Jahr der Anschaffung voll abgeschrieben.

(1) Gebäude

Das Unternehmen ist 2000 an den jetzigen Standort übersiedelt.

Anschaffungswert des Betriebsgebäudes € 7.600.000,–, ND 33 ⅓ Jahre

Die Abschreibung für das Abschlussjahr wurde bereits verbucht.

Das Gebäude soll erweitert werden. Für die Planungskosten haben wir eine Anzahlung in Höhe von € 30.000,– + 20 % USt überwiesen und entsprechend verbucht. Die erforderliche Korrekturbuchung ist in der Buchungsliste dazustellen.

(2) Maschinen

Übersicht über die noch nicht voll abgeschriebenen Maschinen:

Maschinen-art, Stück	Einzelpreis	Gesamt-AW	Datum der Inbetrieb-nahme	Nutzungs-dauer	Buchwert 1.1.	Abschrei-bung lfd.
2 Web-stühle	105.000,00	210.000,00	4.10.2008	10 Jahre	52.500,00	
10 Näh-maschinen	24.000,00	240.000,00	5.10.2010	8 Jahre	75.000,00	
10 Bügel-maschinen	36.000,00	360.000,00	17.4.2012	8 Jahre	180.000,00	
5 Näh-maschinen	8.600,00	43.000,00	7.8.2016	8 Jahre		

Die Maschinen sind noch abzuschreiben.

(3) Büromaschinen, EDV

Übersicht über die noch nicht voll abgeschriebenen Büromaschinen und EDV-Anlagen:

Art, Stück	Einzelpreis	Gesamt-AW	Datum der Inbetrieb-nahme	Nutzungs-dauer	Buchwert 1.1.	Abschrei-bung lfd.
5 PC	1.800,00	9.000,00	4.4.2013	4 Jahre	4.500,00	
3 Drucker	1.600,00	4.800,00	7.4.2013	4 Jahre	2.400,00	
1 Scanner	760,00	760,00	12.10.2016	4 Jahre		
2 Drucker	380,00	760,00	12.10.2016	4 Jahre		

Die EDV-Ausstattung ist noch abzuschreiben.

(4) Pkw

Übersicht über die im Betriebsvermögen vorhandenen Pkw

	AW-Wert inkl. USt	Datum der Inbetrieb-nahme	Nutzungs-dauer	Buchwert 1.1.	Abschrei-bung lfd.
Pkw I	24.000,00	15.10.2010	5 Jahre	0,00	
Pkw II	18.600,00	04.03.2012	5 Jahre	3.720,00	
Pkw III	32.600,00	14.05.2014	5 Jahre	19.560,00	
Pkw IV	56.800,00	01.08.2016	5 Jahre		

Pkw IV wurde am 1.8. mit einem AW von € 56.800,– inkl. NoVA und 20 % USt für das Management angeschafft und sofort in Betrieb genommen.
Dieser Pkw ist vollkaskoversichert. Die Versicherung beträgt pro Jahr € 3.000,– und wurde am 1.8. für ein Jahr im Voraus überwiesen.
Herr Federspiel nutzt diesen Pkw auch privat. Von den im heurigen Jahr gefahrenen km wurden lt. Fahrtenbuch ¼ für Privatfahrten eingetragen. Für diesen Pkw fielen an Betriebs-aufwand (außer der Versicherung) – Tanken, Service – € 6.872,60 inkl. 20 % USt an.

Die Abschreibung der Lkw wurde bereits vorgenommen.

(5) Unbebautes Grundstück

Am 5. 12. konnte endlich ein passendes Grundstück für den Bau einer Lagerhalle in unmittelbarer Nähe des Stammhauses gefunden werden. Der Kauf wurde bereits verbucht. Am 28. 12. haben wir die Vorschreibung der Grunderwerbsteuer (3,5 % des Kaufpreises), fällig am 11. 1., erhalten, jedoch noch nicht verbucht.

Ebenso haben wir die Honorarnote über die Vermittlungsprovision in Höhe von E 14.200,– + 20 % USt erhalten und sofort am 30. 12. überwiesen. Auch dieser Tatbestand wurde noch nicht verbucht.

(6) Festverzinsliche Wertpapiere des Anlagevermögens

Die festverzinslichen Wertpapiere des Anlagevermögens setzen sich zusammen aus:

- Nom. 15.000, 5 % Bundesanleihe 2006–2017, m. K. 1.3., eingebuchter Kurs = Anschaffungskurs 104,10, Kurs am Bilanzstichtag 102,50

- Nom. 25.000, 4,125 % Bundesanleihe 2006–2020, m. K. 15.10., eingebuchter Kurs = Anschaffungskurs 101,95, Kurs am Bilanzstichtag 102,20

Die Wertpapiere sind entsprechend zu bewerten. Die Zinserträge sind abzugrenzen. Die Abgrenzung hat tagegenau (klm/365) zu erfolgen. Die Zinsen werden abzüglich der KESt gutgeschrieben.

(7) Aktien des Umlaufvermögens

Ein Teil nicht sofort benötigter finanzieller Mittel wird in Aktien veranlangt. Zurzeit setzt sich das Portfolio aus folgenden Aktien zusammen:

200 Stück Flughafen Wien, angeschafft und eingebucht zu 57,20; Kurs am Bilanzstichtag 73,90

300 Stück Böhler-Udceholm, angeschafft zu 91,50, verbucht mit 60,25; Kurs am Bilanzstichtag 53,10

(8) Fremdwährungsfoderungen

Die am Konto 2150 ausgewiesenen FW-Forderungen setzen sich zusammen aus:

USD	8.400,–,	eingebucht zu 1,4368
GBP	9.620,–,	eingebucht zu 0,8905
CHF	5.600,–,	eingebucht zu 1,2080

Fremdwährungsverbindlichkeiten

Die am Konto 3370 ausgewiesenen FW-Verbindlichkeiten setzen sich zusammen aus:

HUF	2.210.000,00,	eingebucht zu 243,9770
SEK	167.300,00,	eingebucht zu 10,1234
HKR	56.320,00,	eingebucht zu 7,2105

Kurse am 31. 12.:	Devisen
USD	1,4338 / 1,4438
CHF	1,1972 / 1,2100
GBP	0,8779 / 0,8837
HUF	250,1770 / 259,8230
SEK	9,9175 / 10,8396
HRK	7,1718 / 7,5582

(9) Darlehen

Das ausgewiesene neue Darlehen wurde am 1.9. dieses Jahres aufgenommen und ist in den ersten drei Jahren rückzahlungsfrei. Laufzeit 15 Jahre. Bei Aufnahme des Darlehens wurde 1 % Zuteilungsprovision abgezogen und als Aufwand verbucht.

Die Zinsen für dieses Darlehen werden vierteljährlich am 1.3., 1.6., 1.9. und 1.12. im Voraus überwiesen. Zinssatz 5 % p. a.

(10) Rückstellungen

- Die Rückstellung für Rechtsberatungsaufwand ist entsprechend aufzulösen. Sie wurde für die Abschlussarbeiten des Steuerberaters für das Vorjahr gebildet. Die Gesamtkosten beliefen sich auf € 7.300.– + 20 % USt und sind im Konto 7750 enthalten.

- Für den Jahresabschluss des Abschlussjahres rechnen wir mit einer um 10 % höheren Rückstellung im Vergleich zur Honorarnote des Vorjahres.

- Es ist wieder eine Rückstellung für Produkthaftung von 1,5 % der Fertigerzeugniserlöse zu bilden.

(11) Forderungsbewertung

● Die Forderung an das Modehaus Stein, Linz, in Höhe von € 14.520,– inkl. 20 % USt scheint nicht voll einbringlich. Stein reagiert nicht auf Mahnungen. Es ist mit einem Ausfall von 60 % zu rechnen.

● Für alle anderen Inlandsforderungen (enthalten 20 % USt) ist wieder eine pauschale WB in Höhe von 3 % zu bilden.

(12) Warenbewertung

Mit Ausnahme des Rohstoffverbrauchs wurden alle Waren bereits bewertet und die entsprechenden Korrekturbuchungen vorgenommen.

Für das Reinleinen liegen folgende Daten vor:

Anfangsbestand 12 Rollen à 75,00
1. Zukauf am 4.4. 38 Rollen à 70,00
2. Zukauf am 17.8. 80 Rollen à 72,00

Entnahmen:

zwischen AB und 1. Zukauf: 10 Rollen
zwischen 1. und 2. Zukauf: 40 Rollen
nach dem zweiten Zukauf: 65 Rollen
Endbestand lt. Inventur: 14 Rollen
Preis am Bilanzstichtag: € 71,50/Rolle
Für die Bewertung des Reinleinens ist das aufgrund der Angaben genaueste Verfahren anzuwenden.

Restlicher Rohstoffverbrauch lt. Aufzeichnungen, bewertet: € 908.624,–
Endbestand an allen anderen Rohstoffen lt. Inv., bewertet: € 57.172,–
Ein eventueller Schadensfall bis zu 5 % des Verbrauchs gilt als „normal".

● Neben den sich aufgrund der Angaben aus Aufgabe 1 ergebenden Tatbeständen sind für die Ermittlung des steuerpflichtigen Jahresergebnisses folgende Informationen zu berücksichtigen:

○ Der Vorjahresgewinn belief sich auf € 282.174,60.

○ Im „sonstigen betrieblichen Aufwand" sind Spenden in einer Gesamthöhe von € 31.164,– enthalten. € 25.000,– betreffen Spenden an karitative begünstigte Spendenempfänger. Die restlichen Spenden sind steuerlich nicht absetzbar.

● Auszug aus dem Gesellschaftsvertrag

(7) Gewinnverteilung.

○ Franz Federspiel erhält eine Arbeitsvergütung in Höhe von € 40.000,–, Birgit Federspiel bekommt € 20.000,–.

○ Privatentnahmen können bis zur Höhe des zugeteilten Gewinnes zinsenfrei entnommen werden. Für alle getätigten Privatentnahmen trifft dies zu.

○ Die Privatnutzung des Pkw ist nicht zu verzinsen.

Anmerkung:

Die Privatkonten wurden bereits gegen die variablen Kapitalkonten abgeschlossen (Ausnahme Privatnutzung Pkw). Der auf den variablen Kapitalkonten ausgewiesene Betrag ergibt sich aus nicht entnommenen früheren Gewinnen. Solche Anteile sind nicht in die Gewinnverteilung mit einzubeziehen).

○ Jeder Komplementär erhält vorweg vom Restgewinn 20 % als Abgeltung des Haftungsrisikos.

○ Der restliche Gewinn ist im Verhältnis der Einlagen (starre Kapitalkonten) aufzuteilen.

3 Stille Gesellschaft

Kennzeichen

Eine stille Gesellschaft ist eine Beteiligung an einem Unternehmen, das ein anderer betreibt.

In § 179 UGB heißt es:

„(1) Wer sich als stiller Gesellschafter an dem Unternehmen, das ein anderer betreibt, mit einer Vermögenseinlage beteiligt, hat die Einlage so zu leisten, dass sie in das Vermögen des Inhabers des Unternehmens übergeht.

(2) Der Inhaber wird aus den in dem Betrieb geschlossenen Geschäften allein berechtigt und verpflichtet."

Sie wissen bereits, dass eine derartige Beteiligung sowohl an einem Einzelunternehmen als auch an einer Personen- oder einer Kapitalgesellschaft erfolgen kann.

Für den stillen Gesellschafter zu führende Konten

Da der stille Gesellschafter nicht am Vermögen der Gesellschaft beteiligt ist, führen viele Kontenpläne die Einlage des stillen Gesellschafters in Klasse 3 (in der Gruppe der sonstigen Verbindlichkeiten).

Wir führen die Einlage des stillen Gesellschafters in der Klasse 9, jedoch nach den Rücklagen- und Privatkonten, also auch an anderer Stelle in der Klasse 9 als die Kapitalkonten der Kommanditisten. Wir wollen damit die Besonderheit der Einlage des stillen Gesellschafters betonen.

9700 Einlage stiller Gesellschafter

9710 Ausstehende Einlage stiller Gesellschafter
Wurde noch nicht die volle bedungene Einlage geleistet, so wird der Teil, der fehlt, hier als Korrekturposten ausgewiesen. Wurde dieser fehlende Betrag bereits eingefordert, erfolgt auch hier der Ausweis in Klasse 2 in der Gruppe der sonstigen Forderungen.

9720 Verlustanteil stiller Gesellschafter
Der stille Gesellschafter kann vom Verlust ausgeschlossen werden. Ist er am Verlust beteiligt, so werden spätere Gewinne zur Deckung des Verlustes einbehalten. Statt eines eigenen Kontos können Verluste auch gegen die Einlage gebucht werden.

3740 Gewinnverrechnung stiller Gesellschafter
Der Gewinnanteil des stillen Gesellschafters stellt eine Verbindlichkeit dar. So heißt es im § 182 (1) UGB, dass „der auf den stillen Gesellschafter fallende Gewinn auszuzahlen" ist.

Hier ist anzumerken:

● Die Auszahlung erfolgt abzüglich 25 % KESt. Das Unternehmen, an dem der stille Gesellschafter beteiligt ist, ist verpflichtet, vom Gewinnanteil 25 % KESt einzubehalten und binnen einer Woche nach Auszahlung an das Betriebsfinanzamt abzuführen. Die einbehaltene KESt ist in der Einkommensteuererklärung des stillen Gesellschafters als eine „Vorauszahlung" auf seine ESt aufzunehmen.

● Der Gewinnanteil des stillen Gesellschafters stellt für das Unternehmen eine Betriebsausgabe dar, d.h., er vermindert nicht nur den unternehmensrechtlichen, sondern auch den steuerpflichtigen Gewinn.

Gewinn-und-Verlust-Verteilung

● Gesetzliche Erfolgsaufteilung

Über die Höhe des Anteils am Gewinn ist im UGB nichts vermerkt. Das UGB spricht im § 181 (1) von einem „angemessenen Anteil". In Absatz 2 des gleichen Paragrafen wird hingewiesen, dass im Gesellschaftsvertrag bestimmt werden kann, dass der stille Gesellschafter nicht am Verlust beteiligt ist, dass er jedoch nicht von einer Beteiligung am Gewinn ausgeschlossen werden darf.

In **§ 182 UGB** heißt es weiters:

„(2) Der stille Gesellschafter nimmt an dem Verlust nur bis zum Betrag seiner einbezahlten oder rückständigen Einlage teil. Er ist nicht verpflichtet, den bezogenen Gewinn wegen späterer Verluste zurückzuzahlen; jedoch wird, solange die Einlage durch Verlust vermindert ist, der jährliche Gewinn zur Deckung des Verlustes verwendet.

(3) Der Gewinn, der von dem stillen Gesellschafter nicht behoben wird, vermehrt dessen Einlage nicht.“

● **Vertragliche Erfolgsaufteilung**

Im Gesellschaftsvertrag wird die prozentuelle Höhe der Beteiligung des stillen Gesellschafters am Gewinn bzw. – falls nicht ausgeschlossen – am Verlust festgelegt.

Ferner wird festgelegt, um welchen Gewinn/Verlust es sich handelt. In der Regel wird dem/den Unternehmern, die die Geschäfte führen, vorweg eine Arbeitsvergütung zugestanden und der Gewinn für die Berechnung des Anteiles des stillen Gesellschafters um diese Arbeitsvergütung gekürzt.

Es kann auch festgelegt werden, dass der stille Gesellschafter in Jahren des Gewinns eine Verzinsung seiner Einlage erhält – entweder nur eine Verzinsung oder eine Kombination zwischen Verzinsung und Anteil am Gewinn.

Weiters kann im Gesellschaftsvertrag festgelegt werden, ab wann der stille Gesellschafter seinen Gewinnanteil beheben darf.

Buchungen im Zusammenhang mit Gewinnen und Verlusten

Mögliche Buchungen im Zusammenhang mit Gewinnen und Verlusten des stillen Gesellschafters (steuerlich ist der Gewinnanteil eines echten stillen Gesellschafters jedenfalls als Betriebsausgabe zu behandeln):

Zuweisung eines Gewinnes bei voll einbezahlter Einlage

> (9) G+V / (3) Gewinnverrechnung stiller Gesellschafter

Zuweisung eines Gewinnes bei nicht voll einbezahlter Einlage

> (9) G+V / (9) Ausstehende Einlage stiller Gesellschafter

Es wäre auch eine Möglichkeit, den Gewinnanteil des Stillen als Finanzaufwand in der Klasse (8) zu verbuchen.

Zuweisung eines Verlustes

> (9) Verlustverrechnung stiller Gesellschafter / (9) G+V

oder

> (9) Einlage stiller Gesellschafter / (9) G+V

Bei Auszahlung des Gewinnanteils

> (3) Gewinnverrechnung stiller Gesellschafter / (2) Zahlungsmittel (75 %)

und

> (3) Gewinnverrechnung stiller Gesellschafter / (3) Einbehaltene KESt (25 %)

Erläuterungsbeispiel

An der Berger KG ist Franz Werner als stiller Gesellschafter beteiligt.

Die Berger KG setzt sich zusammen aus:

- Komplementär Franz Berger, der die Geschäfte führt. Sein fixer Kapitalanteil beträgt € 200.000,–.
- Kommanditist Kurt Tichy mit einer Einlage (voll einbezahlt) in Höhe von € 100.000,–
- stiller Gesellschafter Franz Werner mit einer Einlage (voll einbezahlt) in Höhe von € 50.000,–

Im Gesellschaftsvertrag findet man zur Gewinnverteilung folgende Hinweise:

- Franz Berger erhält, auch in Jahren des Verlustes, eine Arbeitsvergütung von € 30.000,– zugestanden.
- Für seine unbeschränkte Haftung erhält Berger einen Vorweggewinn von 20 % des um die Arbeitsvergütung gekürzten Gewinnes.
- Der stille Gesellschafter erhält 10 % des um die Arbeitsvergütung und des Vorweggewinnes gekürzten Gewinnes.
- Der verbleibende Restgewinn wird zwischen dem Komplementär und dem Kommanditisten im Verhältnis ihrer Beteiligungen aufgeteilt.
- Der Gewinnanteil wird dem stillen Gesellschafter spätestens bis 15. 3. des Folgejahres ausbezahlt.

Der zu verteilende Gewinn beträgt € 102.100,–.

Gewinnaufteilung:

zu verteilender Gewinn	€ 102.100,–
– Arbeitsvergütung	€ 30.000,–
– Vorweggewinn	€ 14.420,– (20 % von 72.100,–)
Basis für die Gewinnberechnung des stillen Gesellschafters	€ 57.680,–
davon 10 % Gewinnanteil für den stillen Gesellschafter €	5.768,–
zu verteilender Restgewinn	€ 51.912,–

Dieser Restgewinn wird im Verhältnis 2:1 zwischen Komplementär und Kommanditist aufgeteilt.

Damit ergeben sich folgende Gewinnanteile:

Gewinnanteil des stillen Gesellschafters		€ 5.768,–
Gewinnanteil des Kommanditisten		€ 17.304,–
Gewinnanteil des Komplementärs	€ 30.000,–	
	+ € 14.420,–	
	+ € 34.608,–	€ 79.028,–
Kontrolle: Summe muss dem Gesamtgewinn entsprechen		€ 102.100,–

Es ergeben sich damit folgende Buchungen im Zusammenhang mit dem stillen Gesellschafter und seinem Gewinnanteil:

31. 12.: 9890 G+V / 3740 Gewinnverrechnung stiller Gesellschafter € 5.768,–

Unter der Annahme, dass die Auszahlung des Gewinnanteiles am 13. 3. durch Banküberweisung erfolgt

13. 3.	3740	Gewinnverrechnung stiller Gesellschafter / 2800 Bank	€ 4.326,–
	3740	Gewinnverrechnung stiller Gesell. / 3580 Einbehaltene KESt	€ 1.442,–

Übungen

Ü 8.5: Verlustverteilung einer OG mit stillem Gesellschafter

Der Installationsbetrieb Machek OG hat einen Verlust von € 47.600,– erwirtschaftet.

Die Machek OG besteht aus folgenden Gesellschaftern:

- Konrad Machek, vollhaftender Gesellschafter, Beteiligung (fixes Kapitalkonto) € 150.000,–; das variable Kapitalkonto weist einen Saldo (Kapitalanteil) vor der Verlustzuweisung von € 4.370,– aus.

- Peter Machek, vollhaftender Gesellschafter, Beteilung (fixes Kapitalkonto) € 100.000,–; das variable Kapitalkonto weist einen Nullsaldo aus.
- Jost Rieder, stiller Gesellschafter, voll einbezahlte Einlage in Höhe von € 50.000,–.
- Ausschnitt aus dem Gesellschaftsvertrag
- Der stille Gesellschafter ist an einem Zehntel des Gesamtverlustes beteiligt.
- Der Verlust nach Abzug der Verlustbeteilung des stillen Gesellschafters ist den beiden vollhaftenden Gesellschaftern im Verhältnis ihrer Beteiligungen zuzurechnen.
- Die vollhaftenden Gesellschafter sind verpflichtet, Verluste, die auch im Folgejahr nicht durch Gewinne kompensiert werden können, bis zum 31. 3. des übernächsten Jahres durch eine Bankeinlage auszugleichen.
- In Jahren eines Verlustausweises auf den variablen Kapitalkonten sind Privatentnahmen nicht erlaubt.

Ihre Aufgaben:

- Ermitteln Sie den Verlustanteil für alle drei Gesellschafter.
- Stellen Sie die Verbuchung der Verlustanteile in Form von Buchungssätzen dar.
- Geben Sie die Abschlussbuchung des variablen Kapitalkontos von Konrad Machek an.
- Gehen Sie von der Annahme aus, dass im Folgejahr ein Gewinn erwirtschaftet wird, von dem an Peter Machek € 14.295,– zugewiesen werden. Was bedeutet diese Gewinnzuweisung hinsichtlich Nachschusspflicht? Unterstützen Sie Ihre Aussage durch eine entsprechende Berechnung.

Ü 8.6: Jahresabschluss einer KG mit stillem Gesellschafter

Nachfolgend finden Sie die Saldenliste der Franz Stiller KG zum 31. 12. 2016. Im Rahmen der Erstellung des Jahresabschlusses haben Sie folgende Aufgaben:

Ihre Aufgaben:

- Erstellen Sie die erforderlichen **Um- und Nachbuchungen** unter Verwendung einer **Buchungsliste** (Kopiervorlage im Anhang) unter Berücksichtigung der in den Punkten (1) bis (8) beschriebenen Tatbestände.
  Geben Sie vorweg die Nummer der Umbuchung an (beginnend mit U1).
  Geben Sie bei jeder Buchung auch die Auswirkung auf den **unternehmensrechtlichen Gewinn** in der entsprechenden Spalte der Buchungsliste an (+/–/0).
- Ermitteln Sie anschließend das **unternehmensrechtliche Ergebnis.**
- **Verteilen** Sie den von Ihnen ermittelten unternehmensrechtlichen Gewinn lt. Punkt (10).
- Ermitteln Sie zuletzt das **steuerrechtliche Ergebnis,** indem Sie zusätzlich die Tatbestände gemäß Punkt (9) berücksichtigen.

Saldenliste der Franz Stiller KG zum 31. 12. 2016

KtoNr.	Kontobezeichnung	Soll	Haben
0210	Bebaute Grundstücke	253.317,60	
0300	Gebäude	336.831,15	
0620	Büromaschinen, EDV	21.271,95	
0630	Pkw	1.990,00	
0640	Lkw	60.712,00	
0660	Büro- u. Geschäftsausstattung	28.002,10	
1600	Handelswaren-Vorrat	48.317,00	
2000	Lieferforderungen Inland	57.101,40	
2080	Einzel-WB zu Inlandsforderungen		4.117,00
2090	Pauschal-WB zu Inlandsforderungen		1.047,30
2630	Festverz. Wertpapiere Umlaufvermögen	11.050,00	
2700	Kassa	1.917,34	
2800	Bank	98.957,82	

KtoNr.	Kontobezeichnung	Soll	Haben
3040	RSt für R+Beratungsaufwand		19.000,00
3060	Garantierückstellung		35.184,10
3150	Darlehen		200.000,00
3300	Lieferverbindlichkeiten Inland		70.140,20
3360	Lieferverbindlktn. Währungsunion		18.316,80
3370	Lieferverbindlktn. sonstiges Ausland		2.209,29
3520	Zahllast		14.794,89
Kl 3	sonstige Verbindlichkeiten		11.021,60
4000	Handelswarenerlöse		1.207.967,00
4600	Erlöse aus Anlagenverkäufen		3.700,00
5010	Handelswarenverbrauch	617.406,10	
Kl 6.	Personalaufwand	258.162,60	
7020	planmäßige Abschreibung Sachanlagen	22.175,40	
7320	Pkw-Betriebsaufwand	3.164,80	
7325	Pkw-Versicherung	782,20	
7750	Rechts- und Beratungsaufwand	3.200,00	
7690	Spenden und Trinkgelder	1.610,00	
Kl 7	sonstiger betrieblicher Aufwand	186.818,27	
8100	Zinserträge Bankguthaben (– KESt)		166,86
8115	Zinserträge festverz.WP UV		289,69
8290	Zinsaufwand Darlehen	13.000,00	
9000	Fixes Kapital Franz Stiller		100.000,00
9001	Variables Kapital Franz Stiller		400,00
9100	Kapital Walter Klein (Kommanditist)		240.000,00
9700	Einlage Waltraud Stiller		50.000,00

Folgende Tatbestände sind noch zu berücksichtigen:

(1) Forderungen

Alle Forderungen enthalten einheitlich 20 % USt.

Im Forderungsbestand sind zwei Forderungen enthalten, die wahrscheinlich nicht einbringlich sind:

- € 15.660,– des Kunden Macho. Macho hat seine Zahlungen eingestellt, es ist mit einem Ausfall von 60 % zu rechnen.

- € 2.820,– des Kunden Wiesel. Wiesel hat den Konkursantrag gestellt. Es ist mit einem Totalausfall zu rechnen.

Da die Stiller KG viele offene Forderungen gegenüber Privatkunden hat, deren Zahlungsfähigkeit einzeln nicht abschätzbar ist, wird für diesen Forderungsteil aufgrund von Erfahrungswerten eine Pauschalwertberichtigung von 3 % der zum 31. 12. offenen Forderungen gebildet. Per 31. 12. sind an Privatkunden Forderungen mit einem Gesamtbetrag von € 12.162,– offen.

(2) Verbindlichkeiten gegenüber ausländischen Lieferanten

Die offenen FW-Verbindlichkeiten setzen sich zusammen aus

SEK 8.860,00, eingebucht zum Kurs von 9,2112 und
CHF 1.810,00 eingebucht zum Kurs von 1,2510.

Kurse am 31. 12.

	Devisen	
	Ankauf	Verkauf
CHF	1,3200	1,3072
SEK	9,1622	9,0878

(3) Darlehen

Das Darlehen wurde am 1. 2. 2012 mit einer Laufzeit von 10 Jahren für die Vergrößerung des Betriebsgebäudes aufgenommen. Das Darlehen ist endfällig. Der Fixzinssatz beträgt 6 % p. a. Die Zinsen werden jeweils am 1. 2., 1. 5., 1. 8. und 1. 11. für drei Monate im Voraus vom Bankkonto eingezogen. Bei der Darlehensaufnahme fielen folgende Einmalkosten an:

Kreditgebühr € 1.600,– und Zuteilungsprovision € 1.200,–.

Die Geldbeschaffungskosten sind entsprechend den steuerlichen Bestimmungen zu behandeln.

(4) Rückstellungen

Garantierückstellung

Es ist eine jährliche Garantierückstellung im Ausmaß von 2,5 % (auf 1 Dez. genau) der Handelswarenerlöse zu bilden.

Rückstellung für Rechts- und Beratungsaufwand

Die in der Saldenliste ausgewiesene Position setzt sich zusammen aus:

● Rückstellung für Anwaltskosten in der Höhe von € 15.000,–. Wir führen seit dem Vorjahr einen Prozess gegen einen Armaturenhersteller laufen, dessen Ausgang noch immer ungewiss ist. Diese Rückstellung ist daher weiter zu behalten. Diese Prozessdauer war nicht vorhersehbar.

● Rückstellung für Steuerberatungskosten in Höhe von € 4.000,–. Am 4. 6. haben wir die Honorarnote des Steuerberaters für seine Leistungen für 2013 erhalten und wie folgt verbucht:

● 7750 R+B-Aufwand   3.200,–
2500 Vorsteuer   640,– / 2800 Bank 3.840,–

Die gebildete Rückstellung ist aufzulösen.

Für die Arbeiten des Steuerberaters anlässlich des heurigen Jahresabschlusses ist eine Rückstellung in Höhe von € 3.500,00 zu bilden.

(5) Wertpapiere des Umlaufvermögens

Diese Position setzt sich aus zwei Wertpapieren zusammen:

● Nominale 6.000, 5,25 % Pfandbriefe mit Kupon 30. 9., Anschaffungskurs = verbuchter Kurs 100,–. Der Kurs am 31. 12. ist 101.

● Nominale 5.000, 6 % Bundesanleihe mit Kupon 1. 7.; Anschaffungskurs 102, verbuchter Kurs 101. Der Kurs am Bilanzstichtag beträgt 100,50.

Die Zinsen sind abzüglich KESt zu berechnen und abzugrenzen (monatsgenau). Die Wertpapiere sind mit ihrem richtigen Wert in die Bilanz aufzunehmen.

(6) Bewertung von Handelswaren

Bis auf zwei Positionen sind alle Handelswaren bereits bewertet.
Beachten Sie:

● Die Zukäufe wurden in der Klasse 5 verbucht.

● Handelswaren mit einem Wert bis € 1.000,– werden nach dem gleitenden Durchschnittspreisverfahren und

● Handelswaren mit einem Wert darüber nach dem Identitätspreisverfahren bewertet.

● Armatur Kludi Z 3:
Anfangsbestand 5 Stück zu € 12,00
1. Zukauf am 2. 2. 20 Stück zu € 11,60
Entnahme am 4. 4. von 25 Stück
2. Zukauf vom 6. 7. von 18 Stück zu € 12,50

Zwischen dem 2. Zukauf und dem 31.12. wurden insgesamt noch 9 Stück verbraucht.
Endbestand lt. Inventur 8 Stück
Preis am Bilanzstichtag € 11,90.

● Badewanne Kleopatra:
Anfangsbestand 1 Stück zu € 1.410,00
Zukäufe 3 Stück zu € 1.380,00
Entnahmen lt. Aufzeichnungen 4 Stück, daher kein Lagerendbestand

Bewerteter Endbestand der restlichen Handelswaren: € 62.704,00.
Verbrauch der restlichen Handelswaren lt. Aufzeichnungen: € 594.712,00.

(7) Anlagenabschreibung

Die Abschreibung aller Anlagen mit Ausnahme des Fuhrparks wurde für das Abschlussjahr schon vorgenommen. Generell wird immer auf Null abgeschrieben. Bei Anlagen, die im Betriebsvermögen bleiben, wird die kumulierte Abschreibung in voller Höhe ausgewiesen. Erst beim Ausscheiden einer solchen Anlage wird die kumulierte Abschreibung aufgelöst.

Der Firmen-Pkw wird von Herrn Stiller zu 25 % privat genutzt. Der Pkw wird unternehmensrechtlich auf 5 Jahre abgeschrieben. Beachten Sie die erforderliche steuerliche Abschreibung auf 8 Jahre – steuerliche Gewinnermittlung! Der Pkw bleibt weiter im Betriebsvermögen.

Im Zusammenhang mit der Privatnutzung wurde noch keine Buchung vorgenommen. Die Höhe der Pkw-Betriebskosten und des Pkw-Versicherungsaufwandes entnehmen Sie bitte der Saldenliste. Die Privatnutzung ist bei der Gewinnverteilung nicht zu berücksichtigen.

Die Anlagenkartei zeigt bei den Lkw folgendes Bild:

	Anschaffungs-wert	ND	Datum Inbetriebnahme	Kumul. Abschreibung	Abschreibung lfd.
Lkw I	39.760,00	5 J.	4.4.2012	31.808,00	
Lkw II	45.050,00	5 J.	5.3.2011	45.050,00	
Lkw III	52.760,00	5 J.	10.10.2016		

Lkw II wurde am 4.10. verkauft, der Verkaufserlös ist bereits verbucht (vgl. Konto 4600). Die Buchungen im Zusammenhang mit dem Ausscheiden des Lkw sind noch durchzuführen. Die Abschreibungen sind in der oben angeführten Tabelle einzutragen und in der Buchungsliste zu verbuchen.

(8) Ermittlung des steuerrechtlichen Jahresergebnisses

Gehen Sie von Ihrem unternehmensrechtlichen Gewinn aus und ermitteln Sie das steuerpflichtige Jahresergebnis in übersichtlicher Form.

Zusätzlich zu den von Ihnen bereits bei den Um- und Nachbuchungen gemäß den Punkten (1) bis (8) gefundenen unterschiedlichen Ansätzen zwischen Unternehmens- und Steuerrecht sind noch folgende Tatbestände zu berücksichtigen:

● Im sonstigen betrieblichen Aufwand wurden € 45,– an Depotgebühren für die Wertpapiere des Umlaufvermögens verbucht.

● Die in der Saldenliste ausgewiesene Summe an Spenden und Trinkgeldern enthält insgesamt Spenden von € 1.300,– an begünstigte Organisationen, der Rest sind Kleinspenden an diverse karitative Organisationen. Trinkgelder wurden keine verbucht.

(9) Gewinnverteilung

Auszug aus dem Gesellschaftsvertrag:

● Dem Komplementär steht eine jährliche Arbeitsvergütung in Höhe von € 40.000,– zu. Dies gilt auch in Jahren des Verlustes.

● Die stille Gesellschafterin erhält 10 % vom Gewinn nach Abzug der Arbeitsvergütung. Am Verlust ist sie nicht beteiligt. Ihre Einlage wird nicht verzinst.

● Der Komplementär erhält als Vorweggewinn für das übernommene Unternehmerrisiko 10 % seiner fixen Beteiligung.

● Der Restgewinn bzw. der Verlust ist zwischen Komplementär und Kommanditist im Verhältnis der Beteiligungen aufzuteilen.

● Alle Beträge sind auf 2 Dezimalen kaufmännisch zu runden.

SbX
Ein Beispiel für einen Jahresabschluss einer OG mit einem stillen Gesellschafter finden Sie unter der ID: 0820.

Üben

Ü 8.7: Privatentnahme in einer OG A

Kann ein Gesellschafter einer OG Privatentnahmen in „unbeschränkter" Höhe tätigen?

Ü 8.8: KG – unbeschränkt haftender Gesellschafter D

Wieso findet man im § 167 UGB, der sich mit der Erfolgsaufteilung einer KG befasst, folgenden Passus: „… ist den unbeschränkt haftenden Gesellschaftern zunächst ein ihrer Haftung angemessener Betrag des Jahresgewinnes zuzuweisen".

Ü 8.9: KG – Komplementär D

Warum wird – gerade bei der KG – für den Komplementär im Gesellschaftsvertrag eine Arbeitsvergütung festgelegt, die auch in Jahren des Verlustes zum Tragen kommt?

Ü 8.10: Stiller Gesellschafter A

Nehmen Sie zu folgender Aussage Stellung: „Als stiller Gesellschafter kann man sich nur an Personengesellschaften beteiligen."

Ü 8.11: Einlage des stillen Gesellschafters A

Prüfen Sie, ob folgende Aussage stimmt: „Die Einlage des stillen Gesellschafters geht in das Vermögen des Inhabers des Unternehmens über."

Sichern

Jahresabschluss einer Personengesellschaft

Der **Jahresabschluss einer Personengesellschaft** unterscheidet sich von den bereits bekannten Einzelabschlüssen dadurch, dass der erwirtschaftete Gewinn auf die Gesellschafter aufgeteilt wird sowie in der Darstellung der Kapitalkonten.

Gewinnaufteilung

Die Gewinnaufteilung erfolgt im Regelfall auf Basis vertraglicher Regelungen. Liegen keine Vertraglichen Regelungen vor erfolgt die Aufteilung nach Stand der Kaitalkonten oder im Zweifel nach Köpfen.

Buchung Gewinnverteilung OG

> (9) G + V / (9) variables Kapital Gesellschafter

Buchung Gewinnverteilung KG:

Komplementär: wie bei OG

Kommanditist:

> (9) G + V / (3) Gewinnverrechnung Kommanditist

Bei nicht voll einbezahlter Einlagen:

> (9) G + V / (9) ausstehende Einlage Kommanditist

Verlust:

> (9) Verlustverrechnung Kommanditist / (9) G + V

W 8.1: Gesellschafter einer OG A
Welche Konten werden in der Regel nach UGB für die Gesellschafter einer OG geführt?

W 8.2: OG – Gewinnzuweisung C
Wonach richtet sich in erster Linie die Gewinnzuweisung bei Gesellschaftern einer OG?

W 8.3: Kommanditist C
Welche Konten können für einen Kommanditisten geführt werden?

W 8.4: Stiller Gesellschafter – Kontenpläne D
Es gibt Kontenpläne, in denen die Einlage eines stillen Gesellschafters in Klasse 3, und solche, in denen sie in Klasse 9 geführt wird. Was ist die Ursache?

W 8.5: Stiller Gesellschafter – Verlustzuweisung D
Kann ein stiller Gesellschafter von einer Verlustzuweisung ausgenommen werden? Begründen Sie Ihre Antwort.

Ein kurzer Kompetenz-Check, bevor's weitergeht!

Kompetenz-Check

	☺	☺	☹
Ich kann die Gewinnanteile der einzelnen Gesellschafter einer OG ermitteln und verbuchen.			
Ich kann die Gewinnanteile der einzelnen Gesellschafter einer KG ermitteln und verbuchen.			

Lerneinheit 3
Jahresabschlüsse von Kapitalgesellschaften

Der Jahresabschluss von Kapitalgesellschaften ist zunächst dadurch gekennzeichnet, dass im Rahmen des Jahresabschlusses die Höhe der Körperschaftsteuer für das Abschlussjahr ermittelt werden muss, um eine eventuelle KSt-Rückstellung bzw. KSt-Gutschrift im Jahresüberschuss zu berücksichtigen.

Ferner sind Gewinnrücklagen (vgl. Kapitel 5) zu berücksichtigen, bevor der Bilanzgewinn bzw. Bilanzverlust ermittelt werden kann. Erst danach kann die G+V-Rechnung fertiggestellt werden.

Lernen

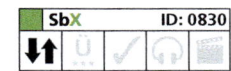

1 Die Ermittlung der Körperschaftsteuer
Steuerliche Gewinnverteilung

Der Körperschaftsteuer unterliegen juristische Personen, wie Gesellschaften mit beschränkter Haftung und Aktiengesellschaften. Der Körperschaftsteuer unterliegt der Gewinn der Kapitalgesellschaft. Darüber hinaus werden an die Gesellschafter ausgeschüttete Gewinne bei den Gesellschaftern in Form der KESt besteuert.

Aufgrund dieser Doppelbesteuerung beträgt der **KSt-Satz 25 %**.

Es ist jedoch eine **Mindestkörperschaftsteuer** zu entrichten, und zwar in Höhe von 5 % des Mindestkapitals. Bei

- **Gesellschaften mit beschränkter Haftung** sind das 5 % von € 35.000,– = **€ 1.750,–**
- **Aktiengesellschaften** sind das 5 % von € 70.000,– = **€ 3.500,–**

Für gründungsprivilegierte GmbHs ermäßigt sich die Mindestkörperschaftsteuer in den ersten fünf Jahren auf € 125,– pro Quartal (€ 500,– pro Jahr) und für weitere fünf Jahre auf € 250,– pro Quartal (€ 1.000,– pro Jahr).

Andere Mindestbeträge gelten für unbeschränkt steuerpflichtige Kreditinstitute und Versicherungsgesellschaften in Form von Kapitalgesellschaften.

Anders als Einzelunternehmer oder Gesellschafter von Personengesellschaften haben Kapitalgesellschaften auch im Falle eines Verlustes Körperschaftsteuer zu zahlen (Mindestkörperschaftsteuer).

Das Finanzamt schreibt zunächst den Kapitalgesellschaften KSt-Vorauszahlungen aufgrund der bisherigen Gewinnsituation oder die Mindestkörperschaftsteuer vor, die wie die ESt in Vierteljahresbeträgen an das Finanzamt abzuführen ist (15. 2., 15. 5., 16. 8. und 15. 11.). Diese Vorauszahlungen werden wie bei der ESt auf die tatsächliche Steuerschuld angerechnet. Dabei ist zu beachten, dass die Mindestkörperschaftsteuer nur dann als Vorauszahlung gilt, wenn die tatsächlich ermittelte KSt höher als die Mindest-KSt ist. So lange Verluste oder so geringe Gewinne erwirtschaftet werden, dass die errechnete KSt geringer als die Mindest-KSt ausfällt, wird die geleistete Mindest-KSt „aufgehoben" („schwebende KSt") und gegen spätere Köperschaftsteuerzahlungen verrechnet. Eine Rückzahlung ist nicht möglich.

8 Jahresabschlüsse

Erläuterungsbeispiel

Als steuerpflichtiger Gewinn einer GmbH, die als Vorauszahlungen nur die Mindest-KSt geleistet hat, wurden

a) € 4.120,–

b) € 18.270,–.

ermittelt.

Im Fall a) ergeben 25 % von € 4.120,– eine KSt von € 1.030,–. Die Differenz zwischen der geleisteten Mindest-KSt und der tatsächlich ermittelten Körperschaftsteuer wird „aufgehoben", um gegen spätere KSt-Rückstände aufgrund höherer Gewinne gegengerechnet zu werden.

Im Fall b) ergeben 25 % von € 18.270,– eine KSt von € 4.567,50, sodass die bezahlte Mindest-KSt als Vorauszahlung voll angerechnet werden kann. Es ist daher die Bildung einer Körperschaftsteuer-RSt in Höhe von € 2.817,50 erforderlich.

Bei der **Berechnung der KSt-Abschlusszahlung**, für die eine Rückstellung nach Unternehmensrecht (§ 198 (8) UGB) zu bilden ist, wird wie folgt vorgegangen:

Berechnung der KSt-Abschlusszahlung

> unternehmensrechtlicher Gewinn (= Ergebnis der gewöhnlichen Geschäftstätigkeit)
> +/– Mehr-Weniger-Rechnung
>
> **körperschaftsteuerpflichtiges Ergebnis**
>
> davon 25 % KSt → Körperschaftsteuerschuld
> – KSt-Vorauszahlung für das betreffende Jahr
> – schwebende KSt (noch nicht ausgenutzte Mindest-KSt)
> – KESt (falls für Zinserträge keine Befreiungserklärung abgegeben wurde)
>
> **= KSt-Nachzahlung oder KSt-Gutschrift**

Buchung bei Bildung einer KSt-Rückstellung:

> (8) Körperschaftsteuer / (3) Rückstellung für Körperschaftsteuer

Wie auch die Einkommensteuer darf auch die Körperschaftsteuer bei der Ermittlung des steuerlichen Ergebnisses nicht abgezogen werden.

Buchung bei einer Überzahlung an KSt (Vorauszahlungen > tatsächlich ermittelter KSt)

> (2) Aktivierte KSt / (8) Körperschaftsteuer

Übungen

Ü 8.12: Ermittlung des steuerpflichtigen Gewinns und der KSt-Rückstellung sowie des Bilanzgewinnes (keine Rücklagen) einer kleinen GmbH.

Die Berger GmbH weist für 2016 einen vorläufigen Jahresüberschuss von € 148.320,– aus.

Für die Ermittlung des steuerpflichtigen Gewinnes sind folgende Tatbestände zu ermitteln:

(1) Am 1.2.2011 wurde ein endfälliges Darlehen mit einer Laufzeit von 5 Jahren aufgenommen. An Geldbeschaffungskosten fielen bei der Aufnahme € 3.000,– an.

(2) 2013 wurde ein Firmen-Pkw um € 48.000,– angeschafft. Dieses Auto wird auch unternehmensrechtlich auf 8 Jahre abgeschrieben. Keine Privatnutzung.

(3) Unternehmensrechtlich wurde heuer eine Rückstellung für Schadenersatzforderung in Höhe von € 40.000,– gebildet. Der Prozess wird erfahrungsgemäß länger als 12 Monate dauern. Dieser Tatbestand ist steuerlich entsprechend zu berücksichtigen.

(4) Zur RSt für Produkthaftung (1 % der Fertigerzeugnisse) wurden heuer € 4.160,– zugewiesen.

(5) Die pauschale Wertberichtigung zu Inlandsforderungen wurde um € 634,60 vermindert.

(6) An prinzipiell absetzbaren Spenden wurden € 12.500,– geleistet. Der Vorjahresgewinn betrug € 122.780,–. Die restlichen Spenden in Höhe von € 870,– sind steuerlich nicht absetzbar.

(7) An KSt-VZ wurden im Abschlussjahr € 32.110,– geleistet, für 2015 musste eine Nachzahlung von € 480,10 geleistet werden.

Ihre Aufgaben:

- Ermitteln Sie in übersichtlicher Form den steuerlichen Gewinn und die Höhe der KSt sowie die Höhe einer Rückstellung bzw. der Forderung gegenüber dem Finanzamt.
- Verbuchen Sie die KSt-Rückstellung bzw. die Forderung.
- Ermitteln Sie den Bilanzgewinn und stellen Sie seine Verbuchung dar.

Ü 8.13: Ermittlung des steuerpflichtigen Gewinnes und der KSt-Rückstellung, der gesetzlichen und satzungsmäßigen Rücklage sowie des Bilanzgewinnes einer großen GmbH

Die Bau GmbH weist für 2016 einen vorläufigen Jahresüberschuss von € 348.320,– aus.

Für die Ermittlung des steuerpflichtigen Gewinnes sind folgende Tatbestände zu ermitteln:

(1) Am 1.2.2013 wurde ein endfälliges Darlehen mit einer Laufzeit von 5 Jahren aufgenommen.

An Geldbeschaffungskosten fielen bei der Aufnahme € 3.000,– an.

(2) Der Firmen-Pkw wurde am 12.4. verkauft. AW € 24.800,–, unternehmensrechtliche Abschreibung auf 5 Jahre, Datum der Inbetriebnahme 4.5.2016. Es wurde kein Ersatz angeschafft.

(3) Wir wurden auf Unterlassung einer Werbung verklagt und wissen aus Erfahrung, dass sich solche Prozesse über ca. 2 Jahre hinziehen. Wir sorgen für diese Klage mit € 30.000,– in der Unternehmensbilanz als Rückstellung für Schadenersatzzahlungen vor.

(4) Die für Produkthaftung (1 % der Fertigerzeugnisse) gebildete Rückstellung wurde heuer um € 1.260,– aufgelöst.

(5) Die pauschale Wertberichtigung zu Inlandsforderungen wurde von € 1.412,– auf € 1.834,– erhöht.

(6) An prinzipiell absetzbaren Spenden wurden € 12.500,– geleistet. Der Vorjahresgewinn betrug € 232.780,–. Die restlichen Spenden in Höhe von € 870,– sind steuerlich nicht absetzbar.

(7) An KSt-VZ wurden € 82.110,– überwiesen.

Ihre Aufgaben:

- Ermitteln Sie in übersichtlicher Form den steuerlichen Gewinn und die Höhe der KSt sowie die Höhe einer Rückstellung bzw. der Forderung gegenüber dem Finanzamt.
- Verbuchen Sie die KSt-Rückstellung bzw. die Forderung.
- Das Stammkapital der GmbH beträgt € 450.000,–. Es wurden bisher in die gesetzliche Rücklage € 42.620,– eingestellt. Vom restlichen Jahresüberschuss ist lt. Satzung eine satzungsmäßige Rücklage in Höhe von 20 % zu bilden. Ermitteln Sie die Höhe der beiden Rücklagen und geben Sie deren Verbuchung an.
- Ermitteln Sie den Bilanzgewinn und stellen Sie seine Verbuchung dar.

SbX

Ein weiteres Beispiel dieser Art finden Sie unter der ID: 0830.

2 Rechnungslegungsvorschriften für Kapitalgesellschaften

Der zweite Abschnitt des UGB enthält ergänzende Vorschriften für Kapitalgesellschaften. Daraus haben Sie bereits die Gliederungsvorschriften für die Bilanz (vgl. Kapitel 3) und jene für die G+V-Rechnung (vgl. Kapitel 6.2) kennengelernt.

Dieser zweite Abschnitt gliedert sich in 5 Titel:

Titel	Inhalt	§§
Erster Titel	Größenklassen	§ 221
Zweiter Titel	Allgemeine Vorschriften über den Jahresabschluss und den Lagebericht	§§ 222 und 223
Dritter Titel	Bilanz	§§ 224–230
Vierter Titel	Gewinn-und-Verlust-Rechnung	§§ 231–235
Fünfter Titel	Anhang und Lagebericht	§§ 236–243

Diese Bestimmungen gelten nicht nur für Gesellschaften mit beschränkter Haftung und für

Aktiengesellschaften, sondern auch für unternehmerisch tätige, eingetragene Personengesellschaften, bei denen als unbeschränkt haftender Gesellschafter eine Kapitalgesellschaft auftritt (vgl. § 221 (5) UGB).

Zum Inhalt und zum Zeitpunkt der Erstellung des Jahresabschlusses findet man im § 222 folgende Hinweise:

> „(1) Die gesetzlichen Vertreter einer Kapitalgesellschaft haben in den ersten fünf Monaten des Geschäftsjahres für das vorangegangene Geschäftsjahr den um den Anhang erweiterten Jahresabschluss sowie einen Lagebericht aufzustellen und den Mitgliedern des Aufsichtsrates vorzulegen.
>
> (2) Der Jahresabschluss hat ein möglichst getreues Bild der Vermögens-, Finanz- und Ertragslage des Unternehmens zu vermitteln. Wenn dies aus besonderen Umständen nicht gelingt, sind im Anhang die erforderlichen zusätzlichen Angaben zu machen."

Es müssen jedoch nicht alle Kapitalgesellschaften einen Lagebericht erstellen bzw. sind die Anforderungen an die Angaben im Anhang von unterschiedlichem Umfang. Der Lagebericht bzw. die Angaben im Anhang sind abhängig von der Größenklasse der Kapitalgesellschaft.

Größenklassen

Gemäß § 221 UGB lassen sich die Kapitalgesellschaften in folgende Größenklassen einteilen:

Einteilung der Kapitalgesellschaften nach Größenklassen

Größenklasse	Bilanzsumme	Umsatzerlöse	Arbeitnehmer
Kleinstkapitalgesellschaften	bis 350 Tsd. €	bis 700 Tsd. €	Ø 10
Kleine Kapitalgesellschaften	bis 5 Mio. €	bis 10 Mio. €	Ø 50
Mittlere Kapitalgesellschaften	bis 20 Mio. €	bis 40 Mio. €	Ø 250

Große Kapitalgesellschaften überschreiten die für Mittlere Kapitalgesellschaften geltenden Obergrenzen.
Eine Kapitalgesellschaft gilt stets als groß, wenn Aktien oder andere von ihr ausgegebenen Wertpapiere an einem geregelten Markt zum Handel zugelassen sind.

Bei der Zahl der Arbeitnehmer geht es immer um den Jahresdurchschnitt, wobei sich dieser „nach der Arbeitnehmeranzahl an den jeweiligen Monatsletzten innerhalb des Geschäftsjahres" (§ 221 (6) UGB) bestimmt.

Ein Wechsel zwischen den drei Kategorien für das nächstfolgende Geschäftsjahr wird immer dann wirksam, wenn die Merkmale in den zwei vorangegangenen Geschäftsjahren über- bzw. nicht mehr überschritten wurden.

Erläuterungsbeispiel

2014 hat die Druck GmbH im Durchschnitt 45 Mitarbeiter beschäftigt, einen Umsatz von € 8,1 Mio. erwirtschaftet und eine Bilanzsumme von € 4,5 Mio. ausgewiesen.

2015 hat die Druck GmbH im Durchschnitt 48 Mitarbeiter beschäftigt, einen Umsatz von € 9,9 Mio. erwirtschaftet und eine Bilanzsumme von € 5,0 Mio. ausgewiesen.

2016 hat die Druck GmbH im Durchschnitt 55 Mitarbeiter beschäftigt, einen Umsatz von € 13,5 Mio. erwirtschaftet und eine Bilanzsumme von € 6,2 Mio. ausgewiesen.

Sowohl 2015 als auch 2016 werden zwei der drei Merkmale für kleine Kapitalgesellschaften überschritten, damit gilt die Druck GmbH ab 2017 als mittelgroße Kapitalgesellschaft.

Übung

Ü 8.14: Einordnung einer GmbH in die richtige Größenklasse

2014 hat die Maschinenbau GmbH 120 Mitarbeiter, einen Umsatz von € 40,5 Mio. und eine Bilanzsumme von € 10,3 Mio.

2015 hat die Maschinenbau GmbH 102 Mitarbeiter, einen Umsatz von € 32,5 Mio. und eine Bilanzsumme von € 7,3 Mio.

2016 hat die Maschinenbau GmbH 98 Mitarbeiter, einen Umsatz von € 27,6 Mio. und eine Bilanzsumme von € 8,9 Mio.

Ihre Aufgabe

Geben Sie an, zu welcher Größenklasse die Maschinenbau GmbH 2016 gehört, und begründen Sie Ihre Antwort.

Wie bereits erwähnt, hat die Zuordnung zu einer bestimmten Größenklasse Auswirkungen auf die Erstellung des Lageberichtes bzw. auf den Inhalt des Anhangs. Darüber hinaus hat die Größenklasse Relevanz für die Prüfungs- und Offenlegungspflicht. Mehr darüber erfahren Sie am Ende dieses Teilkapitels.

Allgemeine Vorschriften über den Jahresabschluss

§ 222 (1) UGB verpflichtet die gesetzlichen Vertreter der Kapitalgesellschaften zur Erstellung des Jahresabschlusses in den ersten fünf Monaten nach Ende des Geschäftsjahres. Alle Kapitalgesellschaften haben dabei den Jahresabschluss durch einen Anhang zu ergänzen, dessen Inhalt und Umfang jedoch größenklassenabhängig ist. Von der Erstellung eines Lageberichtes sind kleine Gesellschaften befreit.

Aufgabe des Jahresabschlusses und seiner ergänzenden Informationen ist es, dem Leser ein möglichst getreues Bild der Vermögens-, Finanz- und Ertragslage des Unternehmens zu vermitteln.

Im § 223 UGB wurden allgemeine Grundsätze zur Gliederung des Jahresabschlusses festgeschrieben:

- Die gewählte Form der Darstellung, besonders die Gliederung der Bilanz sowie Gewinn-und-Verlust-Rechnung, ist beizubehalten.
- Im Jahresabschluss ist zu jedem Posten der entsprechende Betrag des vorangegangenen Geschäftsjahres in vollen 1 000 Euro anzugeben.

Beispiel aus dem Jahresabschluss der Manner AG zum 31. 12. 2015

Vorräte		31. 12. v. J. T€
1. Roh-, Hilfs- und Betriebsstoffe	10.391.170,71	7.630.957,10
2. unfertige Erzeugnisse	2.746.833,68	3.798.604,34
3. fertige Erzeugnisse und Waren	9.130.290,46	10.128.519,86

- Weitere Untergliederungen sind zulässig.
- Ist eine eindeutige Zuordnung eines Vermögensgegenstandes oder einer Verbindlichkeit nicht möglich, so ist die Zuordnung eines solchen Postens im Anhang zu begründen.
- Posten, die in der Bilanz bzw. in der G+V-Rechnung anzuführen wären, aber keinen Betrag ausweisen, können weggelassen werden, es sei denn, im Vorjahr war unter diesem Posten ein Betrag ausgewiesen.

Vorschriften zu den einzelnen Posten der Bilanz

In den §§ 225–228 und 230 werden Erläuterungen und zusätzliche Angaben zu einzelnen Bilanzpositionen eingefordert. Weiteres sind hier Vorschriften zu Anhangsangaben zu finden. Die wichtigsten sind:

- der Anlagenspiegel
- Darstellung der Fristigkeiten (Laufzeiten der Forderungen) in der Bilanz
- Darstellung der Fristigkeiten (Laufzeiten der Verbindlichkeiten) in der Bilanz

8 Jahresabschlüsse

Der Anlagenspiegel

Um den folgenden Bestimmungen im UGB zu entsprechen, wird der Anhang durch einen Anlagenspiegel ergänzt.

> **§ 226 (1) UGB:**
>
> „Im Anhang ist die Entwicklung der einzelnen Posten des Anlagevermögens darzustellen. Dabei sind für die verschiedenen Posten des Anlagevermögens jeweils gesondert anzugeben:
>
> 1. die Anschaffungs- oder Herstellungskosten zum Beginn und Ende des Geschäftsjahres;
> 2. die Zu- und Abgänge sowie Umbuchungen im Laufe des Geschäftsjahres;
> 3. die kumulierten Abschreibungen zu Beginn und Ende des Geschäftsjahres;
> 4. die Ab- und Zuschreibungen des Geschäftsjahres;
> 5. die Bewegungen in Abschreibungen im Zusammenhang mit Zu- und Abgängen sowie Umbuchungen im Laufe des Geschäftsjahres;
> 6. der im Laufe des Geschäftsjahrs aktivierte Betrag, wenn Zinsen gemäß § 203 Abs. 4 aktiviert werden.

Auch geringwertige Wirtschaftsgüter, die im Jahr ihrer Anschaffung oder Herstellung sofort voll abgeschrieben werden, sind im Anlagenspiegel aufzunehmen:

> **§ 226 (3) UGB:**
>
> „Werden Vermögensgegenstände des Anlagevermögens im Hinblick auf ihre Geringwertigkeit im Jahr ihrer Anschaffung oder Herstellung vollständig abgeschrieben, dann dürfen diese Vermögensgegenstände als Abgang behandelt werden."

In die Darstellung des Anlagevermögens ist auch der Firmenwert aufzunehmen.

> **§ 226 (4) UGB:**
>
> „Ein Geschäfts(Firmen)wert ist in die Darstellung der Entwicklung des Anlagevermögens aufzunehmen. Ein voll abgeschriebener Geschäfts(Firmen)wert ist als Abgang zu behandeln."

Aufgrund dieser Bestimmungen hat der Anlagenspiegel folgende Spalten, wobei Spalten, die für das betreffende Jahr keinen Betrag aufweisen (z. B. Umbuchungen), weggelassen werden dürfen.

Anschaffungs- bzw. Herstellungskosten am Beginn des Geschäftsjahres	Zugänge	aktivierte Zinsen	Abgänge	Umbuchungen	Anschaffungs- bzw. Herstellungskosten am Ende des Geschäftsjahres	Kum. Abschreibung zu Beginn des Geschäftsjahres	Kum. Abschreibung zum Ende des Geschäftsjahres	Buchwert Vorjahr	Zuschreibung	Abschreibung des Geschäftsjahres	Buchwert zum Jahresende
1	2	3	4	5	6	7	8	9	10	11	12

Grundstruktur des Anlagenspiegels

Spalte 1 – Anschaffungs- und Herstellungskosten am Beginn des Geschäftsjahres

In dieser Spalte werden die Anschaffungs- und Herstellungskosten aller am Beginn des betreffenden Geschäftsjahres vorhandenen Anlagegegenstände angeführt, auch von jenen Anlagegegenständen, die bereits voll abgeschrieben sind. Da in der Bilanz nur die Restbuchwerte aufscheinen, ist dies eine wichtige Information über die ursprüngliche Höhe der Anlagegegenstände.

Spalte 2 – Zugänge

Die Zugänge sind mit ihrem tatsächlichen Wert anzugeben, d. h., Anschaffungsnebenkosten (z. B. Montagekosten) sind zu addieren, Anschaffungskostenminderungen (z. B. Skonto) sind abzuziehen.

Spalte 3 – aktivierte Zinsen

Hier werden etwaige im Rahmen der Herstellungskosten aktivierte Zinsen auf selbst erstellte Anlagegüter angegeben.

Spalte 4 – Abgänge

Die Abgänge sind zu den Anschaffungs- bzw. Herstellungskosten hier einzutragen.

Spalte 5 – Umbuchungen

Diese Spalte wird benötigt, wenn es zu Verschiebungen zwischen den einzelnen Anlagen-positionen kommt, z.B. wenn „Anlagen in Bau" fertiggestellt sind.

Spalte 6 – Anschaffungs- bzw. Herstellungskosten am Ende des Geschäftsjahres

In dieser Spalte werden die Anschaffungs- und Herstellungskosten aller am Ende des Geschäfts-jahres vorhandenen Anlagegegenstände angeführt (s. auch Spalte 1).

Spalte 7 und 8 – kumulierte Abschreibungen zu Beginn und zum Ende des Geschäftsjahres

In dieser Spalte wird die Summe der planmäßigen und außerplanmäßigen Abschreibungen ein-schließlich jener des betreffenden Geschäftsjahres (abzüglich Zuschreibungen) angegeben.

Spalte 9 – Buchwert Vorjahr

Der Buchwert des Vorjahres ist ident mit den in der Bilanz ausgewiesenen Werten des Vorjahres bzw. mit den Buchwerten zum Jahresende des vorangegangenen Anlagenspiegels.

Spalte 10 – Zuschreibungen

Werden früher getätigte außerplanmäßige Abschreibungen rückgängig gemacht, so wird der Betrag, um den der Buchwert des Anlagengegenstandes wieder erhöht wird, hier eingetragen. Vgl. dazu § 208 (1) UGB.

Spalte 11 – Jahresabschreibung

In dieser Spalte werden die planmäßigen und außerplanmäßigen Abschreibungen des betreffen-den Geschäftsjahres erfasst.

Spalte 12 – Buchwert zum Jahresende

Von den Anschaffungswerten der am Bilanzstichtag noch im Betriebsvermögen vorhandenen Anlagegegenständen wird deren kumulierte Abschreibung abgezogen.

Erläuterungsbeispiel

Am 1.1. 2016 sind folgende Maschinen vorhanden:

Maschine I, Anschaffungswert   €   80.000,–,   Datum der Inbetriebnahme 2.2.2009

Maschine II, Anschaffungswert   € 100.000,–,   Datum der Inbetriebnahme 14.10.2011

Maschine III, Anschaffungswert   € 160.000,–,   Datum der Inbetriebnahme 25.4.2014

Nutzungsdauer aller Maschinen 8 Jahre

Im Jahr 2015

● wurde mit dem Bau einer Maschine begonnen, die bisherigen Aufwendungen wurden mit € 38.000,– auf dem Konto „Anlagen in Bau" aktiviert;

● wurde Maschine III außerplanmäßig auf einen Restbuchwert von € 90.000,– abgeschrie-ben, da das mit dieser Maschine überwiegend erzeugte Bauteil von den Kunden kaum nachgefragt wurde und damit die Kapazität dieser Maschine nicht voll ausgenutzt werden kann.

2016 ergeben sich folgende Anlagenbewegungen:

● Die im Vorjahr begonnene Maschine wird am 15.5. fertiggestellt und in Betrieb genommen. An aktivierungspflichtigen Aufwendungen fielen 2016 noch in Summe € 82.000,– an (Ma-schine IV).

● Maschine V wird am 4.10.2016 um € 120.000,– + 20 % USt angeschafft und 10 Tage spä-ter wird der Betrag abzüglich 3 % Skonto überwiesen. Für die Zu- und Aufstellung der Ma-schine sowie ihre Justierung mussten zusätzlich € 5.600,– + 20 % USt aufgewendet werden (sofortige Überweisung am 20.4.2016), Datum der Inbetriebnahme 10.4.2015.

● Die Maschine II wird am 10.11. um € 45.000,– + 20 % USt gegen sofortige Banküberwei-sung verkauft.

● Die mit Maschine III hergestellten Bauteile können wieder sehr gut verkauft werden. Es ist daher eine Zuschreibung vorzunehmen.

Bevor der Anlagenspiegel für 2016 für die Position Maschinen dargestellt wird, zeigen wir Ihnen den Anlagenspiegel für die „Anlagen in Bau" aufgrund der Änderungen bezüglich der selbst erstellten Maschine für die Jahre 2015 und 2016.

Anlagen im Bau 2015

Anschaffungs- bzw. Herstellungskosten am Beginn des Geschäftsjahres	Zugänge	aktivierte Zinsen	Abgänge	Umbuchungen	Anschaffungs- bzw. Herstellungskosten am Ende des Geschäftsjahres	Kum. Abschreibung zu Beginn des Geschäftsjahres	Kum. Abschreibung zum Ende des Geschäftsjahres	Buchwert Vorjahr	Zuschreibung	Abschreibung des Geschäftsjahres	Buchwert zum Jahresende
	38.000,00										38.000,00

Anlagen im Bau 2016

Anschaffungs- bzw. Herstellungskosten am Beginn des Geschäftsjahres	Zugänge	aktivierte Zinsen	Abgänge	Umbuchungen	Anschaffungs- bzw. Herstellungskosten am Ende des Geschäftsjahres	Kum. Abschreibung zu Beginn des Geschäftsjahres	Kum. Abschreibung zum Ende des Geschäftsjahres	Buchwert Vorjahr	Zuschreibung	Abschreibung des Geschäftsjahres	Buchwert zum Jahresende
38.000,00	82.000,00			−120.000,00				38.000,00			

Maschinen 2016

Anschaffungs- bzw. Herstellungskosten am Beginn des Geschäftsjahres	Zugänge	aktivierte Zinsen	Abgänge	Umbuchungen	Anschaffungs- bzw. Herstellungskosten am Ende des Geschäftsjahres	Kum. Abschreibung zu Beginn des Geschäftsjahres	Kum. Abschreibung zum Ende des Geschäftsjahres	Buchwert Vorjahr	Zuschreibung	Abschreibung des Geschäftsjahres	Buchwert zum Jahresende
340.000,00	122.000,00		100.000,00	120.000,00	482.000,00	196.250,00	162.625,00	143.750,00	25.000,00	60.125,00	319.375,00

Zugänge:

Anschaffung Maschine V am 4.10.16	€ 120.000,00
− 3 % Skonto	€ 3.600,00
+ Zusatzkosten	€ 5.600,00
	€ 122.000,00

Zuschreibung:

Maschine III – BW 01.01. lt. Angabe	€ 90.000,00
Abschreibung 2016	€ 15.000,00 (90.000 : 6 = Restnutzungsdauer)
Buchwert 31.12.2016	€ 75.000,00 vor Zuschreibung
Fortgeschriebener Anschaffungswert	
AW 2014	€ 160.000,00
normale Abschreibung 2014	€ 20.000,00
normale Abschreibung 2015	€ 20.000,00
normale Abschreibung 2016	€ 20.000,00 € 100.000,00
Zuschreibung daher	€ 25.000,00

Berechnungen für die restlichen Spalten

Maschine	Anschaffungswert	BW 1.1.	lfd. Abschr.	BW 31.12.	kum. Abschr. 1.1.	kum. Abschr. 31.12.	Anschaffungswert 1.1.	Anschaffungswert 31.12.
I	80.000,00	10.000,00	10.000,00	0	70.000,00	80.000,00	80.000,00	80.000,00
II	100.000,00	43.750,00	12.500,00	0	56.250,00	0	100.000,00	0
III	160.000,00	90.000,00	15.000,00	100.000,00	70.000,00	60.000,00	160.000,00	160.000,00
IV	120.000,00	0	15.000,00	105.000,00	0	15.000,00	0	120.000,00
V	122.000,00	0	7.625,00	114.375,00	0	7.625,00	0	122.000,00
		143.750,00	60.125,00	319.375,00	196.250,00	162.625,00	340.000,00	482.000,00

Hinweis: Anlagengegenstände, dieå voll abgeschrieben sind, haben einen Buchwert von € 0,00, die kumulierte Abschreibung wird jedoch so lange geführt, bis der Gegenstand tatsächlich aus dem Betriebsvermögen ausscheidet. Bei Maschine I beträgt der Buchwert zum 31.12. € 0,00, die kumulierte Abschreibung wird jedoch weiterhin ausgewiesen (€ 80.000,00). Maschine II wurde verkauft, hier ist sowohl der Buchwert als auch die kumulierte Abschreibung am 31.12. € 0,00.

Übungen

Das Formular finden Sie als Kopiervorlage im Anhang im Querformat, sodass Sie genügend Platz für die Eintragungen und Berechnungen haben.

Ü 8.15: Erstellung eines Anlagenspiegels

Über unsere Lkw liegen folgende Daten vor:

Lkw	Anschaffungs- wert netto	Datum der Inbetrieb- nahme	Anmerkung
Lkw I	96.000,–	5.5.2013	wurde am 4.10.2016 verkauft
Lkw II	118.000,–	10.10.2015	bleibt weiter im Betriebsvermögen
Lkw III	120.000,–	10.5.2016	wurde als Ersatz für Lkw I gekauft

Ihre Aufgabe:

Erstellen Sie den Anlagenspiegel für 2016 und füllen Sie alle relevanten Spalten aus; Nutzungsdauer 5 Jahre.

Ü 8.16: Erstellung eines Anlagenspiegels

Von unseren Maschinen liegen für 2015 folgende Daten vor:

generelle Nutzungsdauer 8 Jahre

Maschine	Anschaffungs- wert	Datum der Inbetrieb- nahme	Anmerkung
Maschine I	80.000,–	04.10.2008	bleibt weiter in Betrieb
Maschine II	120.000,–	05.04.2010	bleibt weiter in Betrieb
Maschine III	160.000,–	15.03.2013	scheidet am 4.10. durch Maschinenbruch aus
Maschine IV	144.000,–	10.06.2014	wurde im Vorjahr um € 30.000,– außerplanmäßig abgeschrieben – diese Abschreibung ist rückgängig zu machen.

Das Formular finden Sie als Kopiervorlage im Anhang im Querformat, sodass Sie genügend Platz für die Eintragungen und für die Berechnungen haben.

Ihre Aufgabe:

Erstellen Sie den Anlagenspiegel für 2016 und füllen Sie alle relevanten Spalten aus.

Ü 8.17: Analyse des Anlagenspiegels von Manner*

Ihre Aufgabe:

Drucken Sie den Jahresabschluss der Manner AG für 2015 aus und beantworten Sie die nachfolgenden Fragen zum Anlagenspiegel.

- 2015 wurden geleistete Anzahlungen bzw. Anlagen in Bau umgebucht. Auf welchen Bereich der Sachanlagen erfolgte die größte Umbuchung?
- Gab es 2015 Zugänge im Bereich der Finanzanlagen? Wenn ja, in welchem Bereich?
- Gibt es Zuschreibungen im Bereich des Anlagevermögens? Was bedeuten solche Zuschreibungen?

Sie finden den Geschäftsbericht auf **www.manner.at** unter Manner AG | Investor Relations | Finanz- und Zwischenberichte | Geschäftsbericht 2015

* Bitte beachten Sie, dass der Jahresabschluss der Manner AG 2015 noch nach der alten Rechtslage erstellt wurde.

Bilanzausweis der Forderungen

§ 225 (2) UGB:

„Forderungen und Verbindlichkeiten gegenüber verbundenen Unternehmen und gegenüber Unternehmen, mit denen ein Beteiligungsverhältnis besteht, sind in der Regel als solche jeweils gesondert auszuweisen. Werden sie unter anderen Posten ausgewiesen, so ist dies zu vermerken."

8 Jahresabschlüsse

> **§ 225 (3) UGB:**
>
> „Der Betrag der Forderungen mit einer Restlaufzeit von mehr als einem Jahr ist bei jedem gesondert ausgewiesenen Posten in der Bilanz anzumerken. Sind unter dem Posten „sonstige Forderungen und Vermögensgegenstände" Erträge enthalten, die erst nach dem Abschlussstichtag zahlungswirksam werden, so haben Gesellschaften, die nicht klein sind, diese Beträge im Anhang zu erläutern, wenn diese Information wesentlich ist."

> **§ 225 (4) UGB:**
>
> „Wechsel dürfen als Wertpapiere nur ausgewiesen werden, wenn dem Unternehmen nicht die der Ausstellung zugrunde liegende Forderung zusteht; andernfalls haben Gesellschaften, die nicht klein sind, bei Forderungen die wechselmäßige Verbriefung im Anhang anzugeben."

> **§ 226 (5) UGB:**
>
> „Gesellschaften, die nicht klein sind, haben den Betrag einer Pauschalwertberichtigung zu Forderungen für den entsprechenden Posten der Bilanz im Anhang anzugeben. Einzelwertberichtigungen zum Umlaufvermögen sind vom entsprechenden Aktivposten abzusetzen."

Analysiert man diese Anforderungen, so ist festzuhalten, dass

- die Forderungen (abzüglich etwaiger Einzel-WB) nach Schuldnergruppen zu differenzieren sind,
- die Restlaufzeit von mehr als einem Jahr bei jeder dieser Gruppe anzugeben ist,
- ferner, ob diese Forderungen oder ein Teil davon wechselmäßig verbrieft sind und ob sie pauschal wertberichtigt wurden.
- Weiters sind aktive Antizipationen (z. B. Forderungen aus Wertpapierzinsen) anzugeben, wenn diese Forderungen von wesentlichem Umfang sind.

Die Darstellung der Forderungen in der Bilanz könnte folgendes Aussehen haben:

B Umlaufvermögen
    II. Forderungen und sonstige Vermögensgegenstände
        1. Forderungen aus Lieferungen und Leistungen
           Davon mit einer Restlaufzeit von über 1 Jahr
        2. Forderungen gegenüber verbundenen Unternehmen
           Davon mit einer Restlaufzeit von über 1 Jahr
        3. Forderungen gegenüber Unternehmen, mit denen ein Beteiligungsverhältnis besteht
           Davon mit einer Restlaufzeit von über 1 Jahr
        4. Sonstige Forderungen und Vermögensgegenstände
           Davon mit einer Restlaufzeit von über 1 Jahr

Bei Gesellschaften, die nicht klein sind, müssen im Anhang Angaben zu Wechseln und aktiven Antizipationen gemacht werden.

Forderungen und sonstige Vermögensgegenstände

Diese haben – wie im Vorjahr – im Wesentlichen eine Restlaufzeit bis zu einem Jahr.

Übung

Ü 8.18: Bilanzausweis der Forderungen

Die Saldenliste der Berger GmbH zeigt hinsichtlich Forderungen folgende Daten:

2000	Forderungen aus Lieferungen und Leistungen	260.400,00
2050	Besitzwechsel (aufgrund von Ford. L+L)	48.000,00
2080	Einzel-Wertberichtigungen zu Ford. L+L	16.540,00
2090	Pauschal-Wertberichtigungen zu Ford. L+L	5.208,00
2350	Forderungen aus Wertpapierzinsen	675,00
2680	Indossierte Besitzwechsel	25.000,00

Von den Forderungen hat eine Forderung in Höhe von € 24.000,– eine Restlaufzeit von 16 Monaten. Alle anderen Forderungen haben eine Restlaufzeit kürzer als ein Jahr.

Indossierte Besitzwechsel sind solche, die man von einem Dritten an Zahlungs statt erhält, das Grundgeschäft wurde jedoch von anderen Personen abgewickelt.

Ihre Aufgaben:

- Ermitteln Sie die Höhe der Forderungen aus L+L, mit der dieser Posten im veröffentlichten Jahresabschluss auszuweisen ist.
- Stellen Sie den Forderungsspiegel aufgrund dieses Ausschnittes aus der Saldenliste und den weiteren Angaben dar.

Bilanzausweis:

B Umlaufvermögen
    II. Forderungen und sonstige Vermögensgegenstände
        1. Forderungen aus Lieferungen und Leistungen
            Davon mit einer Restlaufzeit von über 1 Jahr
        2. Forderungen gegenüber verbundenen Unternehmen
            Davon mit einer Restlaufzeit von über 1 Jahr
        3. Forderungen gegenüber Unternehmen, mit denen ein Beteiligungsverhältnis besteht
            Davon mit einer Restlaufzeit von über 1 Jahr
        4. Sonstige Forderungen und Vermögensgegenstände
            Davon mit einer Restlaufzeit von über 1 Jahr

Bilanzausweis der Verbindlichkeiten

Neben dem bereits erwähnten getrennten Ausweis von Verbindlichkeiten gegenüber verbundenen Unternehmen und gegenüber Unternehmen, mit denen ein Beteiligungsverhältnis besteht (vgl. § 225 (2) UGB), sind folgende weitere Angaben erforderlich:

> **§ 225 (6) UGB:**
>
> „Der Betrag der Verbindlichkeiten mit einer Restlaufzeit von bis zu einem Jahr und der Betrag der Verbindlichkeiten mit einer Restlaufzeit von mehr als einem Jahr sind bei den Posten C 1 bis 8 jeweils gesondert und für diese Posten insgesamt anzugeben. Erhaltene Anzahlungen auf Bestellungen sind, soweit Anzahlungen auf Vorräte nicht von einzelnen Posten der Vorräte offen abgesetzt werden, unter den Verbindlichkeiten gesondert auszuweisen. Sind unter dem Posten „sonstige Verbindlichkeiten" Aufwendungen enthalten, die erst nach dem Abschlussstichtag zahlungswirksam werden, so haben Gesellschaften, die nicht klein sind, diese Beträge im Anhang zu erläutern, wenn diese Information wesentlich ist."

Bei diesen Aufwendungen handelt es sich um eigene Rückstände, z.B. Darlehenszinsen, die im Nachhinein zu zahlen sind.

Im Kapitel 3 sind wir bei der Bewertung der Verbindlichkeiten nach dieser Gliederung vorgegangen, vgl. Seiten 65 f.

> **§ 237 (1) UGB:**
>
> „Jede Gesellschaft hat im Anhang zusätzlich zu den aufgrund anderer Bestimmungen in diesem Bundesgesetz vorgesehenen Angaben folgende Angaben zu machen
>
> [...]
>
> Z 5. der Gesamtbetrag der Verbindlichkeiten mit einer Restlaufzeit von mehr als fünf Jahren sowie der Gesamtbetrag der Verbindlichkeiten, für die dingliche Sicherheiten bestellt sind, unter Angabe von Art und Form der Sicherheit."

Aus diesen Bestimmungen kann sich – je nach Art der Verbindlichkeiten – folgender Bilanzausweis ergeben:

C Verbindlichkeiten

1. Anleihen
   Davon mit einer Restlaufzeit bis zu einem Jahr
   Davon mit einer Restlaufzeit über ein Jahr
2. Verbindlichkeiten gegenüber Kreditinstituten
   Davon mit einer Restlaufzeit bis zu einem Jahr
   Davon mit einer Restlaufzeit über ein Jahr
3. Erhaltene Anzahlungen auf Bestellungen
   Davon mit einer Restlaufzeit bis zu einem Jahr
   Davon mit einer Restlaufzeit über ein Jahr
4. Erhaltene Anzahlungen auf Bestellungen
   Davon mit einer Restlaufzeit bis zu einem Jahr
   Davon mit einer Restlaufzeit über ein Jahr
5. Verbindlichkeiten aus der Annahme gezogener Wechsel und der der Ausstellung eigener Wechsel
   Davon mit einer Restlaufzeit bis zu einem Jahr
   Davon mit einer Restlaufzeit über ein Jahr
6. Verbindlichkeiten gegenüber verbundenen Unternehmen
   Davon mit einer Restlaufzeit bis zu einem Jahr
   Davon mit einer Restlaufzeit über ein Jahr
7. Verbindlichkeiten Unternehmen mit denen ein Beteiligungsverhältnis besteht
   Davon mit einer Restlaufzeit bis zu einem Jahr
   Davon mit einer Restlaufzeit über ein Jahr
8. Sonstige Verbindlichkeiten
   Davon aus Steuern
   Davon im Rahmen der sozialen Sicherheit
   Davon mit einer Restlaufzeit bis zu einem Jahr
   Davon mit einer Restlaufzeit über ein Jahr

Anhangsangaben

Verbindlichkeiten mit einer Restlaufzeit von über 5 Jahren:

Verbindlichkeiten, die dinglich besichert sind:
Art der Besicherung:

Übung

Ü 8.19: Bilanzausweis der Verbindlichkeiten

Gegeben ist folgender Auszug aus der Bilanz einer AG zum 31. Dez. 2016 (Angaben in €):

D. Verbindlichkeiten

1. Anleihen	30.000.000
2. Verbindlichkeiten gegenüber Kreditinstituten	38.142.021
3. Verbindlichkeiten aus Lieferungen und Leistungen	29.152.500
4. Verbindlichkeiten gegenüber verbundenen Unternehmen	34.945
5. sonstige Verbindlichkeiten	12.432.587
	109.762.053

Folgende Zusatzinformationen stehen Ihnen zur Verfügung:

Die Anleihen haben zur Gänze eine Restlaufzeit von unter einem Jahr. Von den Verbindlichkeiten gegenüber Kreditinstituten haben € 7.165,– eine Restlaufzeit von weniger als einem Jahr und € 1.249.080,– eine Restlaufzeit von mehr als fünf Jahren, die übrigen eine Restlaufzeit von einem Jahr bis fünf Jahren.

Von den Verbindlichkeiten aus Lieferungen und Leistungen haben € 279.805,– eine Restlaufzeit zwischen einem Jahr und fünf Jahren, der Rest ist innerhalb eines Jahres fällig. Die Verbindlichkeiten gegenüber verbundenen Unternehmen haben zur Gänze eine Restlaufzeit von unter einem Jahr.

Von den sonstigen Verbindlichkeiten haben € 5.513.996,– eine Restlaufzeit zwischen einem und fünf Jahren, die übrigen eine Restlaufzeit von unter einem Jahr.

In den sonstigen Verbindlichkeiten sind weiters Rückstände in der Höhe von € 145.075,— enthalten.

Es gibt keine Verbindlichkeiten, für die dingliche Sicherheiten bestellt wurden.

Ihre Aufgabe:

Stellen Sie den korrekten Bilanzausweis der Verbindlichkeiten dar. Falls notwendig, sind auch Anhangsangaben anzuführen.

Der Anhang

Wie schon darauf hingewiesen, ist der Anhang von allen Kapitalgesellschaften (ausgenommen Kleinstgesellschaften) zu erstellen, sein Umfang ist jedoch größenklassenabhängig. Wenn daher vom Jahresabschluss von Kapitalgesellschaften gesprochen wird, sind immer Bilanz, G+V und der Anhang gemeinsam gemeint.

Zweck des Anhanges ist es, die „Bilanzierungs- und Bewertungsmethoden so zu erläutern, dass ein möglichst getreues Bild der Vermögens-, Finanz- und Ertragslage des Unternehmens vermittelt wird". (§ 236 UGB)

Der Anhang hat somit Erläuterungs-, Interpretations-, Ergänzungs- und Begründungsfunktion.

Die wesentlichen Aussagen des Anhangs beziehen sich auf:

- Bilanzierungsmethoden
  z. B. die Ausübung von Bilanzierungswahlrechten (Bsp.: derivativer Firmenwert)
- Bewertungsmethoden
  z. B. welche Methode bei der Bewertung des Warenverbrauchs angewendet wird
- Erläuterungen zu Positionen in der Bilanz
  z. B. Anlagen-, ergänzende Angaben zu Forderungen und Verbindlichkeiten
- Erläuterungen zu Positionen in der G+V
  z. B. Umsatzgliederungen
- Erläuterungen zu Aufwendungen oder Erträgen von außerordentlicher Größenordnung oder außerordentlicher Bedeutung
- sonstige Angaben
  z. B. Anzahl der Mitarbeiter

8 Jahresabschlüsse

Wir listen hier die wichtigsten Angaben auf und geben den Paragrafen des UGB dazu an. Angaben, die nur für mittlere und große Kapitalgesellschaften relevant sind, haben wir dabei grün unterlegt. Für Kleinstgesellschaften ist kein Anhang zu erstellen.

Inhalte des Anhangs gekennzeichnet nach Unternehmensgröße

UGB	Inhalt
Allgemeine Angaben zum Jahresabschluss	
222 (2)	Wenn der Jahresabschluss kein getreues Bild der Vermögens-, Finanz- und Ertragslage vermitteln kann, so ist dies im Anhang zu erläutern.
223 (1)	Abweichung von Darstellung und Gliederung
223 (2)	mangelnde Vergleichbarkeit mit Vorjahreswerten
223 (5)	Zuordnung eines Gegenstandes oder einer Verbindlichkeit zu mehreren Bilanzpositionen
236	Erläuterung der Bilanzierungs- und Bewertungsmethoden
Angaben zum Anlagevermögen	
225 (7)	Grundwert, wenn nicht bereits in der Bilanz angegeben
226 (1)	Anlagenspiegel
Angaben zum Umlaufvermögen	
225 (3)	Aktivierte Antizipationen
226 (5)	Pauschalwertberichtigungen
Angaben zu Passivposten in der Bilanz	
225 (1)	Bei negativem Eigenkapital: Erklärung, ob eine Überschuldung im Sinne des Insolvenzrechtes vorliegt
225 (6)	Passivierte Antizipationen
237 (1) 5	Verbindlichkeiten mit Restlaufzeit über 5 Jahren und dingliche Sicherheiten
Angaben zur Gewinn-und-Verlust-Rechnung	
237 (1) 4	Erläuterung außerordentlicher Erträge und Aufwendungen
238 (1) 11	Art und Auswirkungen wesentlicher Ereignisse nach dem Abschlussstichtag, die weder in der Gewinn-und-Verlust-Rechnung noch in der Bilanz berücksichtigt sind.
238 (1) 13	Bei Anwendung des Umsatzkostenverfahrens sind Material- und Personalaufwand entsprechend dem Gesamtkostenverfahren aufzugliedern.
Angaben zu Beteiligungsunternehmen und verbundenen Unternehmen	
238 (1) 17	Angaben zum Konzern bzw. Beteiligungsunternehmen allgemein, wie Sitz, Rechtsform, Kapital
238 (1) 20	Beziehungen zu diesen Unternehmen
Angaben zu Organen und Arbeitnehmern	
239 (1) 1	durchschnittliche Zahl der Angestellten und Arbeiter

[1] Hier handelt es sich z. B. um Aufwendungen, die aus Vorjahren stammen, für die jedoch keine oder eine zu geringe Rückstellung gebildet wurde.

Für Aktiengesellschaften gibt es noch besondere Pflichtangaben (§ 240 UGB), wie z. B. über deren Aktien, Wandelschuldverschreibungen und vergleichbare Wertpapiere.

Übung

Ü 8.20: Anhang der Manner AG

Ihre Aufgabe:

Nehmen Sie den Jahresabschluss der Manner AG für 2015 zur Hand und beantworten Sie die nachfolgenden Fragen.

- In der Bilanz 2015 sind Ausleihungen an verbundene Unternehmen ausgewiesen. Suchen Sie im Anhang die Namen jener Unternehmen, die mit Manner verbunden sind.
- Nach welchem Bewertungsprinzip geht Manner bei seinem Rohstoffverbrauch vor?
- Wendet Manner für bestimmte Vermögensteile die Festwertmethode an? Was ist darunter zu verstehen?
- Welche bzw. wie viele Aktien gibt es per 31. 12. 2015? Kann es zu Änderungen kommen?
- In welchem(n) Bereich(en) (Österreich, EU, Drittländer) konnte Manner gegenüber 2014 seine Umsatzerlöse erhöhen?
- Hat Manner Eventualverbindlichkeiten, und wenn ja, welche?

Der Lagebericht

Von der Erstellung eines Lageberichtes sind kleine GmbH befreit.

Zentrale Aufgabe des Lageberichtes ist es,

> **§ 243 (1) UGB:**
>
> […] den „Geschäftsverlauf, einschließlich des Geschäftsergebnisses, und die Lage des Unternehmens so darzustellen, dass ein möglichst getreues Bild der Vermögens-, Finanz- und Ertragslage vermittelt wird, und die wesentlichen Risiken und Ungewissheiten, denen das Unternehmen ausgesetzt ist, zu beschreiben."

Absatz 2 erläutert Absatz 1 näher, während in Absatz 3 weitere Punkte aufgelistet sind, auf die ebenfalls im Lagebericht hingewiesen werden soll.

In der Praxis gliedern sich daher Lageberichte sehr oft in folgende Teile:

- Geschäftsverlauf
  Überblick über die Konjunktur, die Branche, den Geschäftszweig, das Unternehmen selbst
  Entwicklung des Jahresergebnisses, Informationen zum Beschaffungs- (z. B. Entwicklung der Preise am Beschaffungsmarkt), Leistungs- (z. B. Produktionsprogramm), Absatz- (Entwicklung des Auftragseinganges), Investitions- und Finanzierungsbereich (z. B. Kapitalerhöhung), Informationen zum Personal- und Sozialwesen (z. B. Betriebliche Altersvorsorge)
- Lage der Gesellschaft
  Informationen über die Absatz-, Vermögens-, Finanz- und Ertragslage
- Vorgänge von besonderer Bedeutung nach Schluss des Geschäftsjahres
- voraussichtliche Entwicklung des Unternehmens
  z. B. hinsichtlich Konjunktur, Branche, Geschäftszweig, Absatzbereich etc.
- Bereich Forschung und Entwicklung
  z. B. Ziele, Mitarbeiter
- bestehende Zweigniederlassungen der Gesellschaft
- Verwendung von Finanzinstrumenten, sofern dies für die Beurteilung der Vermögens-, Finanz- und Ertragslage von Bedeutung ist
  Informationen über bestehende und künftige Risiken; Risikomanagement.

Bei großen Kapitalgesellschaften kommen noch Informationen über Umwelt- und Arbeitnehmerbelange hinzu.

Übung

> ## Ü 8.21: Der Lagebericht bei Manner
>
> **Ihre Aufgabe:**
>
> Lesen Sie den Lagebericht von Manner im Rahmen des Jahresabschlusses 2010 und beantworten Sie die folgenden Fragen.
>
> - Manner hatte im Jahr 2015 im Vergleich zu 2014 einen Umsatzrückgang zu verzeichnen. Worauf wird dieser Rückgang zurückgeführt? Um wie viel Prozent ist der Umsatz 2015 im Vergleich zu 2014 gesunken?
> - Was waren laut Manner die Highlights des Jahres 2015?
> - Im Lagebericht von Manner wird über soziale Aktivitäten berichtet. Worum handelt es sich dabei?
> - Gab es Ereignisse von besonderer Bedeutung nach dem Bilanzstichtag? Wo ist diese Information zu finden?

Abschlussprüfung

- Wer wird geprüft?

Wiederholen Sie in BW die Organe der GmbH, vor allem, ab wann eine GmbH einen Aufsichtsrat haben muss.

> **§ 268 (1) UGB:**
>
> „Der Jahresabschluss und der Lagebericht von Kapitalgesellschaften sind durch einen Abschlussprüfer zu prüfen. Dies gilt nicht für kleine Gesellschaften mit beschränkter Haftung, sofern diese nicht aufgrund gesetzlicher Vorschriften einen Aufsichtsrat haben müssen."

8 Jahresabschlüsse

Das heißt, prüfungspflichtig sind

○ kleine, mittlere und große Aktiengesellschaften,
○ mittlere und große GmbH,
○ kleine GmbH nur, wenn sie lt. Gesetz einen Aufsichtsrat haben müssen,
○ Personengesellschaften, an denen eine Aktiengesellschaft oder eine mittlere bzw. große GmbH als unbeschränkt haftender Gesellschafter beteiligt ist.

● Was wird geprüft?
  ○ „In die Prüfung des Jahresabschlusses ist die Buchhaltung einzubeziehen."
  ○ Es ist zu prüfen, „ob die gesetzlichen Vorschriften und ergänzenden Bestimmungen des Gesellschaftsvertrages oder der Satzung beachtet worden sind".
  ○ Es ist zu prüfen, „ob der Lagebericht mit dem Jahresabschluss in Einklang steht und ob die sonstigen Angaben im Lagebericht nicht eine falsche Vorstellung von der Lage des Unternehmens erwecken". (Vgl. § 269 (1) UGB)

Um diesen Prüfungspflichten nachkommen zu können, haben die gesetzlichen Vertreter der Gesellschaft dem Abschlussprüfer zu gestatten, „die Bücher und Schriften der Gesellschaft sowie die Vermögensgegenstände und Schulden zu prüfen".

○ vgl. § 272 (1) UGB

Im Abs. 2 heißt es dazu weiter:
„Der Abschlussprüfer kann von den gesetzlichen Vertretern alle Aufklärungen und Nachweise verlangen, die er für eine sorgfältige Prüfung als notwendig ansieht."

Im Rahmen dieser Prüfung müssen auch zwei Kennzahlen ermittelt werden, nämlich

○ die Eigenmittelquote und
○ die fiktive Schuldentilgungsdauer.

Mithilfe dieser Kennzahlen kann ein eventueller Reorganisationsbedarf festgestellt werden, d. h., das Unternehmen kann vor einer Insolvenz gerettet werden.

● Wer darf prüfen?
  Als Abschlussprüfer dürfen Wirtschaftsprüfer oder Wirtschaftsprüfungsgesellschaften fungieren.

● Was hat der Abschlussprüfer zu tun?
  Er hat schriftlichen Bericht über das Ergebnis der Prüfung zu erstellen.

> **§ 273 (1) UGB:**
> „Im Bericht ist insbesondere festzustellen, ob die Buchführung, der Jahresabschluss, der Lagebericht [...] den gesetzlichen Vorschriften entsprechen und die gesetzlichen Vertreter die verlangten Aufklärungen und Nachweise erbracht haben."

Bei negativen Entwicklungen, bei Gesetzesverstößen und bei Vorliegen der Voraussetzungen für die Vermutung eines Reorganisationsbedarfs hat der Abschlussprüfer unverzüglich zu berichten (Abs. 2).

Weiters hat der Abschlussprüfer den Bericht zu unterzeichnen und den gesetzlichen Vertretern sowie den Mitgliedern des Aufsichtsrates vorzulegen.

§ 274 UGB beschäftigt sich mit dem Bestätigungsvermerk. Es ist festzuhalten, welcher Jahresabschluss geprüft wurde, Art und Umfang der Abschlussprüfung und das Prüfungsurteil.

Dieser Bestätigungsvermerk ist vom Abschlussprüfer unter Angabe von Ort und Tag zu unterschreiben.

Informationen zur Ermittlung der Eigenmittelquote und der fiktiven Schuldentilgungsdauer erhalten Sie im V. Jahrgang.

Übung

Ü 8.22: Prüfung und Bestätigungsvermerk bei Manner
Ihre Aufgabe:
Geben Sie an, wer den Bestätigungsvermerk angebracht hat und wann dies der Fall war.

Offenlegung – Publizitätspflicht

Alle Kapitalgesellschaften haben den Jahresabschluss offenzulegen.

> **§ 277 (1) UGB:**
>
> „Die gesetzlichen Vertreter von Kapitalgesellschaften haben den Jahresabschluss und den Lagebericht [...] jedoch spätestens neun Monate nach dem Bilanzstichtag, mit dem Bestätigungsvermerk beim Firmenbuchgericht des Sitzes der Kapitalgesellschaft einzureichen [...]"

Dabei ist zu unterscheiden zwischen

● Offenlegung des Jahresabschlusses durch Einreichung beim Firmenbuch alleine und

● der zusätzlichen Veröffentlichung.

Diese Anforderungen sind abhängig von der Gesellschaftsform und Unternehmensgröße. So sind große Kapitalgesellschaften nicht nur zur Einreichung beim Firmenbuch verpflichtet, sondern müssen dessen Veröffentlichung im Amtsblatt der Wiener Zeitung veranlassen. Kleine Gesellschaften mit beschränkter Haftung brauchen nur eine vereinfachte Bilanz (Zusammenfassungen) und den vereinfachten Anhang beim Firmenbuch einzureichen.

Das Firmenbuchgericht hat die zeitgerechte und vollständige Einreichung zu prüfen (§ 282 UGB) und gegebenenfalls zu veranlassen bzw. Strafen zu verhängen.

3 Der Abschluss kleiner GmbH

Unternehmensgründungen[1] nach Rechtsformen

Unternehmensgründungen nach Rechtsformen

Rechtsform	2010	2011	2012	2013	2014	2015 vorl[2]
EinzelunternehmerInnen (nicht eingetragen)	30.254	28.712	29.230	30.160	29.733	32.890
GmbH	3.476	3.213	3.058	3.466	4.235	3.819
KG	926	853	822	757	666	676
OG	711	713	698	652	646	720
Verein	113	109	109	111	135	135
AG	24	18	10	10	8	9
EinzelunternehmerInnen (eingetragen)	1.493	1.514	1.585	1.658	1.525	1.377
sonstige Rechtsformen	128	147	126	132	106	112
Zusammen	37.125	35.279	35.638	36.946	37.054	39.738

[1] Unternehmensneugründungen im Bereich der Wirtschaftskammern; echte Gründungen ohne Filialgründungen, Umgründungen, „Filialgründungen" etc.

[2] Daten 2015 vorläufig

Quelle: Wirtschaftskammern Österreichs

Aus dieser Statistik geht hervor, dass die GmbH die beliebteste Gesellschaftsform ist. Größenmäßig überwiegen die kleinen und mittleren GmbH in Österreich. Vor allem kleine GmbH als Ein- bis Zweimanngesellschaften sind sehr beliebt.

Eigenkapitalausweis und Erfolgsaufteilung

Wichtig ist, dass das Gesellschaftsvermögen und das Gesellschaftervermögen strikt getrennt werden. Die Gesellschafter können gegenüber der Gesellschaft Verpflichtungen oder Ansprüche haben (z. B. resultierend aus der Geschäftsführung), diese sind jedoch als Verbindlichkeiten oder Forderungen auszuweisen. Die Führung eines Privatkontos ist nicht gestattet.

Das **Stammkapital** setzt sich aus den Einlagen der Gesellschafter zusammen. Mussten Gesellschafter für ihren Anteil mehr bezahlen, so wird dieses Aufgeld einer Kapitalrücklage zugeführt (eher selten – wenn, dann bei großen GmbH). Noch nicht voll einbezahlte Einlagen sind als „ausstehende Einlagen auf das Stammkapital" anzuführen.

Prinzipiell haben die Gesellschafter Anspruch auf Ausschüttung des gesamten Gewinnes entsprechend ihren Anteilen. **Der Gesellschaftsvertrag** kann jedoch die **Bildung von Rücklagen**

8 Jahresabschlüsse

(vertragliche, freie) vorsehen. Erst der nach Zuweisung zu diesen Rücklagen verbleibende **Bilanzgewinn** kann ausgeschüttet werden.

Ausgeschüttet wird der Gewinn **abzüglich 25 % KESt**. Die Gesellschaft ist verpflichtet, diese KESt einzubehalten und an das Betriebsfinanzamt abzuführen.

Wird nicht der gesamte Gewinn ausgeschüttet (sondern z. B. nur ein Betrag in ganzen Tausendern), so wird der Restgewinn als **Gewinnvortrag** geführt.

Ein Verlust wird – wenn keine Nachschusspflicht der Gesellschafter im Gesellschaftsvertrag festgelegt wurde und keine Rücklagen aufgelöst werden – vorgetragen und gegen spätere Gewinne gegengerechnet.

Erläuterungsbeispiel

Zum 31. 12. ist das Eigenkapital einer kleinen GmbH wie folgt gegliedert:

Stammkapital   200.000,–
Verlustvortrag   20.000,–

Anmerkungen zum Verlustvortrag:
Der Bilanzverlust des Vorjahres war wesentlich höher, gegen ihn wurde die vertragliche Rücklage aufgelöst.

Anmerkungen zur Gewinnverteilung:
Laut Gesellschaftsvertrag sind 10 % (auf Ganze gerundet) des um den Verlustvortrag verminderten Gewinnes einer Rücklage zuzuführen, die nur gegen Verluste aufgelöst werden darf.

Der restliche Gewinn ist auf ganze Tausender gerundet auf die beiden Gesellschafter im Verhältnis ihrer Kapitalanteile aufzuteilen:

Müller   60.000,–
Wachter   140.000,–

Der Jahresüberschuss nach Berücksichtigung der unversteuerten Rücklagen beträgt € 65.124,–.

Da eine Gewinnausschüttung erst bei Vorliegen der fertigen Bilanz beschlossen werden kann, ist der gesamte Bilanzgewinn im Eigenkapital auszuweisen.

Lösung:

Jahresüberschuss	65.124,00	
– Verlustvortrag	20.000,00	
	45.124,00	
– 10 % Dotation Rücklage	4.512,00	
ausschüttungsfähiger Restgewinn	40.612,00	
Gewinn gerundet	40.000,00	→ davon an Müller 12.000,– an Wachter 28.000,–

Damit ergibt sich folgender Kapitalausweis in der Bilanz

Stammkapital   200.000,–
vertragliche Rücklage   4.512,–
Bilanzgewinn   40.612,–

Zum Zeitpunkt des Ausschüttungsbeschlusses wird gebucht:

(9) Bilanzgewinn	40.000,–	/	(3) Einbehaltene KESt	10.000,–
bzw. (9) Gewinnvortrag			(3) Verbindlichkeit Müller	9.000,–
			(3) Verbindlichkeit Wachter	21.000,–

Übungen

Ein Beispiel für eine Gewinnverteilung einer großen GmbH mit gesetzlicher Rücklage finden Sie unter der ID: 0830.

Ü 8.23: Gewinnausweis und -ausschüttung (Fortsetzung)

Gehen Sie von der Annahme aus, dass diese GmbH im Jahr 2016 einen Gewinn von € 102.720,– ausweist. Die GmbH hat keine unversteuerten Rücklagen.

Nehmen Sie weiters an, dass 2017 ein Verlust in Höhe von € 18.724,– nicht verhindert werden konnte.

Ihre Aufgaben:

● Ermitteln Sie für beide Jahre den Ausweis der Position „Eigenkapital" in der Bilanz.

● Geben Sie die Verbuchung beim Ausschüttungsbeschluss 2017 an, unter der Annahme, dass € 50.000,– ausgeschüttet werden

Ü 8.24: Abschluss einer GmbH

Ihr Unternehmen: Peter Pan GesmbH, Spielwarenerzeugung, Spielwarenhandel

Ausschnitt aus der Saldenbilanz zum 31. 12. **2016**

0640	Lkw	78.200,00	
1500	Fertige Erzeugnisse	34.510,00	
1600	HW-Vorrat	45.610,20	
2000	Lieferforderungen Inland	142.800,00	
2080	Einzel-WB zu Inlandsforderungen		5.860,00
2090	Pauschal-WB zu Inlandsforderungen		1.112,00
2620	Aktien des Umlaufvermögens	18.700,00	
2630	Festverzinsliche Wertpapiere Umlaufverm.	31.050,00	
3040	Rückstellung für Rechts- u. Steuerb.Aufw.		3.500,00
3065	Rückstellung für Produkthaftung		7.126,40
3150	Darlehen		50.000,00
5010	HW-Verbrauch	2.104.310,70	
8115	Zinserträge Wertpapiere Umlaufvermögen		750,00
8500	Körperschaftsteuer	27.160,00	

Vor Durchführung der Umbuchungen ergibt sich als positive Differenz zwischen Erträgen und Aufwänden ein Betrag von **€ 84.809,–.**

1) Die Wertpapiere des Umlaufvermögen setzen sich zusammen aus:

   ○ 6% Bundesanleihe, Nominale 30.000,–, Anschaffungskurs = eingebuchter Kurs 103,50, Kurs am 31.12. 101,– (das Wertpapier läuft im nächsten Jahr aus). Zinstermin 1.6. jeweils für ein Jahr im Nachhinein. Kein KESt-Abzug. Die Zinsen werden monatsgenau abgegrenzt.

   ○ 2000 Stück Telekom-Aktien, verbuchter Kurs 10,35, Kurs am 31.12. 11,50

2) Alle Forderungen enthalten 20% USt. Die folgenden Forderungen gelten als nicht mehr voll einbringlich:

   Forderung an Gruber über € 12.600,–; Gruber hat die Zahlungen eingestellt. Es ist mit einem Ausfall von 40% zu rechnen.

   Forderung an Retzmann über € 15.600,–; über Retzmann wurde das Insolvenzverfahren eingeleitet. Es ist mit einem Totalausfall zu rechnen

   Die restlichen Forderungen sind wieder mit 1% pauschal wertzuberichtigen.

3) Der Pkw wurde am 5.10.2010 mit einem Anschaffungswert von € 22.400,– inkl. NoVA und USt in Betrieb genommen. Unternehmensrechtliche Abschreibung auf 5 Jahre. Der Pkw ist weiter im Betriebsvermögen.

4) Die Zukäufe an Handelswaren werden in Klasse 5 verbucht. Endbestand lt. Inventur € 225.159,–, Verbrauch lt. Aufzeichnungen € 1.920.760,70

5) Das endfällige Darlehen wurde am 1.8.2013 aufgenommen. Die Zinsen werden monatlich im Voraus entrichtet. Bei Darlehensaufnahme wurden 2% Kreditbereitstellungsprovision verrechnet. Laufzeit des Darlehens 5 Jahre.

6) Endbestand an Fertigerzeugnissen € 44.210,–

7) Der Lkw wurde am 2.3.2016 neu angeschafft und sofort in Betrieb genommen. Es ist die einzige Investition. ND 5 Jahre, Abschreibung direkt. Die Abschreibung ist vorzunehmen.

8) Die Rückstellung für Rechts- und Steuerberatungsaufwand wurde gebildet für die Arbeiten des Steuerberaters für 2013. Die Honorarnote vom 2.6.2015 in Höhe von € 3.300,– + 20% USt wurde auf dem Konto 7750 ordnungsgemäß verbucht. Für heuer wird mit einem Steuerberatungsaufwand in Höhe von € 4.000,– gerechnet.

9) Es wurde beschlossen, keine pauschale Rückstellung mehr zu bilden. Die vorhandene Rückstellung für Produkthaftung ist daher aufzulösen.

10) An Spenden wurden heuer geleistet und als Aufwand verbucht: € 5.210,–, davon sind € 1.210,– steuerlich nicht absetzbar.

8 Jahresabschlüsse

Ihre Aufgaben:

- Stellen Sie alle aufgrund der oben angeführten Tatbestände erforderlichen Umbuchungen in der Buchungsliste dar.
- Ermitteln Sie das vorläufige unternehmensrechtliche Jahresergebnis sowie das steuerpflichtige Jahresergebnis. Ermitteln Sie die Höhe der KSt und damit der KSt-Rückstellung. Insgesamt wurden an KSt-VZ € 27.000,– an das Finanzamt überwiesen.
- Stellen Sie die Verbuchung der KSt-Rückstellung in der Buchungsliste dar.
- Ermitteln Sie den Jahresüberschuss.
- Die GmbH weist jährlich 20 % des versteuerten Gewinnes einer vertraglichen Rücklage zu – ihre Verwendung ist auf künftige Verlustabdeckungen beschränkt. Ermitteln Sie die Höhe der Zuweisung und stellen Sie deren Verbuchung in der Buchungsliste dar.
- Ermitteln Sie abschließend den Bilanzgewinn.
- Ermitteln Sie die Gewinnanteile der drei Gesellschafter im Verhältnis ihrer Kapitaleinlagen:

Peter Pan	100.000,–
Paul Pan	50.000,–
Willy Pan	50.000,–

 SbX
Zwei weitere Beispiele dieser Art finden Sie unter der ID: 0830.

Üben

ⓐ Ⓐ Ⓑ Ⓒ Ⓓ Ⓔ

Ü 8.25: Besteuerung bei Kapitalgesellschaften Ⓐ

Bei Personengesellschaften unterliegen die Gewinnanteile der Gesellschafter der Einkommensteuer. Beschreiben Sie, wie die Besteuerung bei den Kapitalgesellschaften erfolgt.

Ü 8.26: Mindest-KSt Ⓐ

Wird die Mindest-KSt zurückgezahlt, wenn der Gewinn geringer ausfällt oder gar ein Verlust erwirtschaftet wurde?

Ü 8.27: KSt-Rückstellung Ⓒ

Erläutern Sie, wie man bei der Ermittlung einer eventuellen KSt-Rückstellung vorgeht.

Ü 8.28: Vorlage des Jahresberichtes Ⓐ

Bis wann müssen die gesetzlichen Vertreter einer Kapitalgesellschaft den Jahresabschluss samt Anhang und Lagebericht den Mitgliedern des Aufsichtsrates vorlegen?

Ü 8.29: Große Kapitalgesellschaft Ⓒ

Unter welchen Umständen ist es völlig egal, wie hoch die Umsatzerlöse, die Bilanzsumme etc. ist, damit eine Kapitalgesellschaft als groß eingestuft wird?

Ü 8.30: Anlagenspiegel Ⓓ

Nehmen Sie zu der folgenden Aussage Stellung: „Ein Anlagenspiegel ist nur für abnutzbare, nicht geringwertige Sachanlagen zu erstellen."

Wozu dient daher die Abbildung eines Anlagenspiegels im Anhang?

Ü 8.31: Forderungen Ⓒ

Am 31. 12. sind am

- Konto Forderungen aus Lieferungen und Leistungen € 456.760,– ausgewiesen, davon bestehen Forderungen in Höhe von € 124.800,– gegenüber verbundenen Unternehmen,
- Konto Besitzwechsel aus Lieferungen und Leistungen € 24.600,–,
- Konto Einzel-WB zu Forderungen aus Lieferungen und Leistungen € 36.210,– und

● Konto Pauschal-WB zu Forderungen aus Lieferungen und Leistungen € 4.116,-

ausgewiesen. Welcher Betrag scheint als Forderungen aus Lieferungen und Leistungen in der veröffentlichten Bilanz auf? Welche Informationen muss aufgrund obiger Tatbestände der Forderungsspiegel enthalten?

Ü 8.32: Forderungen mit einer Restlaufzeit länger als ein Jahr D

Warum, glauben Sie, sind Forderungen mit einer Restlaufzeit länger als ein Jahr im Anhang anzugeben?

Ü 8.33: Sonstige Verbindlichkeiten Forderungen C

Im § 225 (6) UGB heißt es u. a.: „Sind unter dem Posten ‚Sonstige Verbindlichkeiten' Aufwendungen enthalten, die erst nach dem Bilanzstichtag zahlungswirksam werden, so sind sie, wenn sie wesentlich sind, im Anhang zu erläutern." Nennen Sie zwei Beispiele für solche mögliche Posten.

Ü 8.34: Umfang und Inhalte eines Anlagenspiegels D

Ist der Umfang des Anhanges für alle Kapitalgesellschaften gleich? Wenn Sie der Meinung sind, dass dies nicht der Fall ist, dann geben Sie an, wovon dieser Umfang abhängig ist. Listen Sie ferner die zentralen Inhalte auf, die jeder Anhang aufweisen muss.

Ü 8.35: (Prüfungspflichtige) Kapitalgesellschaften C

Sind alle Kapitalgesellschaften prüfungspflichtig? Wenn nein, nennen Sie jene Gruppe(n), die nicht prüfungspflichtig ist (sind).

Ü 8.36: Veröffentlichung des Jahresabschlusses A

Ist die Veröffentlichung des Jahresabschlusses auf der Homepage einer Aktiengesellschaft – vgl. Manner – Pflicht?

Ü 8.37: Einreichung des Jahresabschlusses A

Bis wann muss der geprüfte und mit dem Bestätigungsvermerk versehene Jahresabschluss beim Firmenbuchgericht eingereicht werden?

Ü 8.38: Gewinnanteil – ausschüttbarer Gewinn C

Ist der Betrag, den die Gesellschafter einer GmbH als Gewinnanteil ausbezahlt bekommen, identisch mit dem ausschüttbaren Gewinn? Begründen Sie Ihre Antwort.

Sichern

Jahresabschluss von Kapitalgesellschaften

Der **Jahresabschluss von Kapitalgesellschaften** unterliegt einer Reihe von ergänzenden Vorschriften.

Zunächst ist die voraussichtliche Körperschaftsteuerbelastung zu ermitteln, da diese in der G + V als Aufwand zu erfassen ist. Eine etwaige Nachzahlung ist in der Bilanz als Rückstellung einzuweisen, eine Gutschrift als Forderung.

Je nach Größe der Kapitalgesellschaft sind in der Bilanz oder in einem Anhang zusätzliche bzw. detailliertere Angaben zu machen.

Einteilung der Kapitalgesell-schaften nach Größenklassen

Größenklasse	Bilanzsumme	Umsatzerlöse	Arbeitnehmer
Kleinstkapitalgesellschaften	bis 350 TD €	bis 700 Tsd €	Ø 10
Kleine Kapitalgesellschaften	bis 5 Mio. €	bis 10 Mio. €	Ø 50
Mittlere Kapitalgesellschaften	bis 20 Mio. €	bis 40 Mio. €	Ø 250

Große Kapitalgesellschaften überschreiten die für Mittlere Kapitalgesellschaften geltenden Obergrenzen.
Eine Kapitalgesellschaft gilt stets als groß, wenn Aktien oder andere von ihr ausgegebenen Wertpapiere an einem geregelten Markt zum Handel zugelassen sind.

Die wichtigsten sind:
- Darstellung der Fristigkeit der Forderungen in der Bilanz
- Darstellung der Fristigkeit der Verbindlichkeiten in der Bilanz
- Anlagespiegel (Entwicklung des Anlagevermögens) im Anhang
- Erläuterungen zu den Bilanzierungs- und Bewertungsmethoden im Anhang

Kleinst-GmbHs müssen keinen Anhang erstellen.
Bei Mittelgroßen und Großen GmbHs ist zusätzlich ein Lagebericht anzufertigen.

Wissen

W 8.6: Körperschaftsteuer A

Wie hoch ist der KSt-Satz? Wie hoch ist die Mindest-KSt für AG und für GmbH?

W 8.7: Größenklasse von Kapitalgesellschaften A

Welche drei Kriterien bestimmen die Größenklasse einer Kapitalgesellschaft?

W 8.8: Spalten des Anlagenspiegels A

Welche Spalten soll ein Anlagenspiegel umfassen? Können Spalten, die nicht benötigt werden, weggelassen werden?

W 8.9: Spalte Abgänge B

Welcher Wert wird in der Spalte Abgänge eingesetzt?

W 8.10: Anlagen B

Welchen Wert sieht der Bilanzleser in Bezug auf Anlagen in der Bilanz?

W 8.11: Eigenkapitalquote und die Schuldentilgungsdauer C

Warum müssen im Zuge der Prüfung die Eigenkapitalquote und die Schuldentilgungsdauer ermittelt werden?

W 8.12: Bestätigungsvermerk C

Welchen Zweck hat der Bestätigungsvermerk im Zusammenhang mit der Abschlussprüfung?

W 8.13: Veröffentlichung des Jahresabschlusses C

Welche Kapitalgesellschaften müssen den Jahresabschluss nicht nur beim Firmenbuchgericht einreichen, sondern auch veröffentlichen?

W 8.14: Gewinnvortrag B

Wann kann es bei einer GmbH zu einem Gewinnvortrag kommen?

W 8.15: Anhang – Lagebericht [A]

Kreuzen Sie bitte an, ob die folgenden Informationen im Anhang oder im Lagebericht zu finden sind:

Tatbestand	Anhang	Lagerbericht
Hinweis, ob und in welcher Höhe und bis wann eine Kapital-erhöhung geplant ist.		
angewandte Bewertungs-methoden		
Aufgliederung des Material- und Personalaufwandes		
bei Anwendung des Umsatzkostenverfahrens		
Pauschalwertberichtigungen		
voraussichtliche Entwicklung der Konjunktur		
Entwicklung der Preise am Beschaffungsmarkt		
durchschnittliche Zahl der Angestellten und Arbeiter		

Ein kurzer Kompetenz-Check, bevor's weitergeht!

Kompetenz-Check

	☺	☺	☹
Ich weiß, welche zusätzlichen Informationen die Bilanz einer Kapital-gesellschaft enthalten muss.			
Ich kenne die Größenklassen der Kapitalgesellschaften.			
Ich weiß, welche größenabhängigen Zusatzangaben es im Jahresab-schluss von Kapitalgesellschaften gibt.			

8 Jahresabschlüsse

9 SONDERPROBLEME DES JAHRESABSCHLUSSES

Worum geht's in diesem Kapitel?

In den letzten Kapiteln haben wir uns mit den laufenden Jahresabschlussarbeiten beschäftigt. In diesem Kapitel wollen wir nun ausgewählte Sonderprobleme im Zusammenhang mit der Erstellung des Jahresabschlusses behandeln.

Wenn Sie dieses Kapitel bearbeitet haben,

- kennen Sie die Erfordernisse für den Jahresabschluss im Hinblick auf Gebäudeveränderungen,
- wissen Sie, welche Arbeiten im Zusammenhang mit Anzahlungen im Zuge der Bilanzierung vorzunehmen sind.

In diesem Kapitel erwerben Sie Kompetenzen zu folgender Bildungs- und Lehraufgabe:

„Die Schülerinnen und Schüler können einen Jahresabschluss in Hinblick auf ein möglichst getreues Bild der Vermögens-, Finanz- und Ertragslage des Unternehmens erstellen (Anschaffungs- und Herstellungskosten, Gebäude im Betriebsvermögen, Pkw im Betriebsvermögen, Rückstellung für nicht konsumierte Urlaube, Rückstellung für Produkthaftung, sonstige langfristige Rückstellungen, KSt-Rückstellung)."

In diesem Kapitel finden Sie Übungsaufgaben, praxisbezogene Fallbeispiele und Aufgaben zur Lernkontrolle zur Überprüfung Ihrer Kompetenzen auf den Handlungsebenen A Wiedergeben, B Verstehen, C Anwenden und D Analysieren und Interpretieren.

Lernen

1 Gebäudeveränderungen
Aktivierungspflichtig, Anlagegut oder Aufwand?

Ob Veränderungen (Einbau/Anbau/Erhaltung) in/an Gebäuden aktivierungspflichtig beim Gebäude, als eigenes Anlagegut zu aktivieren sind oder sofort als Aufwand verbucht werden können, hängt von verschiedenen Faktoren ab.

● **sofort als Aufwand verbucht**

werden können alle Beträge, die dazu dienen, das Gebäude in einem ordnungsmäßigen Zustand zu erhalten (**„Erhaltungsaufwand"**). Eine eventuelle Wertsteigerung des Gebäudes durch einen solchen Erhaltungsaufwand bleibt außer Ansatz.

Beispiele

Diese Abgrenzungen finden Sie nicht im UGB, sondern sie entstammen der Steuerpraxis und sind in den Steuerrichtlinien nachzulesen. Um bei Gebäudeveränderungen eine steuerliche MWR zu vermeiden, wird auch bei der Erstellung der Unternehmensbilanz nach diesen Richtlinien vorgegangen.

Neudeckung des Daches, auch wenn diese mit einem anderen Material erfolgt (statt mit herkömmlichen Dachziegeln mit Prefaplatten); Austausch eines Aufzuges, weil er den Sicherheitsbestimmungen nicht mehr entspricht, Innen- und Außenverputz des Gebäudes, Austausch des Zentralheizungskessels (auch wenn auf eine andere Brennstoffart umgestellt wird)

● **als selbständig bewertbares Wirtschaftsgut**

gelten alle Gebäudeinvestitionen, die mit dem Gebäude nur geringfügig verbunden sind. Ihre Entfernung würde die Substanz des Gebäudes nicht verletzten und den Wert des Gebäudes kaum verändern. Solche Gebäudeinvestitionen sind **als eigenes Wirtschaftsgut zu verbuchen und abzuschreiben.**

Beispiele

Einzelöfen, EDV-Leitungen in Aufputzkanälen, Telefonanlagen, Anbau in Leichtbauweise

● **nicht als selbständig bewertbar**

gelten alle Ein- und Anbauten, die mit dem Gebäude fest verbunden sind und die Nutzung des Gebäudes verändern (**„Herstellungsaufwand"**). Die Entfernung solcher Ein- und Anbauten würde die Substanz verletzen und den Wert des Gebäudes vermindern. Solche Gebäudeinvestitionen sind dem Gebäude zuzuordnen, d. h. **auf dem betreffenden Gebäudekonto zu verbuchen und mit dem Gebäude gemeinsam abzuschreiben** – vgl. später.

Beispiele

Einbau einer Zentralheizung, Einbau eines Lifts, Einbau von Rolltreppen, Umbauten im größeren Ausmaß wie Montage und Demontage von Wänden, Ausbau des Kellers, Ausbau des Dachgeschoßes, Aufstockung und Anbau in Festbauweise

Übung

Ü 9.1: Zuordnung

Ein Unternehmen hat sein Bürogebäude wie folgt verändert:
● Neudeckung des Daches – statt Ziegel wurde ein Prefa-Dach gewählt
● Einbau einer Zentralheizung
● Ausbau des Kellers in Garagen, Bau der Garageneinfahrt
● Wärmedämmung
● Ausmalen aller Räumlichkeiten
● Anbau einer Ausstellungshalle in Leichtbauweise

Ihre Aufgabe:

Kreuzen Sie jeweils jene Kategorie an, in die diese Änderungen einzuordnen sind.

bauliche Veränderung	als Aufwand zu verbuchen	selbständig bewertbar	nicht selbständig bewertbar
Neudeckung des Daches			
Einbau einer Zentralheizung			
Ausbau des Kellers zu Garagen			
Wärmedämmung			
Ausmalen der Räumlichkeiten			
Anbau einer Ausstellungshalle in Leichtbauweise			

Abschreibung des Herstellungsaufwands

Die Berechnung der Abschreibung des Herstellungsaufwands ist abhängig von seinem Umfang.

Auch hier ist selbstverständlich die Halbjahresregel für die Abschreibung zu beachten.

Herstellungsaufwand größer als Restbuchwert des Altgebäudes

Es kommt zur Verlängerung der Restnutzungsdauer – der Herstellungsaufwand sowie der Restbuchwert des ursprünglichen Gebäudes sind auf die verlängerte Restnutzungsdauer abzuschreiben.

Beispiel

Restbuchwert vor den baulichen Veränderungen: € 200.000,–
Restnutzungsdauer des alten Gebäudes: 10 Jahre
Wert der baulichen Veränderungen: € 300.000,–
Es wird von einer verlängerten Restnutzungsdauer ausgegangen (z. B. 25 Jahre – auf die das Altgebäude gemeinsam mit dem aktivierten Herstellungsaufwand abzuschreiben ist).

Herstellungsaufwand kleiner als Restbuchwert des Altgebäudes

Der Herstellungsaufwand ist auf die Restnutzungsdauer des Altgebäudes abzuschreiben.

Beispiel

Restbuchwert vor den baulichen Veränderungen: € 400.000,–
Restnutzungsdauer des alten Gebäudes: 15 Jahre
Wert der baulichen Veränderungen: € 100.000,–
Diese bauliche Veränderung wird auf 15 Jahre abgeschrieben.

Übung

Ü 9.2: Verbuchung und Abschreibung von Gebäudeinvestitionen

Die Textilfabrik „Stoffwerk" hat am 25. April 2013 ein Grundstück mit einer Produktionshalle in Waidhofen/Thaya für die Eröffnung eines Zweigwerkes gekauft.
Kaufpreis € 290.000,– (davon € 90.000,– Grundwert), Notariatskosten € 4.200,–, Grunderwerbsteuer € 10.150,–, Eintragungsgebühr € 2.900,–.
Im Jahr 2016 wird dazu ein Zubau errichtet, der am 20. 9. 2016 in Betrieb genommen wird. Die Kosten des Zubaus betragen € 100.000,– + 20 % USt.

Ihre Aufgaben:

● Ermitteln Sie in nachvollziehbarer Form den tatsächlichen Anschaffungswert der Produktionshalle.

● Ermitteln Sie in nachvollziehbarer Form die Gesamtabschreibung für 2016 für die Halle samt Zubau. ND 33 ⅓ Jahre

Variante:

Der Zubau (gleicher Preis) wird im Jahr 2019 errichtet und am 10. 5. 2019 in Betrieb genommen. Gehen Sie von der Annahme aus, dass durch diesen Zubau eine Verlängerung der Restnutzungsdauer auf 20 Jahre anzunehmen ist.

9 Sonderprobleme Jahresabschluss

SbX
Ein weiteres Übungs-
beispiel finden Sie
unter der ID: 0910.

Ihre Aufgabe:
Ermitteln Sie in nachvollziehbarer Form die Gesamtabschreibung für 2019 für die Halle samt Zubau.

2 Bilanzierung von Anzahlungen

Wir gehen davon aus, dass Sie wissen, dass Anzahlungen umsatzsteuerpflichtig sind. Wir gehen weiters davon aus, dass Sie einen Kauf bzw. einen Verkauf, in dessen Zusammenhang auch eine Anzahlung geleistet oder erhalten wurde, verbuchen können.

Wir beschränken uns daher hier auf die Wiederholung solcher Geschäftsfälle in Form einer Struktur und eines Erläuterungsbeispiels.

Vorweg jedoch die gesetzliche Grundlage.

§ 19 (2), 2. Absatz UStG:
„Wird das Entgelt oder ein Teil des Entgeltes vereinnahmt, bevor die Leistung ausgeführt worden ist, so entsteht insoweit die Steuerschuld mit Ablauf des Voranmeldungszeitraumes, in dem das Entgelt vereinnahmt worden ist."

Das heißt, der Verkäufer muss, wenn er die Anzahlung erhält, die darin enthaltene Umsatzsteuer als Verbindlichkeit gegenüber dem Finanzamt ausweisen.

§ 12 (1) UStG:
„Der Unternehmer kann die folgenden Vorsteuerbeträge abziehen:

1. Die von anderen Unternehmern in einer Rechnung an ihn gesondert ausgewiesene Steuer für Lieferungen oder sonstige Leistungen, die im Inland für sein Unternehmen ausgeführt worden sind. Soweit der gesondert ausgewiesene Steuerbetrag auf eine Zahlung vor Ausführung dieser Umsätze entfällt, ist er bereits abziehbar, wenn die Rechnung vorliegt und die Zahlung geleistet worden ist."

Das heißt, der Käufer, der laut Kaufvertrag eine Anzahlung zu leisten hat, wartet auf eine dafür entsprechend ausgestellte Rechnung.

Möglicher Rechnungsausschnitt:

Natürlich muss auch die Rechnung für die Anzahlung allen Kriterien einer Rechnung lt. UStG entsprechen, damit der Käufer einen Vorsteuerabzug vornehmen kann.

Anzahlung zu Auftrag Nr. 468	
Nettobetrag	€ 20.000,–
zuzüglich 20 % USt	€ 4.000,–
	€ 24.000,–
Überweisung bis spätestens 20.10.2015	

Zu dem Zeitpunkt, zu dem der Käufer diese Anzahlung leistet, kann er die darin enthaltene Umsatzsteuer als Vorsteuer geltend machen.

Buchungen, wenn Anzahlung und Lieferung im gleichen Geschäftsjahr erfolgen

Es gibt verschiedene Buchungstechniken. Wir verwenden jene mit der Einschaltung eines Verrechnungs- oder Interimskontos. Es handelt sich dabei um ein Zwischenkonto, egal welche Bezeichnung dafür gewählt wird.

Buchungen beim Käufer: Anzahlung und Lieferung im gleichen Geschäftsjahr

Der Käufer bucht:

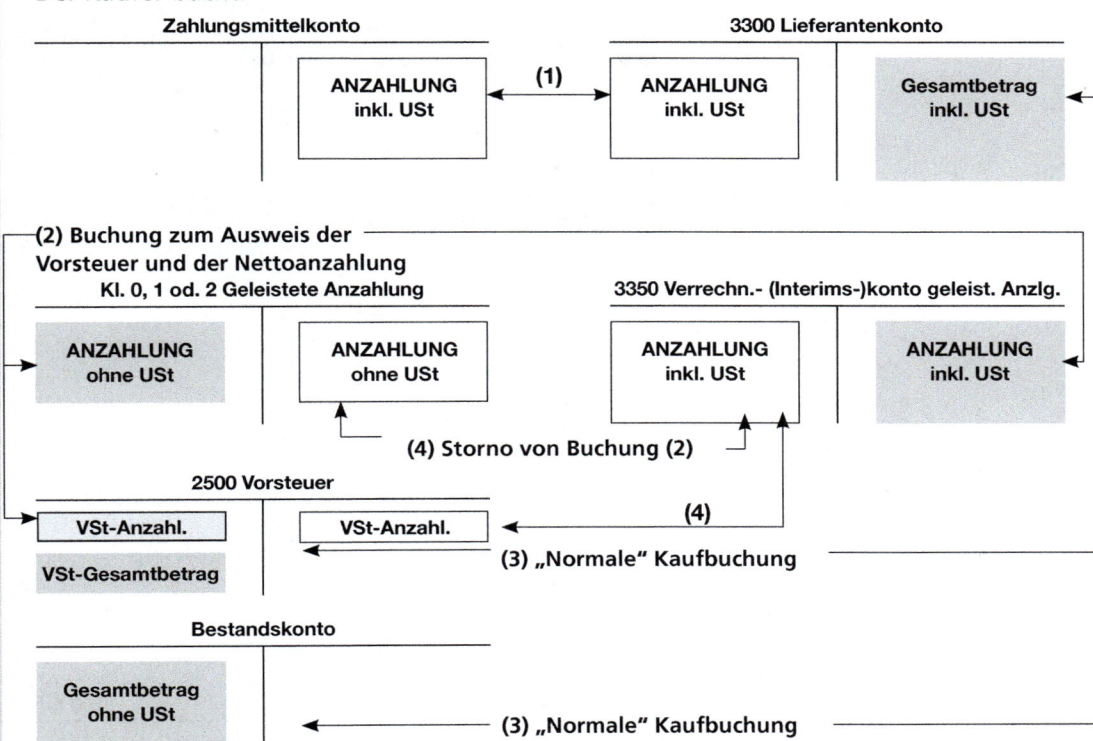

SbX

Zusätzliche Erläuterungen zu diesen Grafiken und weitere Übungsbeispiele finden Sie unter der ID: 0910.

Erläuterungsbeispiel

Sport Lustig bestellt am 12. 10. für die neue Filiale in Wien 10 beim Ladeneinrichter Umdasch (33045) in Amstetten Ladeneinrichtung im Gesamtwert von € 60.000,– + 20 % USt. Im Kaufvertrag wird eine Anzahlung von € 20.000,– + 20 % USt vereinbart. Die Lieferung erfolgt frei Haus Anfang Dezember, die Restzahlung hat sofort nach Übernahme der Ware zu erfolgen.

Am 16. 10. erhält Sport Lustig die Rechnung über die Anzahlung (vgl. vorige Seite) und überweist sofort.

Am 5. 12. wird die Ladeneinrichtung geliefert, die Rechnung wird bei der Lieferung übergeben.

Rechnungsausschnitt

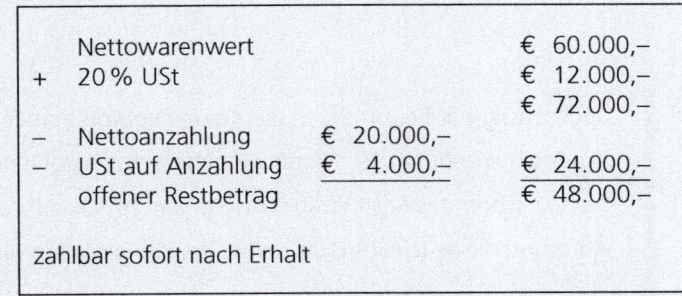

	Nettowarenwert		€ 60.000,–
+	20 % USt		€ 12.000,–
			€ 72.000,–
–	Nettoanzahlung	€ 20.000,–	
–	USt auf Anzahlung	€ 4.000,–	€ 24.000,–
	offener Restbetrag		€ 48.000,–

zahlbar sofort nach Erhalt

Sport Lustig überweist am 7. 12. den Restbetrag.

Aufgrund obiger Angaben ergeben sich nach den Buchungen folgende Kontenbilder:

33045 Umdasch

Dat.	Text	Soll	Haben
16. 10.	2800	24.000	
5. 12.	0660, 2500		72.000
7. 12.	2800	48.000	

2800 Bank

Dat.	Text	Soll	Haben
	Div.	80.000	
16. 10.	33045		24.000
7. 12.	33045		48.000

9 Sonderprobleme Jahresabschluss

0700 Geleist. Anzahlung auf Sachanlagen

Dat.	Text	Soll	Haben
16.10.	3350	20.000	
5.12.	3350		20.000

3350 Verrechn.-(Interims-)konto geleist. Anzlg.

Dat.	Text	Soll	Haben
16.10.	0700, 2500		24.000
5.12.	0700, 2500	24.000	

0600 Geschäftseinrichtung

Dat.	Text	Soll	Haben
5.12.	33045	60.000	

2500 Vorsteuer

Dat.	Text	Soll	Haben
16.10.	3350	4.000	
5.12.	33045	12.000	
5.12.	3350		4.000

Buchungen beim Verkäufer: Anzahlung und Lieferung im gleichen Geschäftsjahr

Der Verkäufer bucht:

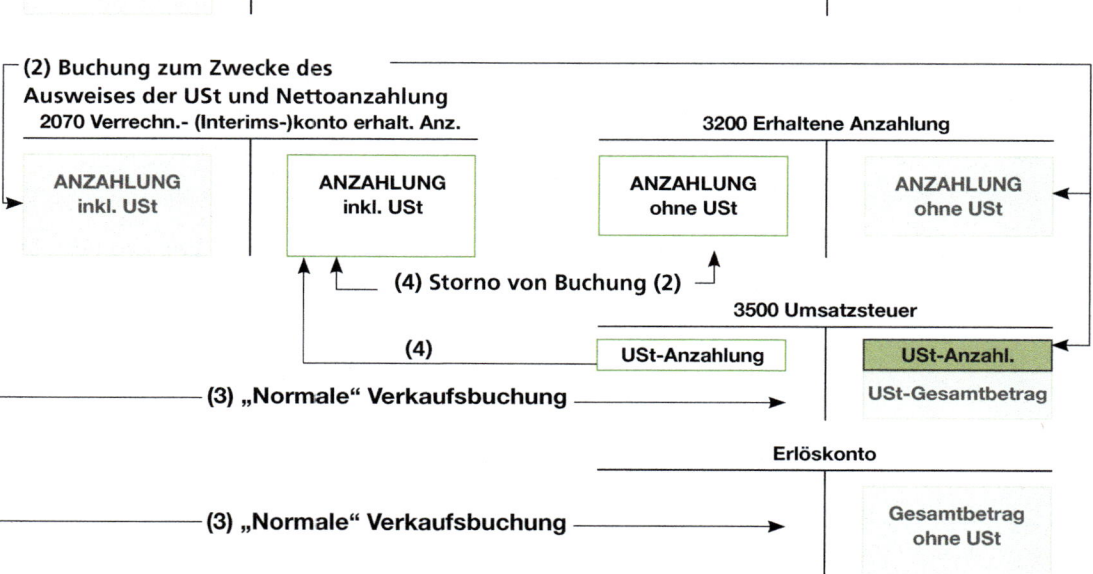

Erläuterungsbeispiel

Sport Lustig hat bei Umdasch die Kundenkontonummer 20067.

Umdasch ersieht am 19.10. die Gutschrift der Anzahlung auf seinem Bankkonto.

Die Gutschrift des Restbetrages erfolgt am 10.12. auf seinem Bankkonto.

Aufgrund dieser leicht modifizierten Angabe ergeben nach den Buchungen folgende Kontenbilder:

20067 Sport Lustig

Dat.	Text	Soll	Haben
19.10.	2800		24.000
5.12.	4000, 3500	72.000	
10.12.	2800		48.000

2800 Bank

Dat.	Text	Soll	Haben
19.10.	20067	24.000	
10.12.	20067	48.000	

2070 Verrechn.-(Interims-)konto erh. Anzlg.

Dat.	Text	Soll	Haben
19.10.	3200, 3500	24.000	
5.12.	3200, 3500		24.000

3200 Erhaltene Anzahlung

Dat.	Text	Soll	Haben
19.10.	2070		20.000
5.12.	2070	20.000	

4000 Umsatzerlöse

Dat.	Text	Soll	Haben
5.12.	33045	60.000	

3500 Umsatzsteuer

Dat.	Text	Soll	Haben
19.10.	2070		4.000
5.12.	20067		12.000
5.12.	2070	4.000	

Buchungen, wenn Anzahlung und Lieferung nicht im gleichen Geschäftsjahr erfolgen

In einem solchen Fall erfolgt im Abschlussjahr Schritt 1 und 2 aus unserer Grafik, die Schritte 3 und 4 aber erst im Folgejahr. Damit ergibt sich die Frage, was mit den „Anzahlungskonten" im Rahmen der Bilanzierung zu erfolgen hat.

Sie wissen, dass die Umsätze der Personenkonten monatlich in Summe auf die Hauptbuchsammelkonten übertragen werden – natürlich auch die erfolgten bzw. erhaltenen Anzahlungen. In unserem Erläuterungsbeispiel hätte dies folgendes Aussehen:

auf Käuferseite:

33045 Umdasch

Dat.	Text	Soll	Haben
16.10.	2800	24.000	
5.12.	0660, 2500		72.000
7.12.	2800	48.000	

auf Verkäuferseite:

20067 Sport Lustig

Dat.	Text	Soll	Haben
19.10.	2800		24.000
5.12.	4000, 3500	72.000	
10.12.	2800		48.000

3300 Lieferverbindlichkeiten, Sammelkonto

Dat.	Text	Soll	Haben
1.1.	9800		50.000
1–9	Ü 1–9	210.000	280.000
31.10.	Ü 10	24.000	
31.12.	Ü 12	48.000	72.000

2000 Lieferforderungen, Sammelkonto

Dat.	Text	Soll	Haben
1.1.	9800	124.000	
1–9	Ü 1–9	536.000	460.000
31.10.	Ü 10		24.000
31.12.	Ü 12	72.000	48.000

Beachten Sie: Wir haben zur eindeutigen Darstellung bewusst nur den Übertrag des einen Personenkontos dargestellt. In der Praxis würden die Beträge natürlich in Monatssummen enthalten sein.

Ihre Aufgabe:

Ermitteln Sie den jeweiligen Saldo der Sammelkonten nach dem Übertrag 9 sowie am 31.12.

Sie werden feststellen, dass er gleich hoch ist.

Wie sieht es aber aus, wenn die Ware erst im nächsten Jahr geliefert wird? Wir stellen Ihnen dies wieder auf den beiden Konten dar.

auf Käuferseite:

33045 Umdasch

Dat.	Text	Soll	Haben
16.10.	2800	24.000	

auf Verkäuferseite:

20067 Sport Lustig

Dat.	Text	Soll	Haben
19.10.	2800		24.000

3300 Lieferverbindlichkeiten, Sammelkonto

Dat.	Text	Soll	Haben
1.1.	9800		50.000
1–9	Ü 1–9	210.000	280.000
31.10.	Ü 10	24.000	

2000 Lieferforderungen, Sammelkonto

Dat.	Text	Soll	Haben
1.1.	9800	124.000	
1–9	Ü 1–9	536.000	460.000
31.10.	Ü 10		24.000

Wenn Sie jetzt den Saldo bilden, hätten der Käufer geringere Lieferverbindlichkeiten und der Verkäufer geringere Forderungen, was natürlich nicht stimmt.

Um die Forderungen und Verbindlichkeiten in der richtigen Höhe auszuweisen, wird daher das Verrechnungs-(Interims-)konto gegen das Sammelkonto abgeschlossen. Durch diese Buchung werden die Forderungen und Verbindlichkeiten in ihrer tatsächlichen Höhe ausgewiesen.

Erforderliche Buchungen im Abschlussjahr

auf Käuferseite:

3300 Lieferverbindlichkeiten, Sammelkto

Dat.	Text	Soll	Haben
1.1.	9800		50.000
1–9	Ü 1-9	210.000	280.000
31.10.	Ü 10	24.000	
31.12.	3370		24.000

auf Verkäuferseite:

2000 Lieferforderungen, Sammelkonto

Dat.	Text	Soll	Haben
1.1.	9800	124.000	
1–9	Ü 1–9	536.000	460.000
31.10.	Ü 10		24.000
31.12.	2070	24.000	

3370 Verrechn.-(Interims-)konto geleist. Anzlg.

Dat.	Text	Soll	Haben
16.10.	0700, 2500		24.000
31.12.	3300	24.000	

2070 Verrechn.-(Interims-)konto erh. Anzlg.

Dat.	Text	Soll	Haben
19.10.	3200, 3500	24.000	
31.12.	2000		24.000

Ihre Aufgabe:

Bilden Sie den Saldo auf den Sammelkonten und schließen Sie diese am 31.12. ab.

Die Konten erhaltene bzw. geleistete Anzahlung werden gegen das Schlussbilanzkonto abgeschlossen.

0700 Geleist. Anzahlung auf Sachanlagen

Dat.	Text	Soll	Haben
16.10.	3350	20.000	
31.12.	9850		20.000

3200 Erhaltene Anzahlung

Dat.	Text	Soll	Haben
19.10.	2070		20.000
31.12.	9850	20.000	

Beachten Sie: Das Vorsteuer- und das Umsatzsteuerkonto sind jeweils am Monatsende gegen das Zahllastkonto saldiert worden.

Im Zuge der Bilanzierung sind daher folgende Buchungen erforderlich:

Auf Käuferseite:

> 3350 Verr.-(Interims-)konto geleistete Anzahlung / 3300 Lieferverbindlichkeiten

> 9850 SBK / 0, 1 oder 2 geleistete Anzahlungen

Auf Verkäuferseite:

> 2000 Lieferforderungen / 2070 Verr.-(Interims-)konto erhaltene Anzahlungen

> 3200 Erhaltene Anzahlungen / 9850 SBK

Scheint in einer Saldenliste das „Verrechnungs-(Interims-)konto erhaltene oder geleistete Anzahlungen" auf, ist dieses Konto in der Umbuchungsliste gegen das jeweilige Hauptbuchsammelkonto umzubuchen. Diese Buchung hat selbstverständlich keine Auswirkung auf den Jahreserfolg.

Grafische Darstellung der Bilanzierung von Anzahlungen

Bilanzierung von Anzahlungen

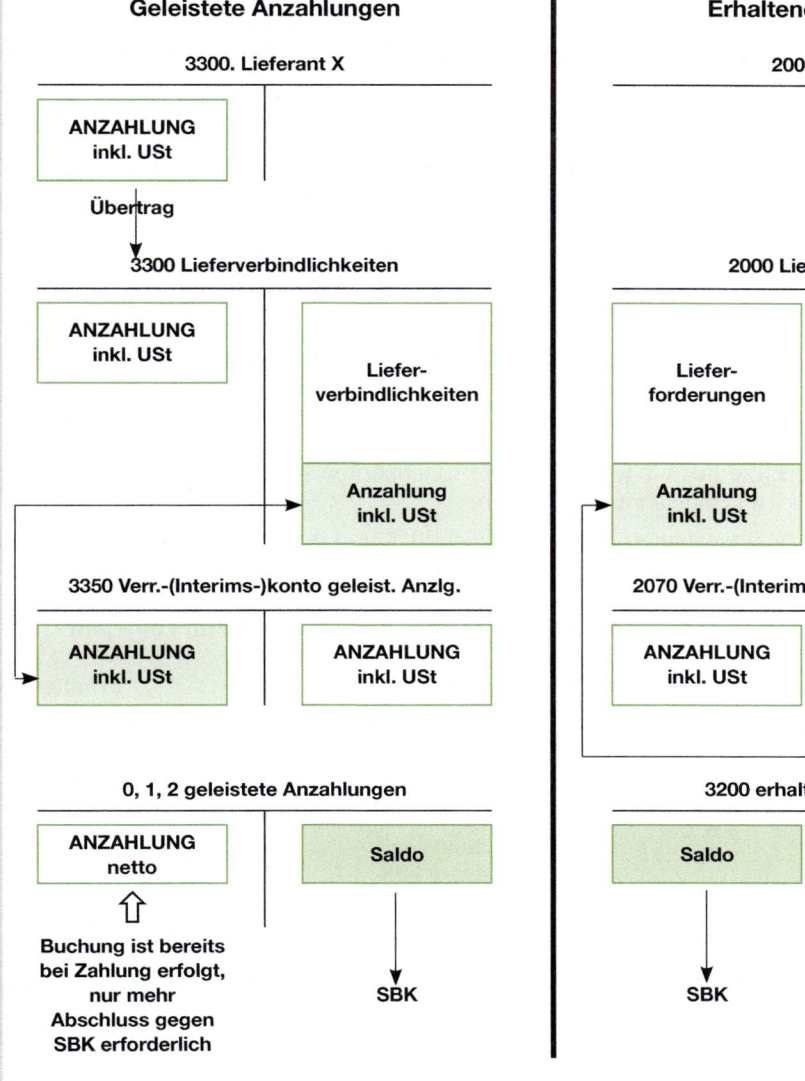

Erforderliche Buchungen im Folgejahr

Die Bestandskonten werden wieder eröffnet, d. h. die Sammelkonten und die Anzahlungskonten. Die Verrechnungs-(Interims-)konten werden wieder aus den Sammelkonten herausgelöst.

Danach zeigt sich wieder das gleiche Kontenbild wie vor dem Abschluss.

auf Käuferseite:

3300 Lieferverbindlichkeiten, Sammelkonto

Dat.	Text	Soll	Haben
1.1.	9800		120.000
1.1.	3350	24.000	

3350 Verr.-(Interims-)kto. geleist. Anzlg.

Dat.	Text	Soll	Haben
1.1.	3300		24.000

0700 Geleist. Anzahlung auf Sachanlagen

Dat.	Text	Soll	Haben
1.1.	9800	20.000	

auf Verkäuferseite:

2000 Lieferforderungen, Sammelkonto

Dat.	Text	Soll	Haben
1.1.	9800	200.000	
5.12.	2070		24.000

2070 Verr.-(Interims-)kto. erhaltene Anzlg.

Dat.	Text	Soll	Haben
1.1.	2000	24.000	

3200 Erhaltene Anzahlung

Dat.	Text	Soll	Haben
1.1.	9800		20.000

Im Zuge der Eröffnung der Konten sind daher folgende Buchungen erforderlich:

Auf Käuferseite:

> 3300 Lieferverbindlichketen / 3350 Verr.-(Interims-)konto geleistete Anzahlung

> 0, 1 oder 2 geleistete Anzahlungen / 9800 EBK

Auf Verkäuferseite:

> 2070 Verr.-(Interims-)konto erhaltene Anzahlungen / 2000 Lieferforderungen

> 9800 EBK / 3200 Erhaltene Anzahlungen

Beachten Sie:

- Die Buchungen auf den Personenkonten sind erhalten geblieben – Personenkonten werden im Folgejahr übernommen.
- Die weiteren Buchungen (Schritt 3 und 4 unserer ursprünglichen Grafik) erfolgen genauso, wie Sie es bereits gelernt haben.

Grafische Darstellung der Eröffnung der Konten im Folgejahr

Anzahlungen: Eröffnung der Konten im Folgejahr

Geleistete Anzahlungen	**Erhaltene Anzahlungen**

3300 Lieferverbindlichkeiten

ANZAHLUNG inkl. USt

Eröffnung gegen EBK

3350 Verr.-(Interims-)konto geleist. Anzlg.

Anzahlung inkl. USt

0, 1, 2 Geleistete Anzahlungen

ANZAHLUNG netto

Eröffnung über EBK

2000 Lieferforderungen

Eröffnung gegen EBK

ANZAHLUNG inkl. USt

2070 Verr.-(Interims-)konto erhaltene Anzlg.

Anzahlung inkl. USt

3200 Erhaltene Anzahlungen

ANZAHLUNG inkl. USt

Eröffnung über EBK

Erläuterungsbeispiel Fortsetzung

Wir gehen von der Annahme aus, dass die Lieferung der Ladeneinrichtung erst am 10. 1. des Folgejahres erfolgt.

Lustig überweist den ausstehenden Rechnungsbetrag am 12. 1.

Umdasch erhält diese Überweisung am 15. 1.

Ihre Aufgabe

Stellen Sie die im Folgejahr noch erforderlichen Buchungen (Lieferung und Rechnungsausgleich) auf den untenstehenden Konten dar.

Der Käufer, Sport Lustig, bucht:

33045 Umdasch

Dat.	Text	Soll	Haben
	2800	24.000	

2800 Bank

Dat.	Text	Soll	Haben
1.1.	9800	56.000	

0700 Geleist. Anzahlung auf Sachanlagen

Dat.	Text	Soll	Haben
1.1.	9800	20.000	

3350 Verrechn.-(Interims-)konto geleist. Anzlg.

Dat.	Text	Soll	Haben
1.1.	3300		24.000

Dat.	Text	Soll	Haben

Dat.	Text	Soll	Haben

Der Verkäufer, Umdasch, bucht:

20067 Sport Lustig

Dat.	Text	Soll	Haben
19.10.	2800		24.000

Dat.	Text	Soll	Haben

2070 Verr.-(Interims-)konto erh. Anzlg.

Dat.	Text	Soll	Haben
1.1.	2000	24.000	

3200 Erhaltene Anzahlung

Dat.	Text	Soll	Haben
1.1.	9800		20.000

Dat.	Text	Soll	Haben

Dat.	Text	Soll	Haben

Übung

Die vorgegebenen Konten für die Lösung dieses Beispiels sowohl für das Abschluss- als auch für das Folgejahr finden Sie unter der ID: 0910.

Ü 9.3: Geleistete Anzahlung – Lieferung im Folgejahr

Die Manner AG erteilt der Maschinenfabrik Haas (33012) den Auftrag zum Bau und zur Lieferung einer Waffelerzeugungsmaschine.

Auszug aus dem Kaufvertrag:

- Waffelmaschine XZ 2.000 € 400.000,– + 20 % USt ab Werk
- Zustellung und Montage € 20.000,– + 20 % USt
- Anzahlung bei Auftragserteilung ¼ des Maschinenpreises
- Die Lieferung erfolgt ca. 2 Monate nach Eingang der Anzahlung.
- Vom offenen Restbetrag der Waffelmaschine kann bei Überweisung innerhalb von 10 Tagen 3 % Skonto abgezogen werden – es wird ein Ziel von 60 Tagen für den gesamten Restbetrag gewährt.

Am 12.11. trifft die Rechnung über die Anzahlung in Höhe von € 100.000,– + 20 % USt ein. Manner überweist sofort.

Am 15.2. des Folgejahres wird die Maschine geliefert. Rechnungsausschnitt:

Waffelmaschine XZ 2.000		€ 400.000,–
Zustellung und Montage		€ 20.000,–
		€ 420.000,–
zuzüglich 20 % USt		€ 84.000,–
		€ 504.000,–
– Anzahlung netto	€ 100.000,–	
+ 20 % USt	€ 20.000,–	€ 120.000,–
offener Rest		€ 384.000,–

Ihre Aufgaben:

Stellen Sie alle Buchungen einschließlich des Übertrages des Lieferantenkontos auf das Hauptbuchsammelkonto im Abschlussjahr dar und schließen Sie alle verwendeten Konten ab.

Eröffnen Sie die Hauptbuchkonten im Folgejahr und stellen Sie alle Buchungen im Zusammenhang mit der Lieferung und dem Rechnungsausgleich dar. Manner nimmt den Skonto in Anspruch. Die Überweisung erfolgt am 25.2. Diese Buchungen können Sie auch nur in Form von Buchungssätzen darstellen.

Übung

Die vorgegebenen Konten für die Lösung dieses Beispiels sowohl für das Abschluss- als auch für das Folgejahr finden Sie unter der ID: 0910.

Ü 9.4: Erhaltene Anzahlung – Lieferung im Folgejahr

Die BergerBauAG schließt mit Manner (20018) einen Vertrag über die Errichtung eines Verkaufskiosks auf dem Betriebsgrundstück in Wien 17 ab.
Der Kostenvoranschlag lautet auf € 190.000,– + 20 % USt. Es ist eine Anzahlung in Höhe von 20 % des veranschlagten Kaufpreises zu leisten. Die Bauausführung wird ca. 4 Monate dauern. Am 17.10. erhält BergerBau die geforderte Anzahlung.
Die Fertigstellung und Rechnungslegung (Gesamtbaukosten € 184.600,– + 20 % USt) erfolgt am 12.2. des Folgejahres. Der offene Rechnungsbetrag geht am 21.3. auf dem Bankkonto der BergerBau ein.

Ihre Aufgaben:

● Stellen Sie alle Buchungen einschließlich des Übertrages des Kundenkontos auf das Hauptbuchsammelkonto im Abschlussjahr dar und schließen Sie alle verwendeten Konten ab.

● Eröffnen Sie die Hauptbuchkonten und stellen Sie alle Buchungen im Zusammenhang mit der Lieferung und dem Rechnungsausgleich dar. Diese Buchungen können Sie auch nur in Form von Buchungssätzen darstellen.

Übung

Die vorgegebenen Konten für die Lösung dieses Beispiels sowohl für das Abschluss- als auch für das Folgejahr finden Sie unter der ID: 0910.

Ü 9.5: Erforderliche Umbuchungen aufgrund von erhaltenen und geleisteten Anzahlungen

Ausschnitt aus der Saldenliste

KtoNr.	Kontobezeichnung	Soll	Haben
1800	Geleistete Anzahlungen Vorräte	30.000,00	
2000	Forderungen Lieferungen u. L. Inland	330.000,00	
2070	Interimskonto erhaltene Anzahlungen	15.000,00	
3200	Erhaltene Anzahlungen		12.500,00
3300	Verbindlichkeiten L+L Inland		456.600,00
3350	Interimskonto geleistete Anzahlungen		36.000,00

Ihre Aufgabe:

Stellen Sie in der Buchungsliste die erforderlichen Umbuchungen zum richtigen Ausweis der Lieferforderungen und Lieferverbindlichkeiten in der Bilanz dar.

Buchungsliste				Datum: 31.12.20..			
Beleg	Soll Konto Nr.	Haben Konto Nr.	Buchungstext	Betrag	+	–	0

Üben

Ü 9.6: Erhaltungsaufwand – Herstellungsaufwand C

Inwiefern besteht ein Unterschied zwischen „Erhaltungsaufwand" und „Herstellungsaufwand"? Gehen Sie vor allem auf die buchungstechnischen Unterschiede ein.

Ü 9.7: Buchwert zu Jahresmitte D

Wieso ist es manchmal im Zusammenhang mit Zusatzinvestitionen erforderlich, sich den Buchwert zu Jahresmitte auszurechnen?

Ü 9.8: Verrechnungs- oder Interimskonto erhaltene bzw. geleistete Anzahlungen D

Erläutern Sie, warum sowohl für erhaltene als auch für geleistete Anzahlungen ein „Verrechnungs- oder Interimskonto erhaltene bzw. geleistete Anzahlungen" geführt wird.

Ü 9.9: Abschluss der Verrechnungs- bzw. Interimskonten C

Begründen Sie, warum diese Verrechnungs- bzw. Interimskonten nicht gegen SBK abgeschlossen werden?

Ü 9.10: Konten für geleistete Anzahlungen C

„Konten für geleistete Anzahlungen findet man in den Kontenklassen 0, 1 und 2." Bitte erklären Sie diese Aussage.

 Sichern

Bilanzierung von Anzahlungen

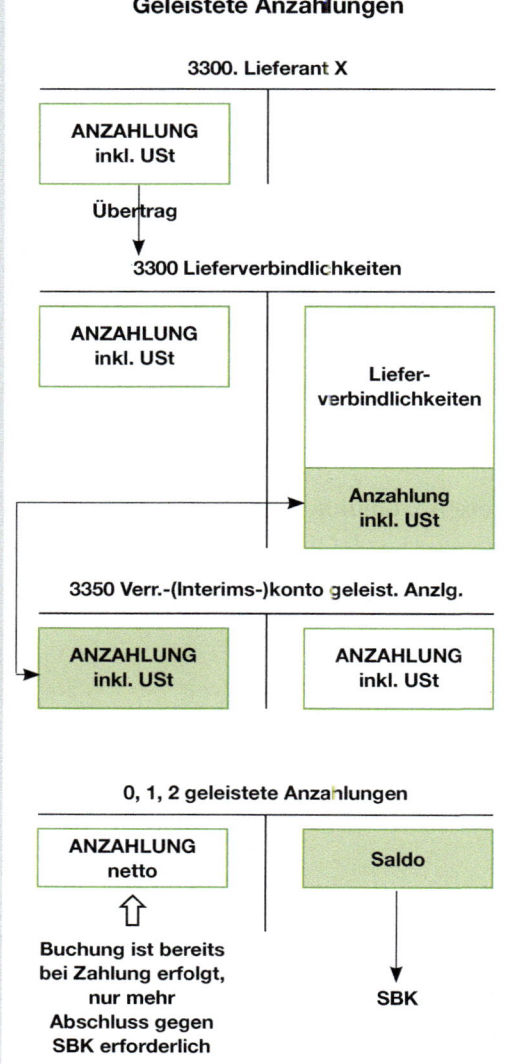

Geleistete Anzahlungen

3300. Lieferant X

| ANZAHLUNG inkl. USt | |

Übertrag

3300 Lieferverbindlichkeiten

| ANZAHLUNG inkl. USt | Liefer-verbindlichkeiten |
| | Anzahlung inkl. USt |

3350 Verr.-(Interims-)konto geleist. Anzlg.

| ANZAHLUNG inkl. USt | ANZAHLUNG inkl. USt |

0, 1, 2 geleistete Anzahlungen

| ANZAHLUNG netto | Saldo |

⇧

Buchung ist bereits bei Zahlung erfolgt, nur mehr Abschluss gegen SBK erforderlich

SBK

Erhaltene Anzahlungen

2000. Kunde X

| | ANZAHLUNG inkl. USt |

Übertrag

2000 Lieferforderungen

| Liefer-forderungen | ANZAHLUNG inkl. USt |
| Anzahlung inkl. USt | |

2070 Verr.-(Interims-)konto erhaltene Anzlg.

| ANZAHLUNG inkl. USt | ANZAHLUNG inkl. USt |

3200 erhaltene Anzahlungen

| Saldo | ANZAHLUNG netto |

⇧

Buchung ist bereits bei Zahlung erfolgt, nur mehr Abschluss gegen SBK erforderlich

SBK

 Wissen

 ⊕ A B C D E

W 9.1: Buchwert geringer als Anschaffungswert C

Der Buchwert des alten Gebäudes ist geringer als der Anschaffungswert der Aufstockung. Wie ist hier bei der Berechnung der Abschreibung vorzugehen?

W 9.2: Buchwert höher als Anschaffungswert C

Der Buchwert des alten Gebäudes ist wesentlich höher als der Anschaffungswert des Zubaues. Beschreiben Sie den Vorgang bei der Berechnung der Abschreibung.

W 9.3: Gebäudeänderungen C

Geben Sie je ein Beispiel für Gebäudeänderungen,

- die sofort als Aufwand absetzbar sind,
- die als eigenes Wirtschaftsgut angesehen werden können und
- die mit dem ursprünglichen Gebäude gemeinsam abzuschreiben sind.

W 9.4: Erhaltene Anzahlungen für Lieferungen im Folgejahr C

Erfolgt die Lieferung der angezahlten Ware erst im Folgejahr, müssen welche Konten im Zusammenhang mit der erhaltenen Anzahlung wie (gegen welches Konto) eröffnet werden?

W 9.5: Geleistete Anzahlungen für Lieferungen im Folgejahr C

Erfolgt der Erhalt der angezahlten Ware erst im Folgejahr, müssen welche Konten im Zusammenhang mit der geleisteten Anzahlung wie (gegen welches Konto) eröffnet werden?

Ein kurzer Kompetenz-Check, bevor's weitergeht!

Kompetenz-Check

	☺	☺	☹
Ich kann die Problematik im Zusammenhang mit Gebäudeveränderungen darstellen.			
Ich kann erklären, wie Anzahlungen im Jahresabschluss zu behandeln sind.			

Buchungsliste   **Name:** _____

Nr.	Soll-Konto	Haben-Konto	Buchungstext	Betrag	Auswirkung auf den Erfolg		

Anschaf-fungskosten bzw. Herstel-lungskosten am Beginn des Ge-schäftsjahres	Zugänge	aktivierte Zinsen	Abgänge	Um-buchungen	Anschaf-fungskosten bzw. Herstel-lungskosten am Ende des Geschäfts-jahres	Kum. Ab-schreibung zu Beginn des Ge-schäftsjahres	Kum. Ab-schreibung zum Ende des Ge-schäftsjahres	Buchwert Vorjahr	Zuschreibung	Abschrei-bung des Ge-schäftsjahres	Buchwert zum Jahres-ende

Bilanzgliederung gem. § 224 (2) UGB

AKTIVA

A. Anlagevermögen:

I. Immaterielle Vermögensgegenstände:
1. Konzessionen, gewerbliche Schutzrechte und ähnliche Rechte und Vorteile sowie daraus abgeleitete Lizenzen
2. Geschäfts-(Firmen-)wert
3. geleistete Anzahlungen

II. Sachanlagen:
1. Grundstücke, grundstücksgleiche Rechte und Bauten, einschließlich der Bauten auf fremdem Grund
2. technische Anlagen und Maschinen
3. andere Anlagen, Betriebs- und Geschäftsausstattung
4. geleistete Anzahlungen und Anlagen in Bau

III. Finanzanlagen:
1. Anteile an verbundenen Unternehmen
2. Ausleihungen an verbundene Unternehmen
3. Beteiligungen
4. Ausleihungen an Unternehmen, mit denen ein Beteiligungsverhältnis besteht
5. Wertpapiere (Wertrechte) des Anlagevermögens
6. sonstige Ausleihungen

B. Umlaufvermögen:

I. Vorräte:
1. Roh-, Hilfs- und Betriebsstoffe
2. unfertige Erzeugnisse
3. fertige Erzeugnisse und Waren
4. noch nicht abrechenbare Leistungen
5. geleistete Anzahlungen

II. Forderungen und sonstige Vermögensgegenstände:
1. Forderungen aus Lieferungen und Leistungen
2. Forderungen gegenüber verbundenen Unternehmen
3. Forderungen gegenüber Unternehmen, mit denen ein Beteiligungsverhältnis besteht
4. sonstige Forderungen und Vermögensgegenstände

III. Wertpapiere und Anteile:
1. Anteile an verbundenen Unternehmen
2. sonstige Wertpapiere und Anteile

IV. Kassenbestand, Schecks, Guthaben bei Kreditinstituten

C. Rechnungsabgrenzungsposten

D. Aktive latente Steuern

Bilanzgliederung gem. § 224 (3) UGB

PASSIVA

A. Eigenkapital:

I. eingefordertes Nennkapital (Grund-, Stammkapital)

II. Kapitalrücklagen:
1. gebundene
2. nicht gebundene

III. Gewinnrücklagen:
1. gesetzliche Rücklage
2. satzungsmäßige Rücklagen
3. andere Rücklagen (freie Rücklagen)

IV. Bilanzgewinn (Bilanzverlust), davon Gewinnvortrag/Verlustvortrag

B. Rückstellungen:
1. Rückstellungen für Abfertigungen
2. Rückstellungen für Pensionen
3. Steuerrückstellungen
4. sonstige Rückstellungen

C. Verbindlichkeiten:
1. Anleihen, davon konvertibel
2. Verbindlichkeiten gegenüber Kreditinstituten
3. erhaltene Anzahlungen auf Bestellungen
4. Verbindlichkeiten aus Lieferungen und Leistungen
5. Verbindlichkeiten aus der Annahme gezogener Wechsel und der Ausstellung eigener Wechsel
6. Verbindlichkeiten gegenüber verbundenen Unternehmen
7. Verbindlichkeiten gegenüber Unternehmen, mit denen ein Beteiligungsverhältnis besteht
8. sonstige Verbindlichkeiten
   davon aus Steuern
   davon im Rahmen der sozialen Sicherheit

D. Rechnungsabgrenzungsposten

Gewinn- und Verlustrechnung Gliederung § 231. (2) UGB (Gesamtkostenverfahren)

1. Umsatzerlöse
2. Veränderung des Bestands an fertigen und unfertigen Erzeugnissen sowie an noch nicht abrechenbaren Leistungen
3. andere aktivierte Eigenleistungen
4. sonstige betriebliche Erträge, wobei Gesellschaften, die nicht klein sind, folgende Beträge aufgliedern müssen:
   a) Erträge aus dem Abgang vom und der Zuschreibung zum Anlagevermögen mit Ausnahme der Finanzanlagen
   b) Erträge aus der Auflösung von Rückstellungen
   c) übrige
5. Aufwendungen für Material und sonstige bezogene Herstellungsleistungen:
   a) Materialaufwand
   b) Aufwendungen für bezogene Leistungen
6. Personalaufwand:
   a) Löhne und Gehälter, wobei Gesellschaften, die nicht klein sind, Löhne und Gehälter getrennt voneinander ausweisen müssen
   b) soziale Aufwendungen, davon Aufwendungen für Altersversorgung, wobei Gesellschaften, die nicht klein sind, folgende Beträge zusätzlich gesondert ausweisen müssen:
      aa) Aufwendungen für Abfertigungen und Leistungen an betriebliche Mitarbeitervorsorgekassen
      bb) Aufwendungen für gesetzlich vorgeschriebene Sozialabgaben sowie vom Entgelt abhängige Abgaben und Pflichtbeiträge
7. Abschreibungen:
   a) auf immaterielle Gegenstände des Anlagevermögens und Sachanlagen
   b) auf Gegenstände des Umlaufvermögens, soweit diese die im Unternehmen üblichen Abschreibungen überschreiten
8. sonstige betriebliche Aufwendungen, wobei Gesellschaften, die nicht klein sind, Steuern, soweit sie nicht unter Z 18 fallen, gesondert ausweisen müssen
9. **Zwischensumme aus Z 1 bis 8**
10. Erträge aus Beteiligungen
    davon aus verbundenen Unternehmen
11. Erträge aus anderen Wertpapieren und Ausleihungen des Finanzanlagevermögens,
    davon aus verbundenen Unternehmen
12. sonstige Zinsen und ähnliche Erträge
    davon aus verbundenen Unternehmen
13. Erträge aus dem Abgang von und der Zuschreibung zu Finanzanlagen und Wertpapieren des Umlaufvermögens
14. Aufwendungen aus Finanzanlagen und aus Wertpapieren des Umlaufvermögens, davon haben Gesellschaften, die nicht klein sind, gesondert auszuweisen:
    a) Abschreibungen
    b) Aufwendungen aus verbundenen Unternehmen
15. Zinsen und ähnliche Aufwendungen, davon betreffend verbundene Unternehmen
16. **Zwischensumme aus Z 10 bis 15**
17. Ergebnis vor Steuern (Zwischensumme aus Z 9 und Z 16)
18. Steuern vom Einkommen und vom Ertrag
19. Ergebnis nach Steuern
20. sonstige Steuern, soweit nicht unter den Posten 1 bis 19 enthalten
21. **Jahresüberschuss/Jahresfehlbetrag**
22. Auflösung von Kapitalrücklagen
23. Auflösung von Gewinnrücklagen
24. Zuweisung zu Gewinnrücklagen
25. Gewinnvortrag/Verlustvortrag aus dem Vorjahr
26. **Bilanzgewinn (Bilanzverlust)**

Weiterführende Literatur

Bertl, Deutsch, Hirschler: Buchhaltungs-. und Bilanzierungshandbuch, 9. aktualisierte Auflage 2015, LexisNexis Verlag ARD Orac, Wien

Egger, Samer, Bertl, Der Jahresabschluss nach dem UGB, Band 1, 15. Auflage 2015, Linde Wien

Grünberger Herbert, Praxis der Bilanzierung 2015/2016, 13. überarbeitete Auflage 2015, Linde Wien

Kodex Steuergesetze, jeweils aktuelle Auflage

Kodex Steuerrichtlinien, jeweils aktuelle Auflage

Kodex Unternehmensrecht, jeweils aktuelle Auflage